中國的历史

肆

隋唐的兴亡
宋朝及其周边

陳舜臣 著

郑民钦 译

海峡出版发行集团
THE STRAITS PUBLISHING & DISTRIBUTING GROUP
福建人民出版社

目录

隋唐的兴亡

目录

隋唐的兴亡

相信幸运的人

高屋建瓴地观察自己所生活的时代，似乎格外困难。可以俯视一个时代大概是后代人的特权，通过读史来行使这个特权，的确往往是旁观者清。

我在讲述历史的时候，总是举19世纪中叶太平天国战争中攻打长沙的例子。当时是清军守城，太平天国的军队攻城。清军总指挥向荣是一个五十多岁的老练的将军，位居提督。他率领数千人马打算渡过长沙城西面的湘江，攻打对岸的太平军。长沙城墙高十几米，众多市民以及其他部队的士兵都登上城楼观看向荣的渡江作战。对岸的河滩上有一些少量的太平军守卫的堡垒，向荣的部队首先拿下这些堡垒。其实这是太平军诱敌深入的作战方法，前方已经埋有伏兵。清军毫无觉察，完全中了太平军的计谋。但是，在城楼上看热闹的人中，有人已经看出这是太平军的引诱之计。虽然看不见对岸密林里的伏兵，但守卫堡垒的士兵的逃跑行动有序，根本不像惊慌败逃的样子。看热闹的人都是一般市民和士兵，没有太多的军事知识，都能一眼分辨出来。而向荣是一个久经沙场的职业军人，却没有发现敌军逃跑的异常，这只能说是当局者迷吧。他一心一意只想着追击敌军，缺少清醒的洞察力，所以判断失误。

在长沙城楼上的观众站在读史的角度，俯瞰历史，所以一目了然。这正所谓“旁观者清”吧。

史书多有记载杰出的政治家、军事家犯错误的失败事例。读史者对他们失败的原因以及整个过程都看得清清楚楚，可是本人为什么毫无觉察呢？不可思议之处还真不少。

写史者总是采取俯瞰的眼光，尤其是南北朝这样的分裂时代，更有必要尽量做到纵览全局。隋统一南北并非突如其来，只要放眼看去，应该到处都会发现这个前兆。能够实现统一，还是文明的力量。

承认对方具有自己所没有的优势，这是统一的前提条件。只有当文明的力量达到一定的程度，才会承认自己的这种不足。

就文化活动而言，绝对是南高北低。历数南北朝的文人，几乎都是南朝人。以诗为例，陶渊明、谢灵运、颜延年、鲍照、谢朓、沈约、江淹等第一流的诗人都是南朝人。庾信是北周的骠骑将军，其实原来是作为南朝梁的使者前往北周，被留在那边，所以还是南方的人。另外，著述《文心雕龙》的文艺评论家刘勰、书法家王羲之、画家顾恺之等，这个时代的文化俊彦大多数都是南朝人。

重访荒芜的洛阳，创作《洛阳珈蓝记》以回忆全盛时代繁华景象的杨衒之，优秀的地理书籍《水经注》的作者郦道元，则是北朝的文化人代表。令人注目的是，他们虽然写得一手好文，但留下的是记录，而不是文学。

撰写记录性的文章会想到也许将来有用处，可以说这是一种功利性的行为。

要说北朝比南朝在文化上的优势，应该是占有比较多的功利性领域。这个时期出版的《齐民要术》是一本优秀的农业书籍，其著者贾思勰是北朝人。

南朝梁昭明太子萧统编撰的《文选》是日本平安朝时期文化人的必读书，清少纳言在《枕草子》中这样说道：

文乃文集、文选、博士之申文。[1]

① 清少纳言：生卒年及本名不详，日本平安中期的女文学家。其父清原元辅是《后撰集》的撰者。她曾侍奉一条天皇中宫定子，因姓清原，故称清少纳言。著有《枕草子》，回忆作者的宫廷生活、见闻录以及对大自然、人生的感想，与《源氏物语》并称王朝女性文学的双璧。此句的“文集”指《白（居易）氏文集》，“文选”指《昭明文选》，“申文”指日本下级对上级所写的文章，如奏章、文书等。——译注

萧统在《文选·序》中明确指出不选人伦之师友孔孟等的经书，以立意为目的的诸子百家之书，褒贬是非、纪别异同的史书，他的编辑方针所遵循的标准是：

事出于沈思，义归乎翰藻。

就是精心修饰文辞。应该说这不是功利主义，而是艺术至上主义。

但是，正因为存在着与之相反的另一极，双方也会互相影响吸收。尤其是北方崇仰南方的文化。北魏的汉化政策可以说就是一种表现。逃往或者被俘来到北方的南方人大抵都得到优厚的待遇，即使是庶民，似乎也得到贵族的待遇。这个时代，汉文化的核心儒学在北方要比南方更加兴盛。

南方比北方处于劣势的地方，在侯景之乱时就已经暴露无遗，那就是军事力量。军事力量的虚弱，意味着政治体制的缺陷。北朝的政治体制一直保持着游牧时代开始的崇尚组织和团结的传统，极有效率。当然，这也与追求功利性的风气有关。

北朝的均田法十分著名，五家一邻长、五邻一里长、五里一党长的三长制大概从分散游牧时期开始就已经形成雏形。对于违反者的刑罚也一定非常严厉。

统一南北朝的隋作为律令国家，在中国历史上具有划时代的意义，将律（刑法）与令（官制）区分开来管理国家，这种高效率的政治体制应该说来源于北朝。

南北统一是取长补短的结果，令人预感到中国历史上的黄金时代即将拉开序幕。居高临下地环视历史景象，发现其中随处闪耀着令人心潮澎湃的预感。

实现统一的主角隋文帝是北周重臣杨坚。

隋王朝是一个短命政权，只存在三十八年（581—618年），继其后的唐王朝是一个绵延二百九十年的长命政权，而且是繁荣昌盛的时代。尤其是唐太宗作为唐朝实质上的创始人备受赞誉。在他璀璨夺目的光辉形象照耀下，隋文帝黯然失色。但将分裂的中国实现大一统的正是这个隋文帝，我觉得似乎应该让他得到充分的评价。

唐是取代隋的政权。既然是取而代之，就需要许多借口和理由，于是在历史记录上留下比真实情况夸大其词的前王朝的罪恶。我在思考隋朝这个时代的时候，脑子里总是占据着这样的念头。

从西晋灭亡的时候算起，中国的分裂时代延续了二百七十多年。虽然魏晋有过短暂的全国统一时期，但如果加上魏晋之前的三国时代，从形成三国鼎立的黄巾之乱算起的话，分裂时期长达四百年。结束漫长的分裂时代，实现全国统一的隋文帝不能不说是一个世所罕见的英杰。

尽管是杰出人物，也不可能突然统一分裂的中国，应该说，到隋文帝时代，全国统一的时机已经成熟，而顺应这个潮流，完成如此伟业的无疑就是英才俊杰。

隋文帝杨坚是东汉名臣、曾任太尉的杨震的第十四代后裔。隋文帝的父亲杨忠仕于西魏，当西魏的实权派宇文泰家族取代家主建立北周王朝时，立下大功。儿子杨坚受到父亲功绩的荫庇，升到大将军、柱国，并世袭父亲的爵位——随国公。

北周的贵族集团由八柱国、十二将军组成，这是承袭西魏的制度，而西魏制定这个制度的正是宇文泰。这个贵族集团指挥军队。军队就是所谓的“府兵”。

北周无疑沿袭这个制度，但这个鲜卑族政权变成了由汉族军人的力量进行维持的形式。

西魏以及其后的北周大概都深感种族文化的危机，弄得不好，就会淹没在汉族的大海里。前面说过，北魏的孝文帝迁都洛阳，同时实现彻底的汉化政策，废除胡语以及胡的民族风俗，将胡姓改为普通汉人的姓氏。皇室的姓原先是拓跋，改为元。如果死抱着不开化的风俗习惯，这个国家就无法生存，彻底汉化也是出于这种危机感而制定的政策。然而，现在采取的是完全相反的政策，西魏、北周的朝廷恢复胡族的风俗习惯，将汉人的姓重新改回胡姓。

话题回到隋文帝。据《隋书·帝纪》记载，隋文帝是东汉名臣杨震的后代，但同时又说隋文帝的父亲杨忠受赐“普六茹”的姓。“普六茹”这三个字当然不是汉人的姓，而是鲜卑族的姓。

从文字上可以解读为：汉人立功，被赐予统治阶层的部族鲜卑的姓。但是，也可以认为隋文帝的家族本来就是鲜卑族，只是因为北魏孝文帝采取汉化政策，鲜卑族的人改为汉人的姓氏。如果按照西魏、北周的与北魏反其道而行之的政策，就是恢复原来的姓氏。所以也可以解读为不是赐姓，而是恢复原来的姓。隋文帝将胡姓普六茹改为汉人的杨姓，是在北周静帝即将让位之前。就是说，隋文帝曾长期使用过胡姓。

我感觉隋文帝是杨震的后代子孙这种说法牵强附会，他更可能是鲜卑人。

文帝的长女是北周宣帝的妃子，那么北周重臣时代的文帝杨坚就是外戚。史书记载，宣帝暴政甚烈，因此杨坚深得众望。宣帝死后，杨坚接受幼帝静帝的禅让，开创隋王朝。如此看来，这种政权交替的模式与南北朝时期一样。不过，北周与隋的政权交接似乎别具一格。

隋取代北周，但北周在几年前灭北齐，基本上统一了东西分裂的华北地区。北周原本兵力薄弱，于是充分运用府兵制度，镇压享有免除兵役特权的佛教，让许多年轻的僧侣还俗，送进军队，这样才终于实现华北统一。隋王朝继承了北周的统一成果。

宇文氏的北周具有强烈的鲜卑族民族主义倾向，隋王朝则清除这种思想。这一点应该值得注意。如果相信史书记述杨坚是汉人，那么隋就堂堂正正宣布是汉族王朝；但如果杨坚是鲜卑人，那么清除民族主义思想倾向就显得异常。另外，杨坚的妻子独孤氏是北周重臣、鲜卑族名门独孤信的四女。顺便说一下，唐王朝创始者高祖李渊的母亲是独孤信的九女。隋文帝之后的隋炀帝与灭隋的唐高祖这两人的母亲是姐妹关系。即使隋王朝的杨、唐王朝的李的父系都是汉族，但他们的母亲无疑都有着鲜卑族的血统。

据说唐王朝的李氏也是出身于西魏八柱国的名门，与隋王朝的杨氏一样，被赐鲜卑姓。李氏受赐的姓是大野。不过，与杨氏一样，恐怕这也是恢复自己的原姓。

总之，统一南北的隋王朝及其继承者唐王朝都是北方王朝，其皇室有可能是鲜卑人。尽管如此，他们都打着汉族王朝的招牌。他们依靠汉族部队府兵完成霸业，为了保卫胜利果实，也必须得到府兵的绝对支持。为此，高举汉族王朝的招牌最有效。不仅如此，北魏的孝文帝表现得最明显，北方对南方的文化具有强烈的景仰心态。南北统一之后，为了牢固地控制南方这块新领土，也有必要着力强调自己是汉族的正统政权。

北魏的孝文帝虽然将汉文化赞美为“文化”，但并没有忘记民族的主体性。从国史事件也可以看出，当本民族野蛮时代的事情被一一罗列出来以后，他立即怒上心头。然而，孝文帝的汉化政策是让鲜卑族人忘记游牧时代，逐渐淡化其主体性。他鼓励鲜卑族与汉族通婚，无疑进一步助长这种倾向。

分裂时代可以说是给中国注入新鲜血液的时期。不仅北方，南方也是如此，被称为闽、越等的原住民与来自北方的汉族进行文化交流，同时也通婚。

这些现象无疑都是统一的先兆。

清朝史学家赵翼这样评论隋文帝：

古来得天下之易，未有如隋文帝者。

隋文帝是外戚，这个位置很有利，加上北周宣帝是一个昏君，因而文帝集声望信任于一身。宣帝早死，立幼帝，文帝通过亲信韦孝宽消灭反对派尉迟迥。从某种意义上说可能成为隋文帝最大竞争对手的韦孝宽，此时已经七十多岁，讨伐尉迟迥凯旋后不久就死去。

文帝是时来运转，万事俱备，所以才会有赵翼上述的评论。但是，文帝不仅仅只是一个幸运儿。讨伐北齐的时候，北齐皇帝听信谗言，诛杀北齐头号名将斛律金。这对文帝来说，固然是一种幸运，但北齐依然兵强马壮。文帝杨坚作为北周的将军，与韦孝宽并肩作战。

今天我们站在高处俯瞰历史，无法否认隋文帝的确是一个幸运儿。他本人大概也意识到自己的运气，万事如意，于是越来越自信。

自信既有好的一面，也有不好的一面。

好的一面表现在对政治机构的改革。行政机构迟迟不改革，就因为争权夺利，遭受失利者的激烈反对。文帝充满自信，只要自己判断可行，不论有多大的反对意见，也断然实行。事情的是非判断其实并不难，将利弊综合比较分析，大致的结果就能知道。难的是实行。

谁都明白对地方的行政机构必须进行整顿。从北方移居到南方的人按照北方的地名命名自己的新住地，引起相当大的混乱。州、郡、县的名目繁多，变成“民少官多”的状态。

隋文帝坚决撤销郡，只保留州和县，而且将地方官任命地方属吏的做法改为由中央直接任命。看似理所当然的事情，其实做出这样的决断需要坚强的意志。

比这个更重大的决断是开始实行科举制度。行政改革不过是对现有制度的修改完善，科举则完全是一种新制度。

杨坚在公元581年接受北周静帝的禅让，创建隋王朝，定元号为开皇。至于国号，杨坚世袭的爵位是隨国公，但是“隨”（随）这个地名的文字有“辶”，意为“走去”，短命而终的意思，所以抽去这个“辶”，创造出前所未有的新字“隋”，以此为国号。科举考试据说始于开皇七年（587年）。

以前的九品官人法是通过称为中正的官员主要按照门第举荐官员人选。开皇七年，命各州举荐三人，称为“贡士”。全国一百九十州，所以有近六百贡士送到首都，参加特殊的考试。

举荐贡士的标准是文章华美。

中国从这个时候开始激烈残酷的地狱式考试。科举这种官吏录用考试的功过引发各种各样的辩论，但隋文帝创始的这项制度其实在当时是适应时代要求的。

虽然天下统一，隋王朝实际上是北周的继承者，政府官员几乎全盘接收北周的原班人马。如同地方政权变成全国政权那样，所有的政府官员也必须从全国召集。

如果是以文章华美作为举荐贡士的标准，那么文人墨客辈出的江南地方——旧南朝——就占有很大的优势。另外，与隋的前身北周、西魏对立，比南朝早一步被北周吞并的北齐所在的山东地区在北朝时是文学兴盛之地。山东最容易受到南朝的影响，科举制度的实施，使他们对自己的前途看到希望。

文帝杨坚实行科举这种新的制度，可以将全国各地的优秀人才吸收进官僚机构，同时也是安抚新领土人心的一种怀柔政策。科举制度的实施是在南朝陈国灭亡的两年之前，此时文帝就已经开始构想今后的江南对策。

文帝的过分自信促使他做出这样好的一面的决断，但不好一面的事情也不少，这与他的性格有关。他疑心极重，只要感觉一个人有嫌疑，就立即采取决然的行动。可疑的人物自然应该清洗。他杀害将帝位禅让给自己的幼小的静帝，还一个接一个地杀害自己篡夺的北周皇室——宇文氏家族的人。

过分自信的不好一面，还表现在决定继承者的时候自以为是、肆意妄为，我将在后面讲述。他把“隋”字中间的“辶”去掉，希望解除这种文字的咒语，但隋王朝还是短命而终，可以说主因就是继承者问题。

过分自信造成的重大失败，一个是继承者问题，另一个是远征高句丽。统一天下绝非易事，完成这个伟业需要许多人的合作。对于那些为自己出大力立大功的人，都一定要给予相应的报酬。然而，消灭南朝的陈国后，还必须实行怀柔政策，不可能没收陈的土地，分给有功之臣。另外，出于长远的考虑，攻占江南地区后，也不能进行疯狂的掠夺。

那个时代的战争，激励士兵勇敢作战最有效的方法就是允许他们肆意掠夺，要想获得令人羡慕的战利品，就必须一马当先，第一批冲进去，为自己的妻子儿女抢掠财宝，舍生忘死，冲锋陷阵。但是，如果对江南地区也进行肆无忌惮的抢劫，这个局面将难以收拾。

于是，隋文帝想到远征外国。这个短视的决策没有长远的考虑，以为攻占以后可以随心所欲地把土地分割给将军们，将军们也一定会奋力作战。隋文帝决定将朝鲜半岛的高句丽作为远征的对象。在高句丽看来，这完全是飞来横祸。

隋对高句丽的远征未必是隋文帝的心血来潮，任意动用军队。我们可以从中看到弱小的国家为了生存所进行的努力，甚至会令我们感动。

这个弱小的国家就是百济。百济位于朝鲜半岛的南部，不断地受到北部高句丽势力的强大压力。百济认为，如果北方强国高句丽的国力稍微衰弱，那么就能保证自己国家的安宁。能够削弱高句丽力量的只有统一中国南北的超级大国——隋。

隋征讨南朝的陈国时，有一艘战船漂流到现在的济州岛。百济认为这是一次与隋接触的好机会，便为战船的回国提供各种方便。隋平定陈以后，百济还特地派使者前来祝贺。百济使者的任务大概不仅仅是祝贺，似乎还向以长安这个大陆内地为据点的隋介绍分析朝鲜半岛的形势，挑唆隋“应该讨伐高句丽”。

隋出兵高句丽的时候，百济主动为隋担任向导。高句丽得知这个情况，后来出兵侵犯百济的边境。

开皇十八年（598 年），隋文帝命其第五子汉王杨谅为总司令，率领三十万水陆大军远征高句丽。但是，陆路军队因洪水和粮食不足，加上疫病流行，半途折回。水路军队也遇到风暴，战船多有损失。出征的官兵死者十有八九，遭受巨创。恰好此时高句丽得知大军逼近，便派使者前来谢罪，文帝也就顺水推舟，停止远征。这是一次失败的远征。

隋文帝坚信自己很幸运，对所有重臣的反对都可以充耳不闻，毫不畏惧,唯有一个人可以改变他的主意。这个人就是他的妻子独孤皇后。

独孤皇后十四岁就嫁给文帝，当时她就要丈夫发誓不能和别的女子生儿育女。从现在的眼光看来，这是很正常的。但在当时普遍一夫多妻的贵族社会，这是反常的。独孤皇后一方面嫉妒心如此强烈，但另一方面深谋远虑，稳重可靠，文帝有什么事情总是和她商量。正因为如此，文帝在她面前抬不起头来。

据说隋文帝对皇族、功臣非常严厉，怀疑他们，可以想象这一半是独孤皇后的意思。清赵翼以其惯用的笔法写道：

古来宫闱之妒，莫有过于隋独孤后者。

文帝与其他女子共寝必须瞒着皇后。文帝将反对宣帝禅让、被自己清洗的尉迟迥的女儿纳入后宫，偷偷相会。这事被独孤皇后知道了，她趁文帝离开宫中的机会，将尉迟迥的女儿杀死。这下子文帝被惹恼了，不过也只是赌气跑到山谷里不出来，闹起别扭。身居最高地位的天子居然受人管制，不能随心所欲，唉声叹气。丞相高颎跑去劝谏，说皇后“充其量不过一个妇道人家”，总不能因为她，就把天下的政治大事扔在一边吧。文帝听罢，回心转意，回到宫里。但是，高颎说的“充其量不过一个妇道人家”这句话传到独孤氏耳朵里，皇后顿时大怒，据说将高颎赐死。

关于命令高颎自尽这件事，还有其他说法，但也是与独孤皇后有关。高颎的妻子死去的时候，皇后曾劝他续弦，但高颎说自己已经年迈，今后想一心读书安度余生，没有同意。可是后来高颎之妾生子，皇后火冒三丈，对他赐死。

从要求丈夫坚守贞洁可以看出，独孤皇后是一个在伦理方面过于洁癖的女性。她对别人家庭的要求都如此苛刻，对自己的家庭更是严厉到无以复加。她的长子杨勇，如果以皇后要求的标准来衡量，就是一个问题严重的人。杨勇被立为皇太子，娶妻元氏，大概是鲜卑族拓跋部出身的女子。可是这个皇太子杨勇把正室丢在一边，宠爱小妾云氏，并且还发生皇太子妃元氏猝死事件。疑心很重的独孤皇后怀疑是杨勇杀害的，要求文帝废黜皇太子。于是，最终把杨勇从皇太子的位置上拉下来，立次子晋王杨广。这个杨广就是隋朝的第二代皇帝隋炀帝。

隋朝在隋炀帝时代灭亡。隋炀帝喜欢外出巡游，极尽豪华享乐，还频繁发动对高句丽的战争，挖掘运河，修建大兴城，大兴土木，人民不堪其苦，最终导致国家灭亡。史书历来将隋炀帝作为无道君主的典型代表。杨广的谥号为“炀”，根据《谥法》，其释义是：

好内远礼曰炀，去礼远众曰炀，逆天虐民曰炀。

给杨广这么坏的谥号，其含义是说这种人没有资格当皇帝，以后再也不能出现这样的皇帝了。日本对隋炀帝的印象也很坏，自古对炀帝的“帝”的发音不念“TEI”,而是故意念成一般不用的吴音“DAI”。

然而，前面说过，我们应该有这样的意识：唐是取代隋的长命王朝，为了强调自己立国的正统性，必须尽量贬损隋炀帝。有关隋炀帝的事迹，我将在后面讲述。隋炀帝那些不光彩的故事，编造的可能性很大。

在废立皇太子的问题上，有人认为那是杨广的计谋。隋文帝有五个儿子：杨勇、杨广、杨俊、杨秀、杨谅。他们都是独孤皇后所生。因为文帝曾经发誓不与其他女子生子，他对此也很自豪，这样说过：

五子同母，可谓真兄弟也。

虽然是同胞兄弟，也有竞争，尤其是游牧民族，没有长子继承这个原则，反而是幼子继承的情况比较多。其他哥哥一般都是在父亲健在的时候长大成人，形成自己的势力，独立出去。因为是游牧生活，所谓的财产就是人的集团与牛羊的数量。哥哥们都已经成为各自集团的首领，所以由幼弟继承父亲的财产与地位，这样的情况自然就多起来。尽管没有确凿证据证明隋王朝的杨氏是鲜卑族，但基本没有疑问。独孤皇后是鲜卑族，这是很明确的。当时绝大多数人的想法是，继承帝位，不必一定是长子，谁有才能谁继承。如此一来，皇子之间自然就展开能力与人品的竞争。

做出判断的是皇帝，不过独孤皇后对隋文帝具有极大的发言权，而且她对男人的贞操的要求极其严格，皇族、重臣中，妾生子者，就会受到严厉的惩罚或者左迁。

皇太子杨勇好色是不争的事实，尤其母后，最为讨厌，说他：

厚妾薄妻。

即使次子杨广没有策划把哥哥拉下来，长子依然逃脱不了被废黜的命运。他明明知道母亲的性格，却让她发现自己的私生活，这是杨勇的疏忽，没有隐蔽好。当然，也有可能是杨广将哥哥的私生活向母亲告密。不过，杨勇的“厚妾薄妻”是事实。

据说杨广讨好宣华夫人，让她为立自己为皇太子进行活动。宣华夫人是隋文帝消灭的南朝陈后主的妹妹。陈国灭亡后，她进入隋的后宫。嫉妒心极强的独孤皇后唯独对这个宣华夫人睁一只眼闭一只眼，比较宽容。也许因为同情这个亡国皇妹的人生遭遇吧。前面说过，北方人对南方文化怀着强烈的憧憬心情，南方的庶民到北方都会受到贵族一样的待遇，何况宣华夫人是不折不扣的南朝皇族，更是礼遇有加。隋文帝对严厉的妻子独孤氏十分尊重，但感情上对她敬而远之，作为男人，他的爱情还是倾注于宣华夫人。

据说杨广为了得到母亲的信任，私生活十分严谨，远离女性。他有什么事情有求于宣华夫人，都一定要馈赠礼物，讨得她的欢心。如果这些都是事实的话，杨广不愧是一个善于正反两面作战的战略家。

皇太子的废立是在开皇二十年（600 年），这一年六月，文帝的三子秦王杨俊病死。皇太子的竞争者减少一人。十月，杨勇被废黜；十一月，杨广立为皇太子。不论从顺序还是才能、人品，这样的安排是十分稳妥的。当年新皇太子杨广三十二岁。

杨勇因为女人问题引起母亲的憎恨，父亲对他的奢侈也很讨厌。文帝厉行节约，克勤克俭，生活俭约，所以对皇太子的奢侈铺张很不满意。有一次，文帝看见杨勇有一副蜀人制作的精美华丽的铠甲，满心不高兴，训诫他说如果是自己的继承者就更要勤俭节约。

杨广即位以后，成为中国历史上屈指可数的穷奢极侈的皇帝。但是，他在皇太子时代的生活极其俭朴。史学家认为这是他为骗取父亲的好感而使用的手段。因为他当上皇帝以后奢侈无度，所以反过来这么解释，那也没有法子。

皇太子废立两年后，独孤皇后死去。文帝被这个女人折磨得痛苦不堪，但对她又非常依赖。她的死去，让文帝产生解脱的感觉，但更强烈地感受到失去伴侣的寂寞。此后，他的生活开始糜乱。

嫉妒的妻子既然已经不在，无人管束，如同决堤的洪水一样，文帝开始淫乱无度，据说这缩短了他的寿命。宣华夫人在后宫的地位大大提高，等同于皇后。最重要的是，杨广的皇太子地位稳如泰山，而且还有一个杨素做他的军师。据说这个杨素在立杨广为皇太子这件事上在背后出过大力。

独孤皇后死去的仁寿二年（602年），杨素讨伐突厥的思力俟斤，将其驱赶到遥远的草原尽头。文帝对突厥采取极其巧妙的分而治之的策略，首先成功地使启民可汗臣服。接着，思力俟斤攻打启民可汗部族，掠夺人口六千以及牲畜二十多万头，所以杨素才讨伐思力俟斤。隋王朝对臣服的启民可汗始终贯彻支持援助的方针。因为杨素攻打思力俟斤的战功，连他的儿子杨玄感也晋升爵位至柱国。

当时，突厥分裂为东、西两部分，臣服隋的是东突厥的突利可汗，隋赐予他“启民可汗”的称号。突厥的分裂对抗，有迹象表明是隋在背后暗中操纵，这可以说是隋朝外交的胜利。因此，隋朝直至末期，在北方问题上很少发生麻烦。

对于仁寿四年（604年）文帝之死，众说纷纭，有各种各样的故事，死于皇太子杨广暗杀的观点似乎比较普遍。

这一年四月开始，文帝卧床不起。七月甲辰日，躺在床上与重要的臣子告别，握手涕泣。三天后，丁未日死去。

如果继承者的地位稳定牢固，炀帝完全没有必要暗杀父亲，父亲已经是濒临死亡的病人。如果炀帝弑父的论点成立的话，那必须具备文帝打算再次更换继承者的可能性。

正史《隋书》记载，皇太子杨广一直思慕宣华夫人，对她强迫求欢，宣华夫人拒绝，逃到文帝卧室。文帝见宣华夫人神色惊慌，问其何故，她潸然泪下，回答道“太子无礼”。文帝激怒，用手拍打床铺，说道：

畜生何足付大事！独孤诚误我！

文帝命令召回被废黜的前皇太子长子杨勇。废黜长子，是听信独孤皇后的进言，这简直是自作自受，如今是咬牙切齿地后悔。但是，受命召回杨勇的兵部尚书柳述等被杨广的军师杨素抓起来，无法完成任务。紧接着，同样是杨广心腹的张衡进入内殿，将后宫的所有女性集中到别的房间里。隋文帝是在这种情况下死去的。所以，史书记述：

故中外颇有异论。

对于庶民来说，宫殿高高在上，遥不可及，何况还是发生在密室里，所以街头巷尾就会流传各种各样推测演绎的故事。按照马揔的《通历》的说法，在文帝卧室里照顾的只有皇太子和宣华夫人两个人，所以皇太子就是在那里非礼的。

文帝本来就多疑，加上独孤皇后的疑神疑鬼，这种夫妻生活使他的性格变得扭曲。也许是当时已经六十四岁，而且好几个月卧病在床的文帝对在卧室里照顾自己的皇太子和宣华夫人两个人无端生疑，无中生有地胡说。这是一种被害妄想症。如果这是文帝更换继承者的意旨，皇太子当然不会听之任之，很有可能采取某种“处置措施”。《通历》写道：

（杨素）令张衡入拉帝，血溅屏风，冤痛之声闻于外，崩。

这种写法有声有色，如亲眼看见。《隋书》记述文帝的骂语是“畜生”，《通历》说的是“死狗”。各种各样的说法流传于世。

宣华夫人与后宫的其他女性一起听到驾崩的消息，大惊失色，浑身颤抖。她深受皇帝宠爱，皇帝死后，按照古代的规矩，后妃要殉死。即使在那个时代，也有可能被强迫自尽，或者被囚禁，或者被迫到庵里当尼姑。就在这时，杨广派人送来一个小金盒。宣华夫人以为是毒药，胆战心惊地不敢打开。在使者的催促下，她战战兢兢地打开一看，原来小盒子里放的不是毒药，而是皇太子的求爱信。夫人的侍女以及其他后宫女性都兴高采烈，这下子谁都不会死去了。那个时候的求爱信都折叠成“同心结”的形状，不用打开就知道是求爱信。

宣华夫人也许不会死，但是她的心情一定很复杂。史书说她恚而不受，在宫女们的劝说下，没有办法，才勉强从皇太子之意。

宣华夫人原是南朝陈国的公主，祖国灭亡后成为隋朝皇帝的妃子，皇帝死后又受到皇太子的宠爱，她的一生可以说充满传奇色彩。尽管如此，这个故事感觉过于小说化。史书记述：

其夜，太子蒸焉。

“蒸”是“上淫”，皇太子淫乱父亲的妃子，所以史学家使用这个字。在儒家文化中，不允许“蒸”。

有人认为，隋炀帝宠爱宣华夫人这个史实显示出隋的鲜卑族性格。《史记·匈奴传》记述游牧民的风俗习惯，有父死，其子可接收生母之外的父亲的妻妾这种奇异的风俗。对于重视团结的游牧民族的集团生活来说，这种风俗也许是需要的。虽说是父亲的妻妾，本质上是集团的成员，总不能把她们扔在草原上不管。

游牧民族的一个集团就是大家的命运共同体，这让人想起文帝的妻子独孤皇后那些在我们看来只能说是多管闲事的言行。她作为族长的妻子干涉皇族的私生活也许理所当然，但是丞相并非本族，只是因为他的妾生子，就将他杀掉，这种做法令人难以理解。不过，丞相高颎身居隋帝国的要职，也许游牧民族将他视为命运共同体的一员吧。

隋之后的唐王朝也出现“蒸”的现象，那就是唐中宗与武则天的关系。武则天是中宗的父亲唐太宗的妃子。有史学家认为，这件事暴露出唐王朝的鲜卑族性质。还有与“蒸”相反的情况：唐太宗把弟弟的遗孀纳入后宫，唐玄宗把儿媳妇杨贵妃作为自己的妃子，但这些至少从汉族的伦理观来看，都是不正常。

虽然有人认为隋王朝的创始人文帝杨坚取得天下轻而易举，但还是有很多史学家高度评价他的业绩。

爱养百姓、劝课农桑、轻徭薄赋，这对于在南北分裂的战乱时代煎熬的人民来说应该是难得的宽松。文帝接受禅让的时候，全国人口不到四百万户，经过二十多年的治世，到他末年时，人口超过八百九十万户。虽然其中包含消灭南朝合并过来的人口，但是陈国不过六十万户。隋文帝给予了当时的人民最需要的休养生息。

皇帝为首的高层都崇尚节俭。废黜杨勇皇太子地位的原因之一是他生活奢侈。政府高官没有金玉的装饰，宫女们也都穿着洗得褪色的衣服。正因为如此，《资治通鉴》这样评价隋文帝的业绩：

衣食滋殖，仓库盈溢。

同时，《资治通鉴》也这样批判道：

然猜忌苛察，信受谗言，功臣故旧，无始终保全者；乃至子弟，皆如仇敌，此其所短也。

疑心太重，清洗过于严厉，高官及其子弟互不信任，如同仇敌。连功臣以及皇帝的老朋友都难以逃脱清洗的风暴，何况文帝灭亡的北周的皇族宇文氏，几乎被斩尽杀绝。篡夺别国，杀绝子孙，其残忍凶暴毫无辩解之余地。

清代赵翼在《廿二史札记》中说道，文帝五个儿子，除杨俊病死外，其他都死于非命，而且他的孙子也都或战死或被处死，除了隋炀帝的一个孙子逃到突厥外，其余全部覆灭，这是上天的报应。

隋一个不留地杀死北周的宇文氏家族，却对南朝陈国的皇族格外宽容，除抵抗到最后的岳阳王陈叔慎外，其他人一个不杀，令人不可思议。也许因为篡夺北周的时候，隋王朝还不稳定，而灭陈的时候，隋已经奠定好牢固的基础。另外还有小说化的想象，或许是成为文帝妃子的宣华夫人为陈氏家族求情的结果。南朝的陈氏皇族允许移居到现在的甘肃省陇右、河西边境一带，划地居住。陈后主的六女（宣华夫人的侄女）被隋炀帝宠幸后，陈氏家族从边境迁回长安，因才录用。

赵翼按照因果报应的观点评说道，这是因为南朝陈国灭亡梁国的时候，没有大杀梁氏皇族的缘故。

土崩瓦解的日子

隋炀帝具有双重性格，或者说他的演技极其高超。

母亲独孤皇后死去的时候，他已经被立为皇太子。在人前悲哀恸哭，伤心昏厥，据说一回到自己的房间，饮食如常，谈笑风生。所以正史记载他在父亲死去的当晚就给宣华夫人送去求爱信，而且“蒸”。

他之所以能取代哥哥成为皇太子，是因为没有绯闻，生活检点，一旦登基称帝，立即变得荒淫无度，奢侈豪华。

大概这就是隋炀帝的演技吧。长期扮演好儿子的角色，有时候也会感觉厌烦。每当此时，就会用“自己很快就会即位，到那时候……”的想法来安慰自己。

成为天子以后会是什么样的……这样的想法无数次地萦回在脑子里，留下深刻的烙印。希望能够如愿以偿，他并不觉得这种想法不正常。在想象的世界里已经习惯的思维，在他看来，就应该有连续性。然而，对于观看他演技的观众来说，即位以后的他，完全变了一个人。

本质上骄奢淫逸，却要装作节衣缩食的样子，回到本色的自己，在别人眼里就显得异常。

一旦即位，要做的事情很多，自然也储备有相当多的资金。文帝实行俭约政治，所以国库充实。因为是皇帝，他要做的事情，不言而喻应该是符合国家利益的事情。

隋炀帝实施的事业，其实大部分都是父亲文帝时代已经计划但尚未付诸实施的项目。隋文帝精打细算，只要发现计划有不合理的地方，就搁置一边。

首都长安的建设其实在文帝时代就已经开始动工，在各项事业中，重要项目优先实施，首都建设是重中之重，属于最优先的项目。创立一个新国家，自然必须建设新首都。然而，隋文帝认为，建设新首都与破坏北周的旧首都是合二而一的大事业。文帝希望彻底消除北周的痕迹，犹如彻底杀尽北周的皇族宇文氏一样。所以，铲除北周时代的长安，不保留原来的基本形式，不仅铲平原先怪异现象很多的宫殿，还要挖掘池塘，改变原来的地貌。隋文帝时代的工程，重点放在摧毁北周时代的长安。

北周时代的长安与汉朝定都的长安基本同一位置。隋朝铲平旧长安，挖池引水，在旧长安附近修建新都，并且因为不喜欢“长安”这个名字，改用新名字“大兴”。唐朝接收这个大兴城，作为自己的国都，但把名字改回“长安”。所以，汉的长安与唐的长安（隋的大兴）的位置有所偏差。现在的西安市是唐的长安的一部分，所以在隋文帝选择的地区内。汉的长安稍微靠近渭水，渭水的对岸就是过去秦的国都咸阳。

隋朝是采纳高颎、庾季才、苏威等的进言决定兴建新首都。其奏章所列举的理由是旧长安的饮水盐分太多，不适宜生活，但其实消除北周的痕迹大概是真正的主要原因吧。

据说大兴城的设计蓝图参照北魏的洛阳城和北齐的邺城。不过，洛阳城由于居民增加，后来增修外城，而大兴城从一开始就规划出广阔的区域，具有更强的城市规划性。铲平旧长安，在无人居住的土地上画线规划，可以自由地进行设计。修建新首都的负责人是高颎等政府要员，但具体负责设计、建筑的专家似乎是宇文恺。宇文这个姓，一般来说不是汉人的姓氏，但与北周皇族宇文氏无关。如果有关，恐怕早就被文帝杀掉了。这个宇文恺“有巧思”，是一个土木建筑设计的行家，而且据说出生于西域。

人们常说隋唐的长安是国际都市。由西域人主持兴建首都，建筑的细微部分大概会有西域特色。唐高宗时，因为公主结婚要摆宴席，提出拆除万年县门加以扩大的动议，未获许可。其理由是此门为宇文恺所建，奇思妙想，必须予以保存。大概门柱上雕刻着五彩斑斓的图案。

对于厉行节约的文帝来说，断然决定兴建大兴城的确非同小可。但是，在建好宫殿和政府官厅之后，他似乎感觉到力不从心，其他部分虽然已经画线，却没有动工。广阔的大兴城内，只是北面建有宫殿和政府官厅，南面则是一片荒野，于是文帝命令在南面修建儿子们的住宅。宫殿的围墙已经建筑完毕，但城墙大概在文帝时代几乎没有动工。

隋炀帝继承父亲未竟的事业，继续兴建大兴城。史书记载，炀帝大业九年（613年）：

发丁男十万城大兴。

这里的“城”是动词，就是修筑城墙。

有关这个首都的规模，《隋书》《旧唐书》《新唐书》等史书所记述的里数略有差异。根据近年对遗址的实地测量考察，确定东西为9.721公里，南北为8.657公里，是一座巨大的都城。隋炀帝除了兴建大兴城外，还进行挖掘大运河的浩大工程。

挖掘运河，无论从规模还是难度，都远远超过修建大兴城。

隋炀帝喜欢江南景色，经常到当时称为江都的扬州游玩。当然是乘坐装饰豪华富丽的大龙舟顺着他开凿的运河沿途旅行。于是，隋炀帝受到历史的严厉批判，他为了自己游玩享乐，不惜残酷驱使百姓开凿大运河。

贯通南北的大运河的开凿其实也不仅仅是为了游玩，大概在文帝时代就已经规划，进行过实地调查。

隋统一中国，将分裂的南北合为一体，但只是在形式上实现了政权归一，如果南北两方在物资和文化上缺少交流，就称不上实质性的统一。为实现实质性的统一，必须方便南北交通，因此，开凿运河无论如何是必要的。

在长江与黄河之间，淮河等大大小小的无数江河纵横交错，向着不同的方向流淌。

在南北分裂的时代，人们也利用这些蛛网般的水路进行物资交流，这也可以说是我在前面提到的实现统一的一个前兆。不过，这些水路比较狭窄，只能行使小船，而且有的不能畅通，有的中途变成陆地，物资的装卸往往很费时间。很多河流随着季节的变化，有的河水太浅不能行船，有的因为水流的关系无法利用。要解决这些问题，就必须动用人力开辟可以充分利用的水路。

隋炀帝时代，开始动工开凿这项浩大的工程。隋炀帝缺少父亲隋文帝那样的气魄和决断力。如此浩大的工程，必须征用大量的民工，使得民力疲惫，但工程本身是绝对需要的，只是隋炀帝为赶工期，急于求成，有不当之处，这是他的责任。

兴建首都，开凿运河，对于隋朝来说，都是必要的事业，但远征高句丽就感觉多余。

突厥分裂为东、西两部分，这有利于隋的对外政策。东突厥臣服于隋，到隋炀帝时代，连西突厥的处罗可汗也遣使来朝。这样，隋朝与突厥的友好关系得到保证，这也许让隋炀帝以为自己国力强盛。

前面说过，坚持量力而行政策的隋文帝下决心远征高句丽，似乎是为了缓和军部的不满情绪，允许他们抢掠别国土地。在消灭南朝陈国的战争中，隋文帝也紧缩开支，对立功的官兵没有很多的奖赏。他也听说军队内部对此不满。他认为在外国不论怎么抢掠，也不会反过来影响国内的政局，根本没有考虑把高句丽纳入自己的版图。出兵高句丽的直接原因是高句丽与靺鞨族一起侵犯隋的地盘辽西。辽西的隋守军已将他们击退，所以隋的出兵目的是问罪膺惩。

如前所述，高句丽之所以强大，也因为受到百济的反面推动。对高句丽来说，西面的中国如果处在过去那样的分裂状态，对自己的压力就会减弱，所以不喜欢隋实现南北统一，但又没有办法造成中国的再次分裂，那就打算尽量削弱隋的力量。

国际形势非常复杂。远征高句丽最终成为隋朝的致命伤。从这个意义上说，应该是高句丽获得了胜利。但是，隋灭亡以后，中国并没有再次分裂，而是出现比隋更加强大的唐王朝，不久高句丽也灭亡了。

现在将当时错综复杂的国际局势简单扼要地整理如下：

一、由于朝鲜半岛北面的高句丽过于强大，南面的百济和新罗打算依靠隋的力量削弱高句丽的势力。明确地说，希望隋攻打高句丽。

二、高句丽对西面出现统一的中国这个超级大国感到害怕。为了削弱隋的力量，打算联合包含突厥在内的隋的边境地区各民族进行扰乱。

隋文帝的时候，高句丽联合靺鞨族骚扰辽西，但由于靺鞨族势力弱小，高句丽就想与更强悍的部族突厥联合，共同压制隋。为此，高句丽派遣使者拉拢东突厥的启民可汗。

高句丽知道东突厥与隋保持着友好关系，不过，国家之间的外交是以国家利益为基础，只要对国家利益更有好处，无论什么国家都可以改变政策。

高句丽的使者大概对东突厥的启民可汗这样说道：与其这样和隋保持屈辱的友好关系，不如与我高句丽联合，共同对隋形成威胁，这样可以实现自豪的民族独立。

启民可汗认为，即使与高句丽联合，对隋也难以造成很大的损失。在他眼里，隋的国力异常强大。

启民可汗考虑到本国的利益，决定与隋继续保持友好关系。这个选择没有掺杂情绪化的成分。既然选择这个方针，就要不折不扣地贯彻，而不是三心二意，半途而废，那样反而会招致自身的灭亡。东突厥的启民可汗决心向隋一边倒，于是将高句丽派密使前来说项之事报告给隋。

隋文帝出兵后，高句丽向隋派遣使者谢罪，表面上改善与隋的关系，然而由于东突厥的告密，双方修复的关系又出现裂痕。

大业三年（607 年）正月，启民可汗入朝觐见。同年八月，隋炀帝赴云中地区，亲自到启民可汗的庐帐访问，关系极为亲密。

隋炀帝威胁高句丽国王元，如果入朝觐见，给予与启民可汗同等的待遇，否则将与启民可汗一起讨伐。

高句丽没有屈服于这个威胁，坚决不入朝觐见。于是隋炀帝准备出兵讨伐。隋炀帝喜欢旅行，不愿意在一个地方长久逗留，而是到处转悠。这次讨伐高句丽，他决定“亲征”，皇帝亲自上战场。

如果说隋文帝是相信幸运的人，那么可以说隋炀帝是相信实力的人。具有讽刺意义的是，这个实力是文帝勤俭节约留下来的。文帝的确留下巨大的遗产，这个遗产就是实力，然而隋炀帝似乎误以为这实力无穷无尽。隋炀帝挥金如土，还总觉得父亲留下来的这些遗产自己随时就能创造出来。他不懂得坐吃山空，挥霍的时候一掷千金，而积累财产千辛万苦。

隋炀帝认为，父亲对高句丽的远征最后不了了之，是因为准备不足。隋炀帝的这个判断是正确的。当年的确是军粮不足，从山东半岛调拨的战船也不够。隋炀帝认为父亲过于吝啬，而自己只要做好充分的准备，就万无一失，所以他充满自信。

隋炀帝的确是做好充分的准备，可是他不知道人民为此付出多么巨大的痛苦代价。

大业七年（611 年），隋炀帝在非常喜欢的扬州召集百官举办盛大的宴会，然后北上远征。他乘坐大龙舟沿运河北上，出黄河，然后进入新开的运河永济渠，至河北涿县。一路上，精挑细选的三千多人日夜徒步随船行走，饥寒交迫，疲惫困顿，据说死者达十之一二。

隋炀帝在山东东莱命令建造战船三百艘。为了赶得上远征的时间，夜以继日，争分夺秒，民工们站在齐腰深的水里劳作，史书记载死者达十分之三四。

隋炀帝昭命天下，集中兵力于涿郡。七月，开始运输军粮，从黎阳和洛口的粮食仓库群船运至涿郡，舳舻相次千余里。陆路上行军的士兵经常夜间赶路，得不到充分的休息，不少人累倒毙命。史书记载当时的景象是：

死者相枕，臭秽盈路，天下骚动。

不仅军队，还征用六十多万民工、车夫运输军需品。路远道难，每两人搬运三石大米，而路上自己食用的粮食严重不足。如果搬运的军粮没有达到规定的数量，就会定罪受罚。他们只好逃跑，逃跑者便成为无视国法的流民。逃亡者遍布天下，在各地成立各种集团，变成匪盗。当时有一首题为“无向辽东浪死歌”的反战歌曲十分流行。

不仅被征用的民工和士兵，那些害怕被征用的人也都事先逃跑。

遍布各地的匪盗集团把这些人吸收进去，形成相当大的规模，多者达万余人，攻打各地的政府衙门。

隋炀帝在亲征高句丽的准备过程中就制造出这么多的反政府势力，而山东、河南的水灾更是给远征的前途蒙上一层阴影。

当时隋炀帝政权的核心人物是隋炀帝的女婿宇文士及的父亲宇文述，宇文述担任远征军的总司令。

为隋炀帝的即位做出巨大贡献的杨素后来遭到冷遇，死去。隋炀帝的猜忌怀疑心理比起他的父亲毫不逊色。因为杨素对自己有恩，隋炀帝对他非常厌恶。当时普遍相信杨素是被隋炀帝毒死的。

杨素之子杨玄感在远征高句丽的战争中负责后勤工作，他常驻黎阳，主要任务是把堆积如山的军需物资通过通济渠转运到永济渠。虽然身在后方，却是负责供应远征军所有生活用品的重要工作。由于父亲的事情，杨玄感对隋炀帝心怀怨恨，故意拖延运输的时间。这自然让前方的士兵大吃苦头。如果仅仅是怠惰工作，也就算了，问题是他不久就决心反叛隋炀帝。

前面说过，当时各地出现匪盗集团，著名的头目有齐郡的王薄、孟让，北海郡的郭方预，清河郡的窦建德、张金称，平原郡的刘霸道、郝孝德，河间郡的格谦，渤海郡的孙宣雅等。其中除河间郡的格谦自称是东汉侍御史格班的末代后裔外，其他都是庶民出身、任侠之徒。但是，政府高官中也出现杨玄感这样的叛逆者。

杨玄感举兵反叛是在大业九年（613 年），正是隋炀帝第二次远征高句丽的时候。

第一次远征以失败告终，高句丽一口拒绝臣服觐见的要求，当然也做好了迎战大军的准备。隋军从辽西渡过辽河，进攻高句丽的辽东城，但久攻不克。隋军攻渡辽河的浮桥是兴建大兴城的总设计师、现已升任工部尚书的西域人宇文恺建造的。

隋的陆军渡过辽河攻打辽东城，水军则从山东半岛渡过黄海，进入洌水（大同江），直取平壤。水陆两军会师后联合攻城是作战的常识，但是水军总司令右翊卫大将军来护儿立功心切，打算单独攻陷平壤。

来护儿原先仕于南朝陈国，却里通北朝的隋，暗送情报。他虽然在隋的南北统一中立有大功，但背叛祖国，历史很不光彩。此人一心只想着飞黄腾达，荣华富贵。如今建功立业的大好机会就在眼前，不能与别人平分。副总管周法尚多次劝阻，希望他等待陆军的到来，但来护儿置若罔闻，决定单独攻打平壤。

据说高句丽的首都平壤是现在的平壤东北面十几公里的大城山城遗址，东西约三公里，利用山形修建而成，分内城和罗城（外城）两部分。高句丽预料隋军会来攻城，事先做好迎敌的准备。当时的高句丽是一个佛教盛行的国家，各地多有寺院，于是将寺院清空，里面藏有伏兵。

隋军攻进罗城，宫殿与官厅都在内城，罗城大概和内城一样，城墙环绕。据说进入罗城的隋军有四万。他们开始“俘掠”。前面说过，掠夺财物、俘获人口为奴是当时战争的公认目的。隋军官兵都不顾一切地到处狂奔乱跑肆意抢掠，军队的作战纪律自然荡然无存。就在这个时候，寺院大门突然打开，里面的伏兵勇猛出击，隋军瞬间彻底溃败，纷纷向停船的地方逃去，但生还者只有数千人。也许副总管周法尚早已料到会有这样的败局，预先在停船处布下士兵，将追击而来的高句丽军队击退，收容残兵败将上船。

据《周书》（北周的正史）记载，其实当时的平壤城里只储备有粮食和武器，国王已经转移到别的地方。这样，一旦敌人攻打包围，军队在城内可以长期坚守。如果首都一开始就这样做好战斗准备，自然牢不可破。

隋炀帝接到来护儿战败的消息时，正在久攻不下的辽东城的阵地上，他命令宇文述等陆军将领暂时放下尚未攻陷的城池，立即奔往平壤。不仅仅是辽东城，一路上各城都紧闭城门，彻底死守。

隋炀帝是实力的信奉者，只想着一鼓作气攻陷敌国的首都，速战速决。宇文述、于仲文、刘士龙等将领已经渡过鸭绿江南下，而旷日持久的辽东战役拖得官兵精疲力竭。高句丽使用先挑战后逃跑的战术，以此疲劳隋军。结果隋军一天打七战，虽然每次都获胜，却疲劳困惫，渡过萨水，平壤已近在眼前，却无法继续打仗。在这个时候，高句丽大臣乙支文德派人前来隋军，提议道：

若旋师者，当奉高元朝行在所。

这场远征的理由是高句丽拒绝入朝觐见。现在主动提出可以入朝，隋军就没有理由继续打下去。虽然宇文述感觉有点蹊跷，可是他明白自己的军队已经没有战斗力，正是天赐良机，于是决定撤军。然而，就在隋军撤兵返回的一路上，到处受到高句丽伏兵的袭击，尤其是在萨水，隋军在渡河途中遇袭，其殿军损失惨重。

隋炀帝闻之，自然怒发冲冠。

九军渡辽，凡三十万五千，及还至辽东城，唯二千七百人，资储器械巨万计，失亡荡尽。

这是远征惨败的结果。宇文述身系铁镣，负罪待刑。然而，因为他的儿子宇文士及是隋炀帝的女儿南阳公主的丈夫，宇文述被免于死刑，只是贬为庶人。

唯有将军刘士龙处斩。

远征失败，隋炀帝颜面尽失。第二年大业九年（613年），隋炀帝强行发动第二次远征。宇文述官复原职，被给予戴罪立功的机会，再次担任远征军的总司令。隋炀帝也再次亲征，前往辽东。

这次改变作战策略，不是直取平壤，而是各个击破，先拿下沿途各城。因为在上一年撤兵的时候，沿途受到各城高句丽部队的袭击，大受其苦。

杨玄感在后方故意拖延军需品运输的时间，给前线造成困难，并最后决心反叛是在第二次远征的时候。为了镇压杨玄感的叛乱，远征军返回西面，实际上停止了对高句丽的这一次远征。

据说，在隋文帝临死前改变主意，打算将被废黜的长子杨勇重新立为皇太子的时候，杨玄感的父亲杨素把诏书悄悄撕碎。因为贬损杨勇的人品和才能、建言册立次子杨广为皇太子的正是杨素。

杨素似乎为此居功自傲，在朝廷的宴席上有失臣子之礼。杨素死于大业二年（606 年），在他的晚年，隋炀帝授予他很高的名誉职称，却没有实权。杨素对此心怀不满。杨素患病时，隋炀帝派名医给他医治，据说实际上是害怕他病愈，于是就出现毒杀的传言。隋炀帝还说过："即使杨素不是病死，他的家族早晚也要被诛杀的。"这句话传到杨玄感的耳朵里。

虽然杨玄感备受重用，官至礼部尚书，但是他对隋炀帝并非忠心耿耿。他举兵叛乱其实是受到亲密朋友李密的很大影响。

李密是北周八柱国之一的李弼的孙子，论家庭的规格，与隋王朝的杨氏平起平坐。他也曾受到隋朝廷的邀请，他只继承父亲蒲山公的爵位，却称病不愿意当官，每天只是读书消遣。杨素对李密高度评价，对儿子杨玄感说"你们无人可及"。

杨玄感决心反叛后，立即派密使前往长安，把李密接到他的所在地黎阳来。实施如此大事，李密是最可靠的盟友。

杨玄感就反叛计划征求李密的意见，李密提出三条策略：

一、从背后偷袭正在亲征的隋炀帝。

二、攻打首都长安。

三、攻打洛阳。

李密说：第一条是上策，第二条是中策，第三条是下策。然而，杨玄感选择攻打洛阳的下策。

第一条虽是上策，但远征军都是做好随时战斗准备的部队，而且数量极多。如果成功，自然可以一举粉碎隋王朝，但危险也极大，所以杨玄感不采取这个策略。第二条攻打长安，路途遥远，他犹豫不决。

杨玄感驻扎的黎阳就在洛阳附近。当时隋王朝的首都是大兴（长安），洛阳（东都）和扬州（江都）是陪都，三者可以说同一规格。大概杨玄感认为，攻打附近的洛阳其实和攻打长安是一样的。

李密将攻打长安定为中策、攻打洛阳定为下策的原因，除了考虑到长安正在兴建易于攻打之外，还因为隋炀帝听到反叛的消息后，率领远征军返回，洛阳离得近容易受到攻击。但是，杨玄感选择了最容易的下策。

杨玄感举兵反叛，攻打洛阳，但是洛阳的守军严防死守，久攻不下。于是，杨玄感改变主意，觉得还是攻打长安好，转而攻击长安。但因为攻打洛阳耗时太多，高句丽远征军的宇文述和来护儿率兵返回，追赶杨玄感的部队，大破之。杨玄感落荒而逃，心想与其落入他人手里，不如……便跑到他弟弟杨积善那里，让弟弟斩首。李密也被抓住，在押送前往洛阳途中逃脱。

杨玄感举兵是在大业九年六月，八月战败而死。这场叛乱顷刻之间全军覆没，但他一呼百应，很快就能收罗五万乃至十万之众，这一点值得关注。他举兵时候发布的檄文这样写道：

主上无道，不以百姓为念，天下骚扰，死辽东者以万计，今与君等起兵以救兆民之弊，何如？

反叛的檄文一般都是打着清君侧奸臣的旗号，但是他一开始就把矛头对准皇帝。

杨玄感包围洛阳的时候，梁郡群盗头目韩相国起兵与之相呼应，被杨玄感任命为河南道元帅。这个韩相国在不到一个月的时间里，就聚集十余万之众，攻打郡县衙门。

备受兵役、劳役之苦的不仅仅是离高句丽前线比较近的北方地区，江南地区也多有匪盗活动。晋陵出身的管崇隐居于常熟，眉清目秀，他举兵一呼，应者云集，以十万之众攻打驻扎在扬州附近的隋五个营的守军，掠获大量武器、军资。

天下人心已离散，甚至思乱。隋炀帝这样说道：

玄感一呼而从者十万，益知天下人不欲多，多即相聚为盗耳。不尽加诛，无以惩后。

人口太多实在没有办法，人一多，群盗也多，那就尽行杀戮相关者。

与杨玄感有关联的，被杀者三万多人，流放者六千多人。杨玄感包围洛阳期间，曾开仓放粮。当时领到粮食的人，后来都被活埋在洛阳南面。

这个时候，隋炀帝所依靠的宇文述已经死去。

隋炀帝最亲密的身边人本应该是杨素和张衡。杨素之死，虽说是因为受到冷遇，其实隋炀帝表面上对他的待遇十分优厚，葬礼也很隆重。至于张衡，隋炀帝对他的处置则十分残酷。

前面说过，张衡甚至被怀疑为了炀帝而杀死文帝。隋炀帝疑心甚重，无端猜疑张衡心里一定以为是自己让炀帝成为天子的。这是因为张衡毫无顾忌地坦陈自己的主张。

隋炀帝喜欢大兴土木和旅行，除三都外，还在各地修建离宫。在太原西北面修建汾阳宫的时候，御史大夫张衡劝谏道，近年劳役过多，百姓疲惫，稍请慎重处之。当时隋炀帝想到自己即位的过程，从而断定张衡居功自傲，口出狂言，将他贬为北方地区的长官榆林太守。后来，修建扬州江都宫的时候，再次任命张衡为监督官，他违背隋炀帝喜欢豪华气派的意图，大刀阔斧地削减计划。江都郡丞王世充汇报上去，隋炀帝大怒，要杀他，但后来改变主意，给予撤职贬为庶民的处分。王世充接替他担任江都宫监。此人与兴建大兴城的总设计师宇文恺一样，都是西域人。

王世充不惜工本营造富丽堂皇的宫殿，讨得隋炀帝的欢心。现在扬州市里有迷楼遗址。据说就是仙人来到此楼也会迷路，所以名叫“迷楼”，可见是如何巧夺天工的宫殿。

张衡被贬为庶民是在大业六年（610年），两年后被杀。虽是已经被放逐的家臣，隋炀帝对他还是不放心，派人暗中监视。处死张衡的理由是诽谤朝政。据说张衡死前叫喊道：“我为人作何物事，而望久活！”本想长生，才做那样的事！“那样的事”，无疑就是指拥立隋炀帝的活动。

由于杨玄感的反叛，第二次高句丽远征军返回，大业十年（614年），再次征兵组建远征军团。全国各地盗贼纷起，但是远征高句丽不能中止，哪怕是赌这口气，也要坚持下去。征兵组建远征军反而增加了盗贼集团，因为害怕被征兵而逃亡的壮丁们只能参加盗贼集团。

高句丽方面连年准备迎战隋军，也是疲惫不堪。七月，高句丽王高元派使者前来请求投降，送还斛斯政。斛斯政曾是隋的兵部侍郎，是第二次远征高句丽的首脑，但他听到杨玄感反叛的消息后，逃亡高句丽。据说他与杨玄感暗中勾结，隋炀帝对叛变投敌的将军自然恨之入骨。隋炀帝对高句丽送还斛斯政感到高兴，认为这是高句丽请求投降有诚意的表现。

高句丽投降，隋大概终于松了一口气。第三次远征高句丽，也是隋炀帝亲征，可是在归途中的邯郸，太子的行列偏偏受到匪盗头目杨公卿率领的八千党徒的袭击。其实匪盗的真正目的并非索取太子的性命，而是掠夺太子坐骑——天下宝马，即所谓宝马中的宝马。四十二匹马被抢掠而去，这也显现出隋王朝的末期症状。

隋炀帝甚至已经被国内的匪盗都瞧不起。高句丽虽然答应入朝觐见，却根本不动身。反正斛斯政本来就是隋的人，是杀是剐随你的便，与我高句丽无关。实际上隋炀帝烹杀了斛斯政，让百官分食。

隋炀帝回到大兴城的时候，刘苗王在离石郡（今山西省）反叛，集数万之众，自称天子。隋将军潘长文前往讨伐，无法平定。

这个时候，群盗集团有人开始自称皇帝，上谷郡的王须拔还定国号为燕。

镇压群盗难见进展，却也有意想不到的收获。在兴建江都宫中大显身手的技术型官僚、西域人王世充击败聚集有十万之众的群盗头目孟让，斩万余首级，蔑视王世充为“只知道文学与法律的小吏”的孟让仅仅带着数十骑人马落荒而逃。从此隋炀帝对王世充的信任越发深厚。王世充不仅明习法律，舞弄文法，其实对兵书也深有研究，具有军人的才能。

隋朝的末期症状的另一个表现是迷信。一个名叫安伽陀的方士预言“桃李子，有天下”，说的是李氏将成为天子，所以必须杀尽天下姓李之人。大概这是江湖骗子的方士为迎合隋炀帝的心情而信口开河的胡编乱造。隋的开国元勋李穆有一子名叫李浑，隋炀帝很讨厌他。李浑想让父亲的孙子（李浑的侄子）继承父亲的爵位，请求妻子的哥哥宇文述从中活动，条件是如果自己能继承父亲的遗产，愿意将年收入的一半送给宇文述。通过宇文述在朝廷内的活动，李浑如愿以偿，但是他兑现的承诺只有两年，两年之后言而无信分文不给。宇文述自然憎恨李浑，在隋炀帝耳边说了李浑不少坏话。

当时的人们迷信极深，笃信预言、前兆之类的东西，其坚信不疑的程度是现代人根本无法想象的。“桃李繁荣”，下一个太子姓李，而姓李的人中最有权势的就是李浑。加上对李浑失信违约不满的宇文述在隋炀帝身边，李浑的处境越发严峻，终于以“谋反罪”被起诉，李浑一族尽行诛杀。

听到这个消息，有一个人会眉开眼笑。此人就是参与杨玄感的反叛、被抓逃脱的李密。

李密这样解释：桃李与“逃李”同音，逃脱的李，即自己将是下一个天子。李密学识渊博，世所公认，依然无法从迷信中摆脱出来以拥有自己的思想。

李密虽然生于八柱国之一的世所罕见的豪门，但因为没有仕官，所以没有部下与同党，却有在天下这个大舞台上大展雄图的野心。

李密要想实现自己的野心，就必须招兵买马。他不是地方豪族，也不是任侠之徒，认为打进一个庞大的组织里进行操纵，这样对自己有利。他一边逃命一边物色自己可以挤进去的集团。最后，他选择进入翟让为大头目的集团。翟让集团里，还有徐世勣这样出色的人物。

大业十一年（615 年），隋炀帝离开首都大兴，转到山西的太原，在汾阳宫避暑，然后从这里回到洛阳。隋炀帝命令江南地区重新建造在杨玄感之乱中被烧毁的龙舟。这样的龙舟多达数千艘，简直是荒唐愚蠢的做法。

远征高句丽以及其他各种事情，耗费巨额的国家财力，但隋炀帝还在考虑出去游玩。他不仅让江南地区建造几千艘龙舟，还打算在会稽修建新的离宫。不过，由于这个地方发生动乱，未能实现。

隋炀帝的身边人并未把全国各地的匪盗情况如实地向皇帝汇报，如果事态恶劣，隋炀帝会立即大发雷霆。虽然全国的实际情况不能全部掌握，但隋炀帝并非昏君，他应该感觉到隋王朝的命运正在倾斜。

大业十二年(616年)七月,在江南地区制造的龙舟送到洛阳。于是,隋炀帝乘坐龙舟沿着运河顺流而下前往扬州。凡是劝谏的家臣都受到惩罚。隋炀帝无论如何就是想巡游江南。

隋炀帝心里明白天下形势对隋王朝十分不利,知道北方所需的粮食以及其他物资都是从南方运送过来的。他大概这样判断,如果隋王朝保不住全国地盘,南北比较,只能偏安南方。南方可以自给自足,而北方难以做到。一旦危急关头,将以扬州为据点,保存半壁江山。

隋炀帝的皇太子早死,其弟不可相信。隋炀帝南下时,便让皇太子之子,即他的孙子代王杨侑留在首都大兴,让同样是孙子的越王杨侗留在洛阳。

隋炀帝这样安排,大概是想不论何时何地发生什么事情,总有一处可以保留隋王朝的命脉,延续下去。然而,历史很快就证明这种想法是何等的浅薄。

隋炀帝在扬州富丽堂皇的宫殿里,每天都能听到隋王朝土崩瓦解的声音。他信奉实力,应该深知隋王朝实力的衰微,然而没有迹象表明他采取挽救的措施。大概隋炀帝不想过多了解天下形势吧,就是说,他的任性使他不愿意听到任何坏消息。

为了闭眼不看王朝土崩瓦解的可怕景象,隋炀帝沉迷于纸醉金迷的游玩。这不能不说是可悲的游玩。

群盗的数量每天都在增加,地方衙门每天都遭受破坏,官员接连被杀。谁都看得清清楚楚,这是一个动乱的时代。

好像从这个时候开始,隋炀帝的精神出现异常。也许他面对无休无止的群盗四处烽火遍地的消息,已经关闭了自己的心扉,或者是即位以后,对即位之前的损失的弥补,才那样沉迷女色、荒淫无度,导致身心损伤。他变得暴躁易怒,其言行往往不正常。

隋炀帝存在本身已经成为朝廷群臣的繁重负担,他是隋王朝土崩瓦解的主角,不论演出什么样的戏曲,都不允许他逃离历史的舞台。

通往长安之路

群盗、流贼、流民……史书上的称呼各种各样，最近多称为农民起义军。隋末，各地起义的集团包含有各种不同的性质，既有从一开始就是那种专干打砸抢行当的山贼匪帮，也有任侠集团；既有地方豪族，也有逃脱兵役、差役的人的集团，收容因无力缴纳租税被地主驱赶出来的穷苦人的集团。对这些不同性质的集团很难冠以一个称呼，但在政府看来，无论哪个集团都是叛逆者，按照这个共同点，大概可以统称为造反团吧。有的集团深入一层反对体制，也有的人只是因为被迫逃亡而被朝廷按上造反烙印的。这些人不组织集团甚至都无法活下去，而集团会产生力量。

不仅仅是隋朝，历代王朝都是被这种力量所推翻。然而，其核心力量并没有成为新政权的中心。

一定会发生人们所说的农民革命的成果被窃取这种现象。这是中国历史的一种模式。

篡夺西汉的王莽政权是被赤眉、绿林等流民造反团的力量消灭的，然而，新政权则是由与汉王朝有着血缘关系的地方豪族刘秀所建立的。这个东汉王朝是一个几乎全部由豪族出身者组成的政权，难以从中发现赤眉军、绿林军的痕迹。

东汉王朝灭亡的原因是太平道黄巾军的反乱，这大概也可以说是流民造反团。然而，经过三国时代，进入魏、晋政权，只能在魏的曹操军团中发现一些黄巾军的青州兵，算是造反团留在新政权里的痕迹。当然，他们没有进入魏的政权的核心。

造反团接受被地主驱赶出来的穷苦人，他们满脑子只想着如何活下去，根本不会考虑自己未来的发展。掌握政权，必须具有长远的眼光，并且成立相对应的机构。这些机构通过秩序加以巩固。所谓秩序，必须明确规定上下之区别，就是规定阶级。

造反团里当然也有指挥与被指挥这样的阶级差别。从黄巾军的编制来看，有相当于师长的“渠师”这个职称。史书记载隋末造反团里也有这样的人，就是领导人。在领导人下面，就是大量被领导的无名小卒。这是作战所必需的。一旦决心造反，就要做好接受政府军镇压的思想准备。为了保卫自己，就必须作战，为此需要战斗部队的编制。

造反团内的秩序是为战争而制定的，与执政秩序的性质有很大的不同。

造反团即使具有推翻旧体制的实力，却难以产生缔造新体制的力量。缔造新体制需要高瞻远瞩的展望，具有这样的眼光需要一门学问，而在当时只有极少数人掌握这门学问。

推翻一个王朝要进行长期的战争。人们在漫长的战乱中已经筋疲力尽，渴望重现秩序井然的社会，过着和平安宁的生活。当民众对战争极度厌恶的时候，可以说造反团开始自相矛盾。

隋末，全国各地接连不断地涌现出各色各样的造反团，但隋王朝灭亡以后，取而代之的是唐这个新王朝。

唐朝的李氏与隋朝的杨氏一样，都是北周八柱国之一，具有浓厚的鲜卑族色彩。取代隋的唐似乎并没有打算焕然一新，但隋朝不过三十八年，而唐朝长达二百九十年。

虽然唐与隋的出身一模一样，然而获取政权的方式不同。隋是篡夺北周这个现成的王朝，攻打南朝，统一天下。隋登上历史舞台的时候，没有造反团横行天下。唐朝是在造反团遍布天下的时代登上政治舞台，宣告新政权的诞生，但是在这个新政权里几乎找不到造反团的痕迹，这与东汉、魏、晋的情况十分相似。勉强说的话，唐朝的建国功臣中，李勣（原名徐世勣）、尉迟敬德这两个人带着造反团的性格。除此之外，我找不出唐与隋有什么很大不同的地方。

人们总是把隋、唐连在一起称呼，却往往忘记了在这两个王朝之间存在过全国性的造反时代。当然这有其原因，可以说这是庶民的悲剧。只有对旧体制熟悉的阶层才能创建新体制。造反团如果要创建新体制，那就必定是与先前的旧体制完全不同，遗憾的是，隋末的造反团没有这样的力量，只是终结于破坏摧毁。

前面说过，在杨玄感的叛乱中被捕后逃脱的李密加入翟让为首的强大的造反团。他从一开始就是考虑加入一个现成的造反团，篡夺其领导权。在逃亡期间，他曾投身于郝孝德、王薄等当时著名的造反团，大概这些首领存有戒心，对他并不热情，于是他很快离去。要篡夺领导权，必须一进去就给他相当高的地位。只有赏识他的才能，才会给他高位。他在造反团间转来转去，终于得到翟让的认可。

翟让原先是东郡的下级官吏法曹。隋末的刑罚异常严厉，他受到一起事件的牵连，被判处斩，但在狱吏的帮助下，越狱逃跑。既然是一个越狱犯，除了造反，别无他路。他以瓦岗为根据地，开始山贼的抢掠生涯。不久，与胆略过人的十七岁少年徐世勣相识，两人合伙转为主要袭击运河水路舟船的水贼。水贼买卖兴隆，很快手下就聚集一万多人。

法曹虽是下级官吏，但翟让应该还是有些学问，也许因此对来投靠的李密的八柱国世系心怀尊敬。后来，两个人的地位不知不觉地发生变化，李密反而成为集团的首领。

我们仿佛从中看到一个缩影。贫苦困厄的庶民被迫揭竿而起，举兵造反，但其成果被贵族、豪族所窃取。翟让、徐世勣创建的造反集团很快就被八柱国的李密所篡夺，这可以说是象征性的事件。

小造反团很快被逐渐清理，不是大集团，就无法存活下去。隋毕竟是统一的王朝，瘦死的骆驼比马大，它的军队要彻底摧毁造反团，小集团势单力薄，无法对付，就被歼灭，而隋军对大集团则束手无策。于是，对于小造反团来说，是被歼灭，还是加入大造反团，二者必取其一，他们必须做出抉择。大造反团就这样逐渐形成能够进行地方割据的力量。

河北的窦建德集团在当时的反体制群体中规模最大，但李密、翟让的集团占领洛口仓以后，势力急剧扩大，与窦建德集团势均力敌。

洛口这个地名可谓名副其实，位于洛水注入黄河的入口处，极具运输之便，自古以来历代国家就在此地建立谷物仓库。所谓仓库，就是巨大的窖，至今遗址尚存。像这样可以容纳得下一座相当大的楼房的巨型地窖，据说有三千多个，非常了不起。当然，四周城墙高筑，重兵把守。李密于大业十三年（617年）二月率领精兵七千攻陷洛口仓，开仓济民。

从上一年就开始饥荒缺粮，老百姓欢天喜地前来洛口仓领粮。有很多年轻人当场参加李密的队伍。李密通过这个收买人心的政策完全掌握了集团的领导权。

前面说过，群盗集团中有人自称天子、皇帝，其实他们都是未见过世面的井底之蛙。大概李密是第一个具有政权构想的领导。他本人就是贵族，也通晓制度规矩。一步登天自称皇帝的做法实在可笑，魏晋时代的篡权，也都是先当国公，再称王，最后才接受禅让登基称帝。李密按照这个规矩，先成为“魏公”，制定元号。据说他选定的元号是永平。

谁都看得出来，隋已经丧失了统治能力，隋炀帝进入扬州以后，一动不动，不再出来。他以前非常喜欢江南的景致风情，经常来到扬州，如今想动也动弹不得了。

隋已经气息奄奄，下一个政权大概就是李密的魏，各地的造反团首领都争先恐后地投靠李密，其中还有先前李密曾经投靠过的郝孝德。出乎意料地，被王世充打得落花流水的孟让也投奔过来。他们都得到各种各样的官爵，翟让成为上柱国、司徒、东郡公，还不到二十岁的徐世勣被任命为右武侯大将军。无论如何，徐世勣还是捷足先登。

道路降者不绝如流，众至数十万。

前来洛口的人如此之多，盛况空前。

洛口仓的粮食似乎取之不尽，几十万人来到这里，李密也可以让他们吃上饭。去洛口，不愁吃，大家一传十十传百，路上的人流络绎不绝，接踵而至。

可以说洛口仓才真正是李密政权的基础，且离洛阳不远，所以李密决定先取洛阳，从而迈出夺取天下政权的第一步。他任命孟让为总管，攻打东都洛阳。隋炀帝的孙子越王杨侗驻守洛阳，年轻，尚无掌控重臣的能力。例如，军司令裴仁基与监军御史肖怀静事事不和，互相争斗。裴仁基想把战利品分给部下，肖怀静坚决不允许，最后弄得裴仁基杀掉肖怀静，投降李密。李密封他为上柱国，担任攻打洛阳的司令。

眼看着洛阳就要失陷，但不愧是隋朝的三都（大兴、洛阳、扬州）之一，固守难克。与洛口仓同样的国家谷物仓库——回洛仓就在附近，可以将其中的粮食运到城里。于是李密打算夺取回洛仓，双方展开激烈的争夺战。

李密从切身经验中深知洛口仓所具有的力量，所以对回洛仓也是志在必得。李密占领洛口仓，获得巨大的力量。洛阳的越王杨侗派往扬州的使者元善达对杨侗的祖父隋炀帝说“李密有众百万”。正因为有洛口仓这样的粮仓，才能集结百万大军。

但是，也许正因为洛口仓的威力过大，使得他不想离开这个地方，反过来对李密造成祸害。杨玄感反叛的时候，李密作为军师曾对他进言上、中、下三策，其下策就是攻取洛阳。杨玄感取下策而失败。这一次却是李密自己过于在意洛口仓，频繁攻打附近的洛阳。虽然现在的情况与杨玄感举兵时不尽相同，辽东的确没有隋的远征军，不必担心受到来自东面的攻击，但洛阳毕竟不是全国的中心。隋的首都是长安，尽管皇帝不在长安，长安依然是全国的核心。为什么李密不长驱直入攻取长安呢？大概被洛口仓的魅力所强烈吸引，同时也有考虑“先洛阳后长安”的顺序的原因吧。

李密完全没有料到还有人半路里杀将出来夺取长安。盘踞在现在的甘肃省兰州市一带的一个名叫薛举的实力派人物有此举动。从距离来看，兰州到西安的距离要比洛阳到西安近得多。薛举不是行动迅速的流民势力，而是当地的豪族，大概李密没有把他放在心上。太原留守李渊突然南下攻占西安，在那里建立“唐”王朝，则完全出乎李密的预料。

同样都是八柱国的一员，李密也听说过李渊这个人，有点好色，优柔寡断。李渊的确是这样的人，但是他的身边聚集着众多胸怀大志、多谋果断的俊才，有的是他的儿子，有的是他的部下。

当我们阅读短命的隋朝与长命的唐朝的历史时，必须注意不同的阅读方式。隋朝除去逃亡到突厥的隋炀帝的一个孙子外，其他人全部死绝，而隋朝的史书是在灭亡隋朝的唐朝撰写的。当然唐朝的史书也是在唐灭亡之后撰写的，但所依据的史料是唐人二百多年的长期记录。应该记住，史书上的隋朝历史写得要比真实情况坏，而史书上的唐朝历史有粉饰之处。

另外，唐的第一代皇帝唐高祖李渊的皇太子是长子李建成，后来次子李世民取而代之。这种情况与隋朝一模一样，隋炀帝通过各种各样的活动使得父亲废立更换皇太子，而唐朝的李世民则是发动政变，杀兄夺权。此后长期延续的唐朝皇统都是李世民系统的人，谁也不会说先祖的坏话。不仅如此，为了将太宗杀兄正当化，很有可能加以粉饰。

高祖李渊大概的确缺少强烈的进取心和决断力，他是在周围的人推动下才举兵的，史书记载推动李渊的主要是次子李世民。李渊的正室窦氏生下李建成、李世民、李玄霸、李元吉这四个儿子，其中李玄霸早死。李渊举兵的时候，李建成二十九岁，李世民二十岁，李元吉十五岁。史书肯定煞费苦心地将李世民正当化，但也没有把皇太子李建成写成愚昧、暴虐，由此可见李世民的哥哥李建成是一个相当出色的人物。在决心实施反叛这样大事的时候，要说李渊受到二十岁的李世民的敦促，恐怕不合情理，应该说是与年龄上已经成熟的长子李建成商量较有说服力。

北周时代，李渊家族是与隋的杨氏并驾齐驱的八柱国之一，在隋朝也身居要职。李渊举兵的时候，任太原留守。所谓“留守”，就是有权代替皇帝裁决该地的一切事务，相当于总督。李渊的母亲与隋炀帝的母亲是姐妹（独孤氏），他被任命为太原留守是在大业十二年

（616 年）十一月，正是李密进入翟让的造反军队的时候。

第二年七月，太原留守李渊举兵时，赴任才半年多。

留守有军权，所率领的当然是政府军。李渊的举兵，就是把政府军转变成反政府军。他率领三万政府军从晋阳出发的时候，发表檄文：

举义兵，匡帝室。

隋炀帝知道这天下已经无可挽回，便打算立居住长安的十三岁的孙子、代王杨侑为帝。

同一时期，李密已经即位魏公，制定元号，设立行军元帅府，加紧做好取代隋朝、建立新政权的准备，颁发到各地的檄文历数隋炀帝的十大罪状：

罄南山之竹，书罪无穷；决东海之波，流恶难尽。

这种尖锐激烈的批判可谓登峰造极。纸的发明已经六百年，却依然使用抽去竹油的竹简记录时代的表现手法，将历史称为“青史”也是竹简时代的余韵。即使使用南山的全部竹子，也写不完隋炀帝的罪孽；即使倾泻东海之水，也流不尽隋炀帝的恶行。谁都明白这是消灭隋朝的檄文。

相比之下，李渊的讨隋檄文则说要匡正隋朝，将不正确的王朝匡正成正确的王朝，虽然也同样批判隋炀帝，但是对立长安的代王杨侑为帝表示肯定。而李密则攻打洛阳的越王杨侗。

当然，几乎没有人会按照檄文的表面文字理解李渊的举兵。檄文的文字虽然比较缓和，但建立新政权的目的显而易见。即使同样是八柱国出身的人率领的造反团，李密是流民、穷民纠合的集团，李渊军队的根基却是政府军，这是二者的不同之处。

促使李渊举兵的与其说是儿子的说服，不如说是因为隋的酷刑。一直老实顺服的突厥看到隋国内大乱，便开始频繁侵犯边境。侵犯的目标是马邑，这个地方是太原留守李渊负责管辖的地区。李渊派高君雅讨伐突厥，不但未能击退突厥，反而损兵折将。隋炀帝派人来要把李渊带到扬州。在扬州等待李渊的一定是严刑。李渊再优柔寡断，在这个节骨眼儿上，用不着儿子说服，自己就会举兵反叛。

只是李渊的身边人早就对隋绝望。要把他抬出来的人，除他的儿子之外，还有晋阳宫监裴寂、晋阳县令刘文静等。据史书记载，裴寂是管理离宫的官员，各地离宫都居住有一些专供皇帝寻欢作乐的宫女，任何人不得染指。据说裴寂把一些宫女送给李渊，却隐瞒她们是离宫宫女的身份，李渊好色，与宫女共枕。裴寂抓住这个把柄，对李渊说“被主上知道，可是要判死刑的”，敦促他举兵。这个故事颇如小说情节，而且还是裴寂与李世民合谋设计的圈套。

李渊是太原留守，手上兵力不足，于是打开国家的粮库，发送粮食给贫民，招募士兵，但依然感觉没有把握，便采纳刘文静的建议，向突厥借兵。李渊为此受到后世史学家的批判。李渊写给突厥的亲笔信显得卑躬屈顺，但是从突厥借兵意味着双方媾和并结盟，既补充兵员之不足，又解除了背后受敌之虞。

下一步是与李密的较量。如果从晋阳南下，就会靠近李密的势力范围。从当时的力量对比来看，李渊不如李密。

李渊决定先进长安，驻扎在长安周边的部队大部分都跟随隋炀帝去了扬州，应该不会轻易进入关中。李渊集团的计划是：逼迫隋炀帝在扬州退位，由代王杨侑即位，再以隋皇帝的名义诏令各地军政主要官员归由李渊领导。因此，进入长安之前，必须韬光养晦。

李密向各地发送讨隋檄文，李渊采取响应其号召的态势，同时写信给李密，姿态极低。

所以大会义兵，和亲北狄，共匡天下，志在尊隋。天生烝民，必有司牧。当今为牧，非子而谁！老夫年逾知命，愿不及此。欣戴大弟，攀鳞附翼……

其意是拥戴李密为盟主，念及同姓之情谊，当您号令天下的时候，只是希望如过去那样封我为唐公。不言而喻，这是解除李密对自己的戒心。

李渊让十五岁的李元吉留守太原，分别给长子李建成和次子李世民一支军队，命他们担任司令。此时关中已经几乎没有政府军，各地虽有盗贼集团，但其中最有实力的孙华接到李渊的信函后，立即投降。其他小造反团自然都仿效孙华。

七月从晋阳出发的李渊的军队还只有三万，到十月进入关中逼近长安的时候已经扩大到二十万。

军令严整，秋毫不犯。

李渊的部队注意沿途不打扰民众。喜欢游玩享乐的隋炀帝到处修建离宫，搜罗当地的美女作为宫女关闭在离宫里，等待着皇帝不知何时的临幸。她们的痛苦自不待言，她们的家族都悲伤哀愁。李渊一路上把离宫里的宫女全部解放。这样的军队自然深受群众的欢迎和拥护。

李渊的二十万部队抵达长安城下，在春明门的西北面宿营，严禁官兵进入村落住宿民家。然后派使者进城，表明自己不是反叛，而是匡正王室的意图。然而，隋王朝对此毫无反应，于是，十月甲辰，李渊向全军下达攻城的命令。十一月丙辰，李渊的部队终于占领长安城。

李渊进城以后的行为在八百多年前已有先例。当时刘邦攻占关中，宣布废除令人民苦不堪言的繁杂苛刻的严酷法律，制定法三章，只规定杀人者死、伤人者及盗窃者罪这三条。随着时代的变化，社会变得复杂起来，所以李渊如果仅仅通过法三章无法稳定社会，他废除隋的法律，制定了十二条法规。据说李渊进入长安城后，只处死十几个人。

马邑有一个官员名叫李靖，本来就与李渊不和，知道李渊将要举兵，急急忙忙赶往扬州向隋炀帝报信，却因为道路不通，受阻在长安。李渊杀此人，李靖在刑场上大声叫喊："公兴义兵，欲平暴乱，乃以私怨杀壮士乎！"据说李世民认为此人可用，请求父亲刀下留人，将李靖交给他。虽然这则故事也许为吹捧唐太宗李世民有所加工，但李靖后来确实成为唐朝将军，立下辉煌功绩。李渊举兵时，曾向突厥借兵，但因此留下祸根，后来唐的国境经常遭受突厥的攻占。而经常出征与突厥作战，并俘虏颉利可汗，屡建奇功的，正是这个李靖。这则故事也反映出李渊的次子李世民开始网罗自己的亲信。

李渊进入长安城后，在天兴殿拥立代王杨侑举行即位仪式，改元号为义宁，封在扬州的隋炀帝为太上皇，架空起来。

无人怀疑，这一系列的措施都是为禅让做准备。唐国公李渊被封为唐王，将武德殿作为丞相府，在那里执政。

这个时候的李密大概知道事情糟糕透顶，肯定后悔自己一直窝在洛口仓的旁边一动不动。不过，其实李密当时的状况根本无法长驱直入长安城，他身处内忧外患之中，焦头烂额，无暇顾及其他。

李密的阵营分成李密派和翟让派两派，这种分裂是必然的，双方展开激烈的暗斗。这时，身在扬州的隋炀帝为救援洛阳，命王世充为将军赶赴而去，洛阳不是长安，必有一场恶战。

李密杀翟让，从而大致解决了内讧问题，但依然无法攻陷洛阳，还必须和王世充的援军作战。前面说过，西域人王世充虽然是技术官僚，但也具有军事才能，曾经打败孟让的造反大军，战绩斐然。李密遇上一个不可小觑的强硬对手。

听到李渊占领长安的消息后感觉糟糕透顶的，不止李密，还有西部兰州方面的地方豪族薛举。他一定也是懊悔不迭，早知如此，自己就应该先下手了。不管怎么说，薛举还是派儿子薛仁果奔赴长安，但是在扶风城被李世民击退。

李渊占领长安的第二年，隋炀帝在扬州被自己的警卫队杀死。这样一来，李渊就毫不客气了，接受新皇帝杨侑（后谥号隋恭帝）的禅让，自己登基称帝。如果以隋炀帝的年号计算，这一年是大业十四年（618年），与李渊在长安改元号无关。如果以被李渊拥立的少年皇帝隋恭帝的年号计算，是义宁二年。对唐王朝第一代皇帝李渊来说，这是创立唐王朝的值得纪念的一年——唐武德元年，即公元618年。

隋炀帝于这一年的三月被杀。

同年五月甲子日，李渊在长安太极殿即位，成为唐王朝的第一代皇帝，改元为唐武德元年。

迷楼记

隋炀帝到扬州以后，终日醉生梦死，过着荒淫无耻的生活。他的宫中有一百多间屋子，每间屋子里都分配精挑细选的美女，打算一天一屋地轮流宠幸。每间屋子里的美女都必须有新创意，布置成与其他房间不同的独特情趣，千篇一律，隋炀帝就不高兴。

佞臣们不把各地造反军的真实情况报告隋炀帝，或隐瞒，或少报。尽管大臣们苦心积虑地掩盖真相，隋炀帝心里明白形势异常严峻。因为他到扬州以后，身不由己，动弹不得，因为只要离开扬州一步，就可能遭受造反团的袭击。

隋炀帝酒不离口，身边总是簇拥着一千多美女，沉入醉乡。他喝酒似乎并不开心，而是为了忘掉烦心的事。他听不到真实的情况，其实未必都是佞臣对他封锁坏消息，大概他自己也不想听吧。有人因说真话而被杀，这样不是佞臣也噤若寒蝉。当然这些事情都是记载在唐朝撰写的《隋书》里，不尽量妖魔化隋炀帝，就无法确定唐朝建国的正当化，所以应该会有夸大其词的记述。不过，在天下纷乱的时候，晚年的隋炀帝的确荒唐骄纵。他一边照镜子，一边对身旁的萧皇后说道：

好头颈，谁当斫之！

这则故事十分有趣，他掩耳不听坏消息，心里却非常明白局势的发展结果。究竟是谁来砍自己的头颅呢？——自己成为自己的看客，但无疑是自暴自弃的话。

斫砍隋炀帝“好头颅”的是右屯卫将军宇文化及。宇文化及性格怯懦，但当时的局势变得极其异常，隋炀帝身边的人几乎全部都背叛皇帝，如果宇文化及不成为杀害皇帝的主谋，就会被其他反叛者杀死。

宇文化及与北周的宇文氏不是同一家系。北周的宇文氏被隋杀绝，而隋的杨氏被宇文化及杀绝。宇文化及是宇文述的长子，其弟宇文士及娶隋炀帝的女儿南阳公主为妻。隋炀帝疏远为他的即位立下汗马功劳的杨素、张衡，而亲信宇文述，让他担任讨伐高句丽的最高司令。宇文述在隋炀帝末年死去，临终前恳求皇帝赦免长子宇文化及之罪。宇文化及轻浮狂妄，仗势欺人，抢夺他人财物，被关禁闭反省，经其父求情，释放出来，官复原职，却最后变成杀死隋炀帝的主角，其命运实在不可思议。

廷臣之所以几乎都背叛隋炀帝，主要原因是他喜欢江南，毫无回长安之意。沿途的确有造反团猖獗活动，但依靠中国最强大的禁军“骁果营”，护送隋炀帝回长安并非不可能。

隋炀帝的禁军称为“骁果营”，全部是以长安为中心的关中人，思乡之情最为浓烈，对决定此后一直留在扬州的隋炀帝最为不满。于是，出现皇帝的禁军成为反皇帝派的同伙的怪现象。不杀皇帝，就无法回故乡。杀害皇帝的政变，依靠军队就能实施，这么简单却是少有的。

宇文化及有两个弟弟，一个是隋炀帝的女婿宇文士及，另一个是宇文智及。宇文士及与隋炀帝的关系特殊，所以据说没有把政变的计划告诉他。宇文化及与宇文智及是政变的主谋，不过隋炀帝已经失去人心。政变并没有经过长时间的酝酿准备，精心策划，而是一呼百应，可以说他们只是随意性的代表。

《隋书》《旧唐书》都明确记载，宇文三兄弟中，唯有宇文士及与谋反无关。不过，也有人认为宇文士及才是真正的主谋。三兄弟中，只有宇文士及活下来，仕于唐朝，最后官至宰相。唐朝撰写的史书，也许会掩饰宇文士及的不光彩的一面。

隋炀帝被杀的时候，质问手持白刃的虎贲郎将司马德戡谁是主谋，司马德戡回答道：

溥天同怨，何止一人！

最后，隋炀帝叹息道：我有何罪？在场的另一个反叛者马文举说道：

陛下违弃宗庙，巡游不息。外勤征讨，内极奢淫，使丁壮尽于矢刃，女弱填于沟壑，四民丧业，盗贼蜂起。专任佞谀，饰非拒谏。何谓无罪！

天子有天子的死法，隋炀帝提出服毒自尽的最后要求，但未被接受，他无奈地解下身上的练巾，交给校尉，缢死。在父帝身边流涕痛哭的赵王、十二岁的杨杲被裴虔通斩杀。

隋的皇族几乎全部被杀。隋炀帝虽然耽于女色，却少有子女，五十岁被杀之时，在世的儿子只有两个：齐王杨暕和这个赵王杨杲。隋炀帝似乎不大喜欢杨暕，溺爱幼子杨杲。隋炀帝最疼爱的长子晋王杨昭（元德太子）已死，他将其孙子杨侗放在洛阳，另一个孙子杨侑放在长安。在长安的杨侑此时已被李渊拥立即位。

杨暕自不待言，隋炀帝的弟弟杨秀也被杀掉，只有一个人幸免一死，他就是杨俊之子秦王杨浩。杨俊是隋炀帝的弟弟，文帝的五个儿子中，他没有死于非命，可谓幸运。这个幸运很快就传给他的儿子杨浩。秦王杨浩与反叛集团的宇文智及关系密切，所以保住一条命。也有可能是反叛集团为了将来的禅让而特地留下一个隋皇族。不过，杨浩的幸运也极其短暂。

宇文化及杀死隋炀帝后，自称“大丞相”，让杨浩当皇帝，决定返回长安。此时的长安已被李渊占领，在扬州发功政变的宇文兄弟等肯定做好了与李渊作战的准备。

宇文兄弟的政变轻而易举获得成功的原因之一，是禁军骁果营已经与隋炀帝离心离德。隋朝二世而亡，前后两代皇帝形成如此明显的对照，也是少见的。

正因为隋文帝厉行节约，积累国家财力逐渐富裕起来，才使得隋炀帝可以穷奢极欲地享受。

隋朝实现了南北统一这一永恒辉煌的事业。通过南北朝时期的一种民族大迁徙对国际形势发生巨大的变化，其形式主要表现为各国希望与隋朝建立友好交往的关系，隋朝也积极开展与各国的外交关系。

此时日本正是圣德太子执政时代，根据隋朝史书记载，圣德太子①派小野妹子②作为首席遣隋使来到中国。

开皇二十年，倭王姓阿每，字多利思比孤，号阿辈鸡弥，遣使诣阙。上令所司访其风俗。使者言倭王以天为兄，以日为弟，天未明时出听政，跏趺坐，日出便停理务，云委我弟。高祖曰："此太无义理。"于是训令改之。

"多利思比孤"，相当于天皇多讳的"足彦"，大概不是固有名词，而是"君主"这个普通名词。公元600年相当于日本推古天皇③八年。推古天皇是女皇，所以不应该是"比孤"（音"HIKO"），而是"比壳"（"HIME"）（例如据说神功皇后④名为"息長帯比壳"）。也有人认为"多利思比孤"指的是摄政的圣德太子。《隋书·倭国传》在记述倭国的风俗习惯后论述与朝鲜半岛的关系很深：

新罗、百济皆以倭为大国，多珍物，并敬仰之，恒通使往来。

接着，这样记述隋炀帝时代的遣隋使：

---

① 圣德太子（574—622年）：用明天皇的皇子，推古天皇担任摄政，制定冠位十二阶和十七条宪法。派遣小野妹子为遣隋使来到中国，打开日中关系。皈依佛教。著有《三经义疏》。——译注

② 小野妹子：生卒年不详。推古天皇时代的官员，607年奉圣德太子之命成为首任遣隋使来到中国，第二年同隋使裴世清一起回日本。同年再次陪同南渊请安、僧旻、高向玄理等留学生来隋朝，第二年回国。——译注

③ 推古天皇（554—628年）：《古事记》《日本书纪》记载的第三十三代天皇（592—628年在位）的汉式谥号。钦明天皇的第三皇女，敏达天皇的皇后。崇峻天皇被苏我马子杀害后，被拥立。立圣德太子为皇太子，由其摄政。——译注

④ 神功皇后：《古事记》《日本书纪》记载的日本第十四代仲哀天皇的皇后。天皇死后摄政长达六十九年。三次出征朝鲜。——译注

大业三年，其王多利思比孤遣使朝贡。使者曰："闻海西菩萨天子重兴佛法，故遣朝拜，兼沙门数十人来学佛法。"其国书曰："日出处天子致书日没处天子无恙。"云云。帝览之不悦，谓鸿胪卿曰："蛮夷书有无礼者，勿复以闻。"明年，上遣文林郎裴清使于倭国。

据《日本书纪》记述，推古天皇十五年，遣小野妹子往"大唐"，鞍作福利[1]为通事。这一年是公元607年，年代与《隋书》的记述一致。《日本书纪》记述的国家为"大唐"，大概只是泛指中国。《日本书纪》还记述：翌年，大唐使人裴世清来。《隋书》撰写于唐朝，避讳唐太宗李世民的"世"字，所以裴世清应该是正确的。中国的史书《北史》也是写裴世清。

《隋书》的上述记录说到隋炀帝认为日本的国书没有礼貌，心头不悦，"勿复以闻"，意思是说这种不懂礼貌的书函，以后不必向我报告。这一点显示出隋炀帝的性格。晚年他居住在扬州，明明知道到处群盗活动猖獗，也不想听这些报告。

所谓"无礼"，指的是倭国王自称"日出处天子"，称隋炀帝为"日没处天子"，而且是"致书"，这样的语句不应该使用于国书。这个世界上不能有两个天子，这与天无二日一样。国书的形式，下对上应使用"敬问"，上对下使用"问"，这是规矩。

隋炀帝"览之不悦"，大概是觉得蛮夷之国不懂规矩竟然还送国书来。其实倭王也许并没有瞧不起隋炀帝的意思。使用"致书""日出""日没"这些语言只是完全出于无知。谁做梦都不会想到这世界上还有人敢侮辱中国的君主隋的皇帝。

隋炀帝对日本的国书只是感到不快，并没有被激怒，所以小野妹子一行回国的时候让裴世清陪同。如果是陆路，行走倒还方便，但要

---

① 鞍作福利：生卒年不详。推古十五年，在小野妹子为正使的第二次遣隋使团中担任通事（翻译）来到中国。他是汉人的后裔，其先祖鞍作坚贵在倭王武即雄略王时代，迁居于大和地方的上、下桃原一带。后来，鞍作氏与苏我氏发生关系，曾被苏我氏称作鞍作臣，表明其相互关系的深度。鞍作氏一族在日本飞鸟文化的发展过程中，起过积极作用。——译注

乘船渡海，在当时非同小可。裴世清陪同前往日本，这是隋朝对小野妹子的特殊礼遇，说明隋炀帝重视与倭国的关系。

前面说过，隋获悉百济、新罗对倭国表示“敬仰”的信息，也许感觉倭国似乎在朝鲜半岛具有一定的影响力，于是研究过讨伐高句丽时利用这个岛国的可能性问题。

据《日本书纪》记载，小野妹子回国时，曾接受唐帝（即隋炀帝）的国书，但经过百济的入境检查时被强行夺走。因此有人主张应该判处小野妹子流放之罪，但天皇裁定不予治罪。其理由是如果大国的贵客（指裴世清等）知道此事，影响不好。

诸多史学家推测，其实国书并没有被百济人夺走，而是隋炀帝在国书中称倭国是属国，小野妹子不敢呈送给朝廷，便予以销毁。

《日本书纪》成书于元正天皇的养老四年（720年），离小野妹子担任遣隋使已有一百多年，隋朝已经灭亡，《隋书》也已问世，传到日本。《日本书纪》的编撰者应该阅读过《隋书》，他们将《魏志·倭人传》中的卑弥呼附会于神功皇后。然而，《日本书纪》没有记述607年遣隋使国书中“日出处天子致书日没处天子无恙”这句话。

小野妹子送隋朝使臣裴世清回国时，再次来到中国。这一次《日本书纪》在推古天皇十六年大事记中记述小野妹子携带的国书中有这样的语句：

东天皇敬白西皇帝。

然而，《隋书》没有相应的记述。很有可能也是小野妹子将国书销毁，没有交给隋朝。“东天皇”与“西皇帝”，隋朝根本无法接受这种平起平坐的称呼。还有一种可能，就是《日本书纪》的编撰者将《隋书》中“日出处”这一句改头换面地加入第二年的大事记中。

另外，《日本书纪》只字未提开皇二十年的倭国遣隋使。

就史料所见而言，日本派遣隋使是日本方面的自发性行为。不过，虽然史料未见这样的记录，也有可能是隋朝的意图，因为隋炀帝的虚荣心极强，热衷于扮演一个世界帝国的皇帝的角色，便动员各个藩王仰慕自己的高德、派遣使者长途跋涉前来朝见。

隋炀帝即位后，立即着手征募能行绝域的勇士。大业三年（607年），屯田主事常骏、虞部主事王君政等主动要求作为使臣前往赤土。隋炀帝大喜，分别赐予绢百匹及一袭时服，并赍物五千段以赐赤土王。赤土是何国，众说纷纭，有的说是泰国，有的说是马来亚，有的说是南印度，莫衷一是，但似乎是印度教的国家。大业六年，常骏等偕同赤土国使者那邪迦，携带赤土王的进贡品金芙蓉冠、龙脑香等回国，谒见隋炀帝。史书在这里重复道：

帝大悦。

同样是大业三年，隋炀帝命羽骑尉朱宽入海求访异俗。这不是朱宽的志愿，而是皇帝的命令。朱宽出海，抵达流求国。流求国在何处，具体方位不明，有人认为是琉球，但认为是台湾的观点更有说服力。这个流求国始终拒绝臣服，最后只好打仗。陈稜将军远征，烧毁流求国的宫殿，抓俘数千人回来。朱宽带着流求国的布回国的时候，小野妹子的使节团恰好还在隋，便将布给他看，小野妹子说道：

此夷邪久国人所用也。

这则故事很有名。夷邪久国大概就是现在的屋久岛吧。

隋炀帝对西域也采取积极的政策，派遣韦节、杜行满等官员前往西蕃各国。据史书记载，他们在罽宾（克什米尔）得到玛瑙杯，在王舍城（印度的巴特那）得到佛经，在史国（中亚的索格达那）得到十个舞女、狮子皮、火鼠毛（不怕火烧的火浣布的原料）。

隋炀帝又命裴矩前往河西地方，动员西域各国入朝觐见。这如同“揽客”。《隋书·西域传》记载，大业年间，来朝觐见的西域各国多达三十多国。还专门设置西域校尉，用以接待这些使节。

不仅各国的使节，商人来到长安、洛阳，也大受欢迎。如此招徕各方入朝，绝不是考虑贸易的利润，而完全是为了满足隋炀帝的虚荣心。《隋书》记述，裴矩要引见外国使者入朝，也是

啖以厚利。

如此招揽各国使节，隋的收支肯定出现巨大的赤字。

大业六年（610 年）正月丁丑日，隋炀帝在洛阳端门街热情款待各蕃酋长（包含使节以及商队队长等）。史书详细记述道：

盛陈百戏，戏场周围五千步，执丝竹者万八千人，声闻数十里，自昏达旦，灯火光烛天地，终月而罢，所费巨万。自是岁以为常。

这一年的正月丁丑是正月十五，是中国的元宵节或上元节。这个晚上有通宵达旦游玩欢乐的风俗，据说就是起源于隋炀帝招待外国人的这个活动。史料记载，上元原是始于汉代的节日，整个晚上都是祭祀太一（北极星）。但是，详细记录隋王朝创建之前的南北朝末期风气习俗的《荆楚岁时记》，记述正月十五举行为蚕逐鼠的仪式，还占卜蚕桑的年景，没有关于观灯的记录。上元日观灯大概始于隋炀帝的大业六年，后来就成为固定节日。另外，与上元相对应的是，中元是七月十五，下元是十月十五。中元节互送礼物大概是日本独特的习俗。既然是节日，中国或许也会相邀吃饭，互送礼品，但不是专门送礼的节日。

隋如此热情接待外国宾客，以至于《岁时记》都要增添新的节日。

不仅在端门街举办如此盛大的夜宴，在洛阳的丰都也为外商举行大型交易会。交易会不是临时搭建的摊位，而是鳞次栉比的规范的店铺，摆满各色各样的货物。连卖菜的老大爷也都坐在龙须草编织的高级草席上，所有的饮食店都是免费供应，据说隋官员对外国人解释说：

中国丰饶，酒食例不取直。

大概是朝廷命令官员这样对外商说明的。可笑的是，用缯帛裹缠树木，正月依然还是寒冷的季节，在中国连树木都要穿上衣服。

然而，外国人不是从天上飞到洛阳来的，而是商队穿越各地一步步走来的，所以不相信隋炀帝玩弄的这一套粉饰骗人的把戏。他们一路上看见衣不蔽体的穷苦人。有的外商挑衅性地询问管理市场的官员："中国亦有贫者，衣不盖形，何如以此物与之，缠树何为？"我们一路上看见很多贫穷的人，为什么不把这些绢分给他们呢？

隋炀帝的虚荣与奢侈中包含着如此的天真与幼稚。

1975年，中国对扬州的唐朝遗址进行发掘。我阅读过发表在专业刊物上的发掘报告。说是唐代遗址，其实是一种象征性的表达方式，因为建造唐代扬州城的是隋炀帝。但是，隋炀帝在位只有十几年，之后的二百九十年间，扬州作为唐朝的重要城市繁荣昌盛，名闻遐迩。由于两代王朝的长度相差太大，所以把这个遗址冠以"唐代"也是很自然的，但建造这座城市是极其艰巨的事业，遗忘这一点令人感觉遗憾。

如今称为唐代的遗物中，其实不少是隋代制造的。就如"统一天下"这个伟业，不是唐，而是隋得以实现的。一说到首都长安，人们会反射性地想到"大唐之春"这个词。然而，唐都长安其实是原封不动地接收隋朝新建的大兴城。

隋炀帝最爱扬州，大兴土木，无疑就是江都。隋朝打下坚实的基础，唐朝加以充实。从发掘报告书中得知，出土的文物几乎都是唐代的东西，其中有精妙的唐三彩。因此，认定那是唐代的扬州遗址自然没有问题，但希望不要忘记这座扬州城的规模正是隋朝确定的。

唐朝是一个豪迈雄浑的男性时代。的确如此，因为唐朝既然继承了隋朝气势宏大的基础，使得它不能不气魄恢宏。

可以说隋奠定了唐朝的基础，这与秦奠定了汉朝的基础很相似，所以史学家并称为"秦汉""隋唐"，将这长短不一的两个朝代合并在一起。秦始皇与隋炀帝都是气魄雄大的人物，他们从事的事业过于宏伟，都不可收拾，最终导致政权的灭亡，这一点十分相似。他们特殊的个性给中国人留下万里长城、大运河这样不会忘记的巨大遗产。

好大喜功的隋炀帝最宏伟的事业就是开凿贯通南北的大运河。据说为开凿这条大运河动员了五百万民工。许许多多的人民遭受痛苦的折磨。但是，这条运河为后人做出巨大的贡献。

经过多次变迁，当年隋炀帝所开凿的运河的模样大概已不复存在，但是从连接南北通路这个意义上说，如今中国的水路纵横交错，四通八达，给我留下深刻的印象。我站在扬州的观音山上，感慨万千。鉴真和尚在唐朝时住持过的大明寺在扬州的平山堂。这在清代沈复的小说《浮生六记》中也是著名的地方，在观音山的东面。现在的观音山还是那样普普通通的小丘陵，但隋炀帝正是在这里修建了“神仙来此也会迷路”的极尽奢华的“迷楼”。唐朝韩偓写有《迷楼记》一文。

修建这座迷楼动员数万民工，工期漫长，花费大量金玉钱财，据说国库为此空虚。

楼阁高下，轩窗掩映。幽房曲室，玉栏朱楯，互相连属，回环四合，曲屋自通，千门万户，上下金碧。金虬伏于栋下，玉兽蹲乎户旁，壁砌生光，琐窗射日。工巧之极，自古无有也。费用金玉，帑库为之一空。

不愧是著名的文学家，极尽华丽的辞藻，似乎为找不到更多的美词丽藻而苦恼。

扬州的迷楼规模宏大，富丽堂皇，精雕细刻，而在各地修建的离宫可以说是迷楼的缩影。

大业十二年（616年）已经是隋王朝灭亡的前夕，然而，隋炀帝还想着大兴土木，命令毗陵（现在的江苏省常州市）长官路道德集中十个郡的数万士兵在郡的东南面建造宫苑。计划在周围十二里的地方内修建六个离宫，按照洛阳西苑的蓝图，但要更加精雕细刻。同时，隋炀帝还说也要在会稽修建离宫。

由于群盗四起，这些工程都未能付诸实施，但是隋炀帝到最后还在认真考虑大工程的建设。

隋炀帝晚年所设想的大工程全部集中在江南，这引起骁果营里来自北方的官兵们的反感。

这一年的夏天，居住在景华宫的隋炀帝发现这里缺乏风情，夜晚都看不到萤火虫，于是命令收集萤火虫，然后放飞，据说萤火虫的亮光充满整个岩谷。这也许是一则风雅的故事，但浪费了本应该用于重建国家的精力。

可以说晚年的隋炀帝亲手毁掉自己的国家，也许隋已经完成了历史使命，等待它的就是灭亡，而隋炀帝只是加速这个灭亡的齿轮的运转。

群雄图

李渊得到隋炀帝死去的消息时，立即迫不及待地以禅让的形式即位，成为唐朝皇帝。

唐王朝从此开始，但还不是全国性的政权。皇帝李渊不过是割据各地的群雄之一。

北上救援洛阳的西域人王世充进入洛阳城后，拥立隋炀帝的孙子越王杨侗即位，自己成为洛阳的最高实权者。由于改元号为皇泰，少年皇帝杨侗称为皇泰主。不过，谁都明白，王世充迟早要取而代之，洛阳的政权应该叫作王世充政权。

河南南面盘踞着窦建德的强大势力。隋末，各地匪盗集团的首领都有各自的领导能力，其中窦建德尤为突出优秀。他原是贝州漳南（现在河北省与河南省的交界处附近）的农民，但是他父亲死去的时候，参加葬礼的竟有千余人，可见这个家庭平时对乡亲四邻的照应。他本人也富有任侠精神，对参加父亲葬礼者一律不收奠仪，为人朴实诚恳，似乎是个素食主义者。缴获战利品，则分给部下。据说他的妻子从来没有穿过丝绸的衣服。因为深孚众望，所以人们自然集结在他的周围。

李密依然盘踞在洛口仓，觊觎洛阳。

宇文化及在扬州杀死隋炀帝后，带着骁果营的官兵以及江都宫（扬州）的宫女开往西北。这个集团实在不可思议，他们归心似箭，但士气低落。他们拥立隋炀帝的侄子杨浩为帝，却杀死主君。弑君集团的士气低落也是很自然的。千余人的宫女和军官乘车船西上，而士兵徒步。士兵当然怨声载道，不过大家在回到关中之前还是忍气吞声，勉强保持军队的队形。要回关中，必须经过洛阳；前往洛阳，必须经过李密的地盘。

李密一直想攻打洛阳，宇文化及这个怪异的集团突然从南面过来，那就肯定要和他打一仗，却又担心在和宇文化及打仗的时候，洛阳的王世充从背后袭击过来。

洛阳城内的局势极其复杂。王世充率领的援军进入洛阳，而原先在洛阳城里的人们认为王世充是一个外来户。皇泰主杨侗的亲信们一直掌握洛阳的政权，如今被拥有军队的王世充所篡夺，由他独裁专断。

宇文化及的军队北上，必须经过洛阳。他拥立杨浩为隋的皇帝，而洛阳又拥立皇泰主为皇帝，这样隋的皇帝就变成两个人，显然只好通过实力决一胜负。

宇文化及的军队抵达洛阳之前，王世充期望李密能为他防御抵挡，但是又有可能李密与宇文化及联合，形势错综复杂，任何一种联合的可能性都存在。洛阳与宇文化及都拥立各自的“隋帝”，只能决一雌雄，而李密与宇文化及就没有这个问题。尤其是李密害怕背后遭到袭击，不想与宇文化及交战，联合的可能性看来还是很大的。要想让两雄相斗，消耗战力，洛阳就必须保证不从李密的背后袭击。保证承诺最有效的方法是李密归顺皇泰主，封以官爵。

被王世充夺取政权的皇泰主的亲信元文都、卢楚等积极说服李密归顺，这不仅是针对宇文化及的策略，也是反对王世充的措施。他们认为，王世充在洛阳独掌军权，如果另一个拥有大军的人物李密也进入洛阳，就可以制约王世充的独断专横。

于是，以皇泰主的名义封李密为隋的太尉、尚书令、东南道太行台行军元帅、魏国公等威风凛凛的官职，并命令他扫平拥立伪帝（杨浩）的宇文化及之后，来洛阳辅佐真皇帝。

于是，李密命部将徐世勣守黎阳，亲自率军绕到宇文化及的背后采取夹击之势。宇文化及弑君，其军队士气低落，部将陈智略、张童仁等相继率部下投降李密。

宇文化及败走魏县，杀掉成为包袱的皇帝杨浩，索性自己称帝，定国号为许，元号为天寿。可是，他的主要部将都背叛离去，虽然自称皇帝，其统治范围只在残兵败将的驻地之内。河北的窦建德攻打宇文化及，生擒之，与弟弟宇文智及，儿子宇文承基、宇文承趾一起被斩。处死之前，窦建德历数宇文化及弑君之罪，将其首级送给突厥的义成公主。义成公主是隋的皇族，嫁给突厥的启民可汗，启民死后，遵照突厥的习俗，成为启民之子处罗可汗的妻子；处罗死后，又成为其弟颉利可汗的妻子。

义成公主十分怀念自己的祖国隋朝，由于她的努力，隋朝才没有受到突厥的侵扰，而唐朝遭受颉利可汗侵扰之苦，也正是义成公主挑唆的结果，因为她憎恨灭隋的唐朝。宇文化及的首级可以说是窦建德送给她最大的礼物。

打败宇文化及的李密打算按照事先的预定进入洛阳，辅佐皇泰主。然而事情并没有那么简单，说服李密归顺皇泰主本来也是反对王世充的一个步骤，王世充自然不会逆来顺受，他迅即清洗对立面元文都、卢楚等，对正在向洛阳进发的李密军队发动攻击。打败宇文化及的军队后放松警惕的李密军队被打得落花流水，李密甚至打算自杀，被部下劝阻，只好忍气吞声地投靠长安的李渊。

王世充发动这一场政变，肃清反对派，进一步加强自己的独裁权。不久，正如大家所预料的那样，废黜皇泰主，自称皇帝，定国号为郑，元号为开明。

宇文化及率领扬州的隋军北上以后，长江流域成为无政府状态，出现群雄割据的局面。但是，与在中原争霸的各集团相比，这股势力微不足道。

一个名叫李子通的匪盗集团的头目趁机进入无主的扬州，自称皇帝，定国号为吴，元号为明政，后来在唐武德五年（622 年）灭亡。

自称楚皇帝的有朱粲和林士弘两个人，李子通在自称吴皇帝之前也称为楚王。

南方的众多皇帝中，稍微具备皇帝模样的算是萧铣，其他南方的皇帝都是匪盗出身，只有他是南朝梁朝皇室的末代后裔，梁武帝的第五代孙。梁武帝之孙敬帝萧方智禅让给陈霸先，梁亡。但是，陈霸先并没有完全继承梁朝的全部版图。梁武帝之孙、编著《文选》的昭明太子之子岳阳王萧詧还居住在襄阳。西魏把他抬出来，在江陵建立傀儡王朝，史学家称之为后梁，但唐朝灭亡后的五代也有一个同样称为后梁的王朝，所以容易混淆。这个南北朝末期的后梁完全是北朝的傀儡，其存在不过是北朝针对南朝的政策的需要。隋统一南北后，它就失去存在价值，立即被废除。

萧铣是后梁宣帝萧詧的曾孙，他具有复兴后梁国的名分，定元号为凤鸣，取凤凰飞来鸣叫的吉兆。然而，这个吉兆的元号并没有给他带来好运气，唐武德四年（621 年），被唐将李靖的远征军所灭。

在西北自称西秦霸王的薛举父子于大业十三年（617 年）在兰州使用帝号，元号为秦兴。盘踞甘肃西部的河西地区的李轨自称凉皇帝，元号为安乐。

山西北部的刘武周得到突厥的支持，获赠定杨可汗的称号，称帝，定元号为天兴。

有一个名叫高昙晟的僧侣在河北自称大乘皇帝，封尼姑为皇后，定元号为法轮。盘踞在渔阳郡（现在的北京一带）的盐工出身的匪盗首领高开道杀死这个大乘皇帝，自称燕王，也使用元号。

窦建德被唐朝灭亡后，他的盟友刘黑闼自称汉东王，使用天造元号。

李渊称帝，定元号为武德，在当时并没有特殊的意义，到处都流行着自立为帝。要说李渊的特殊性，就在于他是这些群雄争霸战中的最后的胜利者。

我们作为站在高处俯视历史的读者，可以清晰地分析李渊胜利的原因。第一，从太原长驱直入长安的策略，无论在战术上还是在战略上都获得巨大成功。割据太原是愚蠢的政策。20 世纪，军阀阎锡山盘踞山西，主张山西门罗主义。从地理上说，山西是一块容易割据的地方，但反过来，不可能成为称霸天下的根据地。

以长安为中心的关中地区没有强大的政府军，因为关中的身强力壮的男子都被征入骁果营，被隋炀帝带到扬州去。非政府军，即群盗在太原至长安这一带也没有大势力集团。投降李渊的孙华据说是这一带最大的匪盗集团，其实并没有太大的势力。河南、河北、山东的造反团之所以兵强马壮，因为是远征高句丽的部队必经之地，大量的逃兵以及逃跑的民工加入到造反团里来，而太原至长安这一条路不是远征军的经过之路，所以这一带的造反团不会壮大起来。小造反团都愿意加入大造反团里，这就是出发时只有三万的李渊军队逼近长安时已经扩展到二十万的原因。

兵力增强，没有强敌，又能够控制首都长安，只有这一种选择，唯一的担心就是侵犯李密的地盘，但一封仰仗李密为盟主的信函就解决了这个问题。

第二，李渊集团具有巨大的包容性。这是胜利者不可或缺的条件，来者不拒，热情吸纳。往坏里说，这也许可以说明李渊集团在初期缺少人才。虽然他的家族也是八柱国之一，但李渊几乎没有世代的家臣。在策划、实施造反这个宏伟事业的时候，集团的高层领导，不论是裴寂还是刘文静，都是李渊担任地方官时的官员，相识半年，就一起共举大事，而且还是裴寂、刘文静积极推动李渊举事。虽然李渊在决策的时候容易举棋不定，但肯定具有相当的魅力。这种魅力，大概包含着柱国的门第，但应该不仅仅只是这一点。

不知道此前李密与李渊是否见过面，不过大概听说过他的人品。李密被王世充打败后投奔长安的李渊，也许是因为感觉到他的吸引力，也有可能李密想起李渊过去给他的信中所说的“欣戴大弟，攀鳞附翼”之类的话，做出天真的判断。

此时的李渊已经即位，既有朝廷，就有相应的体制构造，凡事也都不仅仅是由着李渊的性格来决定。逃到长安的李密被任命为光禄卿，是光禄寺的长官。一听到“寺”，我们就会立即联想到佛寺，其实是“官厅”的意思。20世纪初期清朝灭亡之前，中国一直存在以“寺”取名的衙门。光禄寺是“掌酒醴膳羞之政”的衙门，就是负责酒食配膳、祭享宴劳、太子饮食的工作。李密现在要恭恭敬敬地劝请伺候曾经尊称自己是盟主的这个人饮食，深感屈辱。

李密决定另起炉灶，他是与部下魏徵一起逃到长安的，但部将徐世勣因军事行动还在河南，他此时也已经是唐朝的将军了。

徐世勣十七岁就是翟让的左膀右臂，作战勇猛异常，现在他应该称为李世勣。为什么他的姓氏会改变呢？与主人李密一起逃到长安的魏徵主动请求平定山东（指华山以东，包括现在的河南省），被提拔为秘书丞。虽然还只是从五品官，但已经不再是李密的部下，即陪臣，而成为唐朝天子的直臣。皇帝李渊及其亲信考虑把李密手下的人才拉拢过来，这样一方面充实人才不足的唐王朝，另一方面折断依然被视为危险人物的李密的羽翼，削弱其实力，可谓一石二鸟。魏徵劝说还在黎阳坚守的徐世勣归顺唐朝，建议他将管辖区域的土地、人口、兵力等制成图表献给唐王朝，一定立一大功。徐世勣听从这个过去的同事的劝说，来到长安，但不知什么缘故，没有进殿觐见。皇帝询问后，知道原来徐世勣认为这些土地、人口、军队都是属于主君李密的，这些图表只能奉还给主君，所以无法进殿。皇帝李渊听后，大为感动，称赞徐世勣：

真纯臣也。

并将皇室的李姓赐给他，重新委以管辖治理东部的重任，并授予他管辖地官吏的任命权。也许李渊的确深受感动，但可以想象这个赐姓也是为了将杰出的将军从李密那里拉过来的措施。

改姓为李的徐世勣回到东部，忙于沙场征战。对唐朝廷给予的待遇感到不满的李密，想去东部集结旧部，重振旗鼓，于是主动提出平定山东的请求，得到朝廷的同意。

唐朝廷当然知道这样做无异于放虎归山，但也考虑让王世充与李密交战，使他们两败俱伤。李密的一部分旧部投降王世充，现在被收容到洛阳的军队里，但是大部分化整为零在河南各地活动。李密心想把他们集中起来，攻打王世充，也许会得到洛阳军中的旧部的响应。

唐朝廷派张宝德监视李密的军队，这支部队还没到华州，张宝德的“李密必叛”的报告就送到长安。张宝德提出这个报告有何根据，不得而知。史书记载，张宝德担心不能识破李密反叛的阴谋，会罪及自己，所以提早报告。于是，唐朝廷立即指示李密只身回到长安，接受新的命令。

只身，就是不带士兵。既然让自己带兵出征，又把自己叫回去，这显然不正常。李密预料自己到长安后必将被杀，他曾经考虑过自立，这次终于下定决心，攻打桃林县，夺取兵粮，往北逃窜，过河到达熊州。

唐朝军队立即追击李密，击破之，斩李密。感觉唐朝廷对这场作战早有准备。

杨玄感的军师、造反军的老前辈李密就这样走上末路。他失败的原因是过分留恋粮草无限充裕的洛口仓。以当时他的力量而言，抛弃洛阳城，占据长安，易如反掌。如果那样的话，也许天下就是他的。还有一个原因就是魏徵、徐世勣这样出色的部下离他而去。

唐王朝这一仗大获全胜，不仅消灭了李密，还得到魏徵、徐世勣这样的人才。

我在前面指出，唐朝的史书过分褒扬唐太宗李世民，诸多史学家也指出这一点。

尽管要打折扣，但必须承认李世民的确是一个世所罕见的杰出人物。

李渊进攻长安的时候，把十五岁的李元吉留在太原，就是因为担心有人乘虚而入，果然刘武周与突厥联合南下。李元吉是一个武艺超群的年轻人，据说凭借自己的年轻，有过不少粗暴野蛮的行为。李世民发动政变，杀掉李元吉以及长兄李建成。为了使这次政变正当化，延续李世民血统的历代皇帝所管辖的史官都夸大突出李元吉的恶行劣迹。但是，李元吉对刘武周的进攻的确表现得软弱无力，他扔下太原，逃到长安的父亲那里。

李渊考虑放弃自己的老窝，并州（太原及其周边地区）的问题留待以后解决，但这个想法遭到李世民的反对。他亲自率兵攻打刘武周，不仅大获全胜，而且得到刘武周的部下尉迟敬德这员猛将，可以说从别人阵营里挖掘人才是唐朝的拿手本领。

武德三年（620年）四月，秦王李世民收复全部并州地区，胜利而归。回到长安，战尘未洗，戎马倥偬，七月又出征讨伐洛阳的王世充。这些重要战事已经非他不可了。

洛阳之战异常激烈。

王世充已经在洛阳自称郑国皇帝，他的先祖支颓耨是西域的胡人。“支”，与初期的译经僧支娄迦谶、支谦一样，无疑是月支（也写作“氏”）人。史书描写他：

豺声而卷发。

王世充在李世民的猛烈进攻下难以支撑，向河北的窦建德求援。王世充与窦建德的关系其实并不很好，只是因为洛阳一旦失手，窦建德就岌岌可危。窦建德按照政治学的力量原则，决定出兵。他的出兵其实完全是为了自己，毫无援救王世充之意。

窦建德的军队临近汜水的时候，李世民只留一支部队牵制洛阳，其他所有部队掉头迎战窦建德。这确实是英明的决断。瞻前顾后，犹豫不决，在洛阳和汜水两处各分兵一半，最终背腹受敌。如果不消灭汜水的窦建德，多少兵留在洛阳，都是他的口中食。李世民力排众议，奔袭作战，绕到窦军背后，突然袭击，大败敌军，抓获窦建德。

王世充唯一期望的援军被彻底打垮，无法独力支撑洛阳，终于向李世民投降。

同样都是战场上的俘虏，窦建德被斩，王世充活命，因为他打开洛阳城门投降的时候，已经得到李世民不杀的保证。

不杀高级官僚出身的王世充，而斩杀匪盗出身的窦建德，这是有问题的。这两个人，窦建德自称夏国皇帝，王世充自称郑国皇帝，这一点半斤八两，而要说与唐交战的程度，王世充更厉害。唐对他们的处理不是一视同仁，让窦建德的残余势力以及其他匪盗出身的造反团愤愤不平。

窦建德的盟友刘黑闼对唐的做法十分不满。唐高祖李渊的堂兄弟淮安王李神通和同样是皇族的同安公主曾经被窦建德抓过，窦建德对他们盛情款待，送他们回去。徐世勣也曾被窦建德抓过，他是自己逃跑的。窦建德的部下出主意说应该诛杀徐世勣的父亲，但窦建德说徐世勣是唐朝的大臣，他的逃跑是不忘主君，可谓忠义，其父无罪，不同意部下的意见。前面说过，窦建德将杀害隋炀帝的宇文化及的首级特地送给突厥的义成公主，可见他是那个时代罕见的义侠之士。他对唐的人们如此盛情款待，最终却在长安街市上被斩首——盟友刘黑闼的愤怒，我们完全可以理解。

处死窦建德是初唐最大的污点。在同一个时候，王世充没有处死，这就更加凸显出这种处理的毫无道理的不公。

为此，唐朝在相当长的一段时期内受到刘黑闼的顽强反抗，好不容易收入囊中的窦建德原先的地盘又立即被刘黑闼夺回去。不仅如此，刘黑闼还和突厥联合起来不断骚扰和攻打唐的军队，甚至还差一点包围了李世民。不过，还是李世民英勇善战，刘黑闼逃到突厥境内，后来再次南下，撼动建国不久的唐王朝的基础。刘黑闼的叛乱于武德六年（623年）年初被平定。

与刘黑闼相呼应在山东半岛起兵的徐圆朗，几乎同时战败而死。徐圆朗是匪盗出身，占据山东半岛的琅邪至东平一带作为自己的势力范围，拥有兵众两万余人。隋文帝远征高句丽，山东半岛是水军的基地，所以这个地方大概多有逃兵。徐圆朗以两万兵马为资本，起先跟随李密，李密没落后转而追随窦建德，窦建德败于汜水后投降唐，被任命为兖州总管，封鲁郡公。然而，当他听到刘黑闼举兵的消息时，立即呼应，杀掉各州的唐官员。

徐圆朗的人生可以说是群盗时代的象征。他遭到曾经同为李密部下的李世勣的攻击，将领士兵纷纷离散而去，在仓皇逃命的路上被劫匪杀死。他最后的结局本身正是他群盗代表的生涯的注解。

武德七年（624年），盐工出身的匪盗高开道为部下所杀，从而结束了有组织的叛乱，此后发生的不过是零星的叛乱和突厥对边境的侵犯。前面说过，突厥犯边据说是由于义成公主的唆使。

唐王朝终于建立起牢固的政权基础，人们将群雄争霸天下称为“逐鹿中原”。“鹿”入唐手。武德四年（621年），在南方自称后梁皇帝的萧铣被俘送到长安。他对唐高祖李渊说道：

隋失其鹿，英雄竞逐。铣无天命，故为陛下擒。

他把能否取得天下归结于“天命”。的确存在有运气，可以说唐朝运气好，但运气不是唯一的原因。南朝皇室末代的萧铣之所以没能得到“鹿”，也不仅仅因为运气不好。据《新唐书》记载，萧铣貌似宽宏大量，其实嫉妒心极强，为此大臣、将军纷纷离他而去。他在长安被斩的时候，才三十九岁。

史书相当详细地记述各路英雄豪杰逐鹿中原的故事，而对一般百姓的生活状况则含糊其词。

窦建德败于汜水，其妻与领导人之一的齐善行逃回洺州，部下们主张拥立窦建德的养子，以图东山再起，但是齐善行表示反对，认为不应该再让人民遭受生灵涂炭之苦，并将府库的金银财宝全部分给官兵，解散队伍。

人民在乱世中的生活自然动荡困苦，稍微有点家财的士人在这样兵荒马乱的时期日子也不好过。面对惊涛骇浪，有的人拼将全身的力气奋不顾身地想游到彼岸；有的人选择逃避，向往古代的隐士，尽量远离乱世。

《唐诗选》第一首魏徵的五言古诗《述怀》，淋漓尽致地表现这个时代的积极进取者的心情。魏徵原是李密的部下，后来唐高祖李渊提拔他为秘书丞。据说这首诗作于即将出发去山东召集李密散落的旧部归顺唐朝之际。

中原初逐鹿，投笔事戎轩。
纵横计不就，慷慨志犹存。
杖策谒天子，驱马出关门。
请缨系南越，凭轼下东藩。
郁纡陟高岫，出没望平原。

古木鸣寒鸟，空山啼夜猿。
既伤千里目，还惊九逝魂。
岂不惮艰险？深怀国士恩。
季布无二诺，侯嬴重一言。
人生感意气，功名谁复论。

这首诗引用大量的典故。典故引用过多，就显得语言修饰过度，往往内容空虚，但是魏徵的这首诗没有这样的弊病。对于这个新天子，以前没有机会让他认识自己，现在他赋予自己如此重大的任务。自己即将出关执行皇命，不禁心潮澎湃，无比激动。

“杖策谒天子”，指的是拄着拐杖谒见东汉光武帝而出征的老将军邓禹。“请缨系南越”，引用终军向汉武帝请缨，“必羁南越王而致之阙下”的典故。“凭轼下东藩”是以郦食其自喻，郦食其不战而“下齐七十余城”。

“千里目”“九逝魂”见于屈原的《楚辞》。“国士”指的是对国家有用的人才。战国时代晋国的豫让得到智伯的赏识，待遇甚优，后智伯被杀，豫让为之报仇。

生而为人，就是感意气而行动，不计较其结果能否得到功名，这样的结语实在精彩。

与这样慷慨激昂、壮怀激烈的诗歌形成明显对照的同时代向往隐逸的诗歌，其代表作是同样收入在《唐诗选》里的王绩的《野望》。

东皋薄暮望，徙倚欲何依。
树树皆秋色，山山唯落晖。
牧人驱犊返，猎马带禽归。
相顾无相识，长歌怀采薇。

陶渊明的《归去来辞》中有这样的句子：

登东皋以舒啸，临清流而赋诗。

王绩在创作这首诗的时候，显然意识到陶渊明的思想，从一开始就表现出羡慕陶渊明不为五斗米折腰、辞官归田的心情。

作者在这首五律中感叹自己无论怎么徘徊寻觅，都没有可以投身依靠的地方，这就是兵连祸结的乱世之中人的处境。放眼望去，树木一片秋色，远山衔着落日，放牧的人赶着牛犊归来，猎人提着猎物回来。人们本来就应该是这样宁静平和地回到家里。这首诗暗示乱世之人无家可归的景象。

看到人们愉快地各自回家，而自己举目无亲，连一个相识的朋友都没有。但是，自己并非没有知己，古代抛弃俗世，在首阳山采薇的伯夷、叔齐就是自己心灵的知己，引吭高歌，怀念他们。

在王绩眼里，意气风发、出征山东的魏徵大概就是诗中所谓的“牧人”吧。他的传记这样记述隋末他辞去地方官的经过：

时天下乱，藩部法严，屡被勘劾。君叹曰：“罗网高悬，去将安所？”遂出所受俸钱，积于县城门前，托以风疾，轻舟夜遁。

本以为在地方任官比较轻松，其实并非如此，甚至辞官都要夜间偷偷溜走。这是一个连下级官员都难以栖身的乱世。

王绩在唐朝当官是为了挣得酒钱，但不久就辞官，这样子就没钱买酒。唐太宗治世以后，王绩又到长安，到处活动，想弄到一个太乐丞的职务。太乐署是管辖音乐的衙门，长官是令，次官是丞。虽然是次官，但太乐丞是从八品下，几乎是最底层的官职。王绩为什么想当这个官呢？因为当时著名的酿酒师焦革在太乐署任职，既然同在一个衙门，就可以从他那里弄到酒。可是，不管王绩怎么活动，选司都不同意，因为太乐丞这个职务不是士职。士职也叫清流。按照家门的规格和身份，当官也有清流与浊流的区别。王绩的家庭是六世冠冕，自然是清流。当时规定清流人不能担任太乐丞这个职务。

那个时代，士与庶的区别极其严格。隋唐时代，南北朝的贵族社会依然没有崩溃。

王绩再三恳求，终于当上太乐丞这个官职。从此以后，这个职务就成为清流的职务，即士职。后来王维也担任过这个官职。

唐太宗李世民

在诸多自立为帝的人中，最后的胜利者是唐朝皇帝，即谥号为高祖的李渊。武德七年（624 年），高开道死去，大规模的造反从此结束，此时高祖李渊已经六十岁，自然就要考虑继承者的问题。

李渊称帝的同时，立长子李建成为皇太子。表面上看，继承者已经决定，不会发生问题，然而，问题的发生极其错综复杂。

李渊多子，生有二十二男十九女。他即位的时候，正室窦皇后所生的孩子健在的有三男一女。儿子是李建成、李世民、李元吉，女儿是平阳公主。其他大量的孩子多年幼，而且不是正室所生，所以不在继承者之列。

窦皇后的父亲是北周八柱国之一窦毅。窦毅娶北周武帝宇文邕的姐姐襄阳公主为妻。他们之间的关系可以简略地以下图表示。北周的宇文氏通过联姻与隋的杨氏、唐的李氏的关系极其密切。

那是重视门阀的时代，可以说有资格继承唐王朝皇位的只有窦皇后所生的三个儿子。另外，从家谱图上看，唐朝的李氏与鲜卑族的独孤氏、宇文氏有着浓厚的血缘关系。如果说李氏本身就是鲜卑族的大野氏，那么唐朝无疑就是完全的鲜卑族王朝。

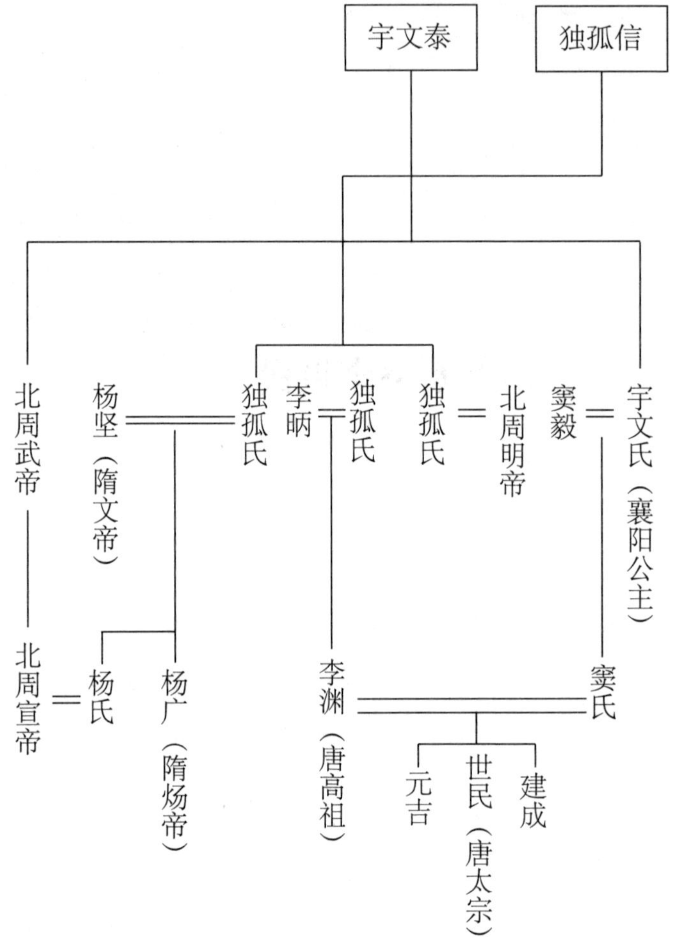

李氏的唐王朝虽然册立了皇太子，但继承者问题还是在暗中发生，因为次子李世民对创建、巩固唐王朝所建树的不朽功勋实在太大，无人可以比拟。

胜利者李世民所撰写的史书记述虽然不能全信，但可以想象出来皇太子李建成对李世民的卓著功勋心情复杂，对自己的地位很可能感到不安。

并州（太原）是在三兄弟中的小弟齐王李元吉手里丢掉的，秦王李世民把它夺回来。唐朝作为全国政权要保持牢固的地位，最大的敌人就是王世充和窦建德。李世民与这两人进行决战，在汜水给予窦建德毁灭性打击，然后攻陷王世充占据的洛阳，他的盖世功勋无人匹敌。

皇太子是见习皇帝，应该身在首都的皇帝身边，皇太子李建成大概不断地这样提醒自己。当逃到突厥境内的窦建德的余党刘黑闼再次南下时，皇太子李建成亲自率军讨伐。皇太子亲自出征也许是考虑与弟弟李世民的战功取得平衡的决定。

高祖李渊也感觉对次子李世民的殊勋不知如何奖赏，当他俘虏窦建德和王世充凯旋的时候，高祖授予他一个从未有过的称号“天策上将”，并规定其位在王公之上。世间的人们也许将“天策上将”理解为“准皇太子”，更有人推测授予这个比王还要高的称号是为废立皇太子做准备。

在继承者问题上开始发生微妙变化的是授予“天策上将”这个称号的武德四年（621年），但是，这也只是世间人们的感觉，大概高祖并没有这个意思。不过，《旧唐书》《新唐书》《资治通鉴》都记述高祖几次想立李世民为皇太子（高祖即位前为世子。王的正统的继承者为世子），但每一次李世民都固辞不受。起兵太原，一切都是李世民的精心计谋，高祖对他说道：

若事成，天下皆汝所致，当以汝为太子。

对此，

世民拜且辞。

太原举兵的时候，李世民二十岁，李建成已经二十九岁。一切计谋皆出于李世民，这种说法极为异常。

《旧唐书》《新唐书》编撰于唐灭亡之后，但所依据的是历代记录、保存下来的《实录》。遗憾的是，唐高祖、唐太宗的《实录》未能留存下来。唐朝的《实录》在安史之乱时在兴庆宫被烧毁，后来又多次蒙受破坏。据说之后根据留存民间的抄本加以补充。当时还没有发明印刷术，用毛笔抄写的写本毕竟有限。《宋史·艺文志》记述有唐高祖、唐太宗的《实录》书名，可见至少在编撰《旧唐书》的时候还存世。编修《实录》的是许敬宗。那么，这个许敬宗是什么人呢？

《旧唐书》的许敬宗传记这样写道：

敬宗自掌知国史，记事阿曲。

“阿曲”，就是“捏造、歪曲”的意思。

许敬宗的父亲许善心曾是隋朝的礼部侍郎，隋炀帝被杀时，不屈服于政变派，宁死不屈。许善心死时，其子许敬宗一心只想着自己怎么能保命，厚颜无耻，丑态百出。恰好内史舍人封德彝从头到尾亲眼看见，便将此事告诉别人。许敬宗对此怀恨在心，在撰写《实录·封德彝传》的时候，添枝加叶恶毒诽谤他。

许敬宗贪婪好色，收受贿赂后，就为这个人涂脂抹粉。远征高句丽时连吃败仗的将军庞孝泰向许敬宗行贿，在《实录》中就被描写得英勇善战。许敬宗的儿媳妇出自尉迟家族，因为这种姻亲关系，就尽力隐瞒尉迟敬德的所有过失，将唐太宗写给长孙无忌的《威凤赋》张冠李戴地说成是送给尉迟敬德的。《旧唐书》列举许敬宗的许多恶劣行径，这样评述道：

初，高祖、太宗两朝《实录》，其敬播所修者，颇多详直，敬宗又辄以己爱憎曲事删改，论者尤之。

然而，正是《旧唐书》大量采用被许敬宗肆意篡改的《实录》，所以对有关初唐的记录必须注意辨别。

幸亏担任李渊文书的记室参军温大雅留下一部《唐创业起居注》的资料文献。温大雅历任工部侍郎、礼部尚书，受到唐太宗的重用。他的记述，至少比许敬宗具有大得多的可靠性。

《唐创业起居注》是李渊从太原举兵至即位的三百七十五天的日录。温大雅担任李渊的史实记录，自己又处在事件的核心，忠实地记录下所见所闻，所以是最重要的基本史料。对于李渊按照二十岁的儿子李世民的策划太原举兵一事，《唐创业起居注》只字未提。不仅如此，李渊被任命为太原留守的时候，对李世民说道：

唐固吾国，太原即其地焉。今我来斯，是为天与。与而不取，祸将斯及。

可见李渊从一开始就有举兵的意图。而且这部文献毫无贬损唐太宗李世民之处，温大雅本人受到唐太宗的重用。

由此可见，正史的关于二十岁的李世民推动其父举兵的记述似为许敬宗的“曲笔”。可以认为，许敬宗为了阿谀奉承，不惜歪曲事实的可疑性极大。

当然，这并不是怀疑唐太宗所建树的丰功伟绩，他的确武功显赫，但是，对史书粉饰玄武门之变使其正当化的记述当然也必须认真考虑。

史书对玄武门之变是这样记述的：皇太子李建成心头不安，与齐王李元吉勾结，欲杀害李世民。李世民事先早已觉察，先发制人，在玄武门杀死他们。

由于许敬宗之辈的曲笔，我们更应该以冷静理性的眼光看待初唐的历史。举一例说明。《资治通鉴》在隋恭帝（杨侑）义宁元年（617年）六月之项写道：

西河郡不从渊命，甲申，渊使建成、世民将兵击西河。

作者司马光对这段话加以考异：

高祖太宗《实录》唯有“命太宗徇西河”，而《唐创业起居注》有“命太郎二郎率众讨西河”。

太郎即李建成，二郎即李世民。《实录》的记述只有李世民讨伐西河，而温大雅的著述明确记载是李建成、李世民兄弟并肩作战，共同讨敌。司马光作为历史学家，必须二中择一，而他选择的是《唐创业起居注》所记述的李建成、李世民二人。司马光如此选择的理由是：

盖史官惟没建成之名。

因为《实录》的史官（那个臭名昭著的许敬宗）故意不写李建成的名字。

《旧唐书·高祖本纪》这样写道：

（大业十三年）六月甲申，命太宗将兵徇西河，下之。

又这样写道：

及义兵起，乃率兵略徇西河，克之。

这是与唐太宗李世民一个人讨伐西河的说法相照应。《旧唐书》的编撰者刘昫等大概依照被许敬宗自己篡改的《实录》进行记述。但是，同样是《旧唐书》的列传《殷峤传》中有这样的记述：

（殷峤）从隐太子（李建成）攻克西河。

千方百计地抹掉李建成的名字，却还是防不胜防地突然跳出来。在这种个人传记里出现李建成的名字，说明《实录》露出了破绽。殷峤也参加讨伐王世充，在讨伐刘黑闼的途中病死，他的绰号“开山”更加为人熟悉。《新唐书·殷开山传》这样记述：

高祖兵起，（殷开山）召补大将军掾，从攻西河。

没有明确记述跟随何人出征。《新唐书》的编撰者、宋朝的欧阳修等大概在这里犹豫不决，最后不采取二者择一的做法，而是含糊的表现手法。

所以，皇太子李建成未立军功的说法令人怀疑，恐怕在《实录》中被删除，当然他的军功不可能像弟弟李世民那样显赫辉煌。在秦王出发讨伐王世充的同时，皇太子被派往蒲州防御突厥。

突厥此时正打算与王世充联合，他们之间应该有使者来往，潞州总管李袭誉击败突厥的使节团，俘获的战利品牛羊数以万计，所以突厥显然对王世充予以兵粮的支援。

事态十分严重，据骠骑大将军可朱浑定远的报告，唐的并州总管李仲文与突厥勾结，阴谋只要洛阳发生战事，就率领突厥骑兵，攻打长安。如果长安失守，唐王朝就有倾覆之虞。生死存亡之际，从当时的形势分析，防御突厥应该是唐朝的当务之急。

李世民攻打王世充，李建成防御突厥。进攻比防守自然容易出名，但如果没有李建成对突厥牢固的防守，也就没有李世民进攻的胜利。

朔方出身的匪盗梁师都原先仕于隋朝，大业末年辞官，招募党徒为盗，与突厥联合，经常攻打隋朝将军。他自称梁国皇帝，定元号为永隆，也是诸多自我称帝的人中的一个。据史书记载，武德三年（620 年）七月丙戌，唐朝的行军总管段德操击败梁师都率领的突厥千余骑兵的进攻。皇太子李建成驻扎蒲州是这一年的七月甲戌，即十三日，而丙戌是二十五日，显然段德操应该归属皇太子的指挥。史书在记述李世民部下取得胜利的时候，都归功于李世民。而皇太子李建成的部下获胜的时候，就没有出现皇太子的名字。太原举兵以后，唐的军队一举攻进长安，第一个进城的是军头雷永吉。据《唐创业起居注》记载，雷永吉是东面军的军头。该书还记述，唐的攻打长安，李建成率东面军，李世民率北面军。与不写段德操的所属一样，攻打长安也不写雷永吉的所属，总之，尽量淡化李建成的战功。

不论史官如何曲笔，重大的史实总不能抹杀，只是在写法上弄点小动作。明白这一点，就可以从中读出其他内容。

皇太子派与李世民派的对立大概是由双方的亲信们酝酿起来的。他们是同胞兄弟，年龄又相差九岁，起先李世民应该没有把哥哥视为竞争对手，恐怕是他的身边人挑唆说“殿下劳苦功高，而地位偏低”，一次次煽动他的嫉妒。

高祖李渊大概也觉察出这样的气氛，李世民的确勋绩卓著，以至于让他的部下感到不满。皇太子与王之间的地位差距非常大，因为最终将成为君臣关系，这是决定性的差距。

李渊授予李世民“天策上将”的称号，反映出他尽量缩小这个差距的想法。

武德五年（622 年），高祖在长安城外的西面修建弘义宫，作为李世民的居所。皇太子有自己的宫殿东宫，兴建弘义宫大概是为了缩小李建成与李世民的差距，缓和李世民及其部下不满情绪的措施吧，或者具有通过将他们的居所分开，预防对立激化的意图。

由于唐太宗李世民的史官的曲笔，史书所描述的唐高祖李渊的形象受到了矮化。按照温大雅的日录，太原举兵显然是李渊本人的意志，而正史变成是在李世民推动下才实施的。不过，李渊缺少决断力似乎实有其事，他知道儿子之间的对立，虽然也采取各种措施，但都不彻底。其实完全可以采取彻底的决定性措施，但是他迟疑不决。

授予“天策上将”的称号以及兴建弘义宫都是权宜之计，不仅未能解决问题，反而使问题复杂化。他本意是缩小李建成与李世民之间地位的差距，安抚李世民的不满情绪，但地位的接近反而让李世民一方增强了希望。

现在我们所看到的史书完全是按照李世民的意图记述的，李渊是如何的疼爱李世民，如何高度评价他的才能，而且以授予称号和兴建弘义宫作为李渊具有废立皇太子的意图的证据。

李建成已经身居皇太子的地位，没有严重的罪行，就不会被废黜。《旧唐书》说李建成残忍，但没有事例证明他如何残忍。《资治通鉴》武德七年（624 年）事项记载齐王李元吉欲杀李世民，被李建成制止的事情。这样写道：

建成性颇仁厚，遽止之。

这里所描述的性格显然与残忍相反。像隋朝杨勇那样，因好色被对男女关系极其严厉的母亲废黜的先例倒是有，但李建成应该没有这个问题。如果有的话，曲笔史官更会大写特写。高祖李渊有很多妃子，她们之中生有孩子的，因为自己的孩子还很幼小，为保障他们将来的前途，妃子就去接近未来的皇帝李建成。这是为了让李建成对自己怀有好感，并非私通。但是，《旧唐书》这样记述道：

建成、元吉又外结小人，内连嬖幸，高祖所宠张婕妤、尹德妃皆与之淫乱。

这段话把李建成与李元吉并列，究竟是谁淫乱，没有明确，极其含糊。与父亲的爱妃私通，绝对是重罪，但将其与勾结小人合成双罪，令人感觉奇怪。

李建成如果无大过，自然顺理成章地继承天子皇位，所以李世民必须攻击才可获得这个位置。虽说是双方对立，其实是李世民这一方表现得异常激烈。

武德九年（626年），兄弟的对立越发激烈。李世民一方加强攻势，由于攻势过于猛烈，皇太子李建成一方似乎感觉有必要进行反击。

建成、元吉与后宫日夜谮诉世民于上，上信之，将罪世民。

所谓后宫，就是上述的张婕妤、尹德二人。他们向父皇诉苦，说李世民的攻击日益凶猛，这也实在太过分了。此时，唐高祖也下了决心，考虑必须惩罚李世民。但是，陈叔达说李世民功高天下，劝谏高祖不可处罚。高祖听后，打消主意。这就是高祖缺乏决断力的弱点。不过，他决心处罚李世民，这说明李建成的诉苦还是具有说服力的。

建成谓元吉曰："秦府智略之士，可惮者独房玄龄、杜如晦耳。"皆谮之于上而逐之。

这是《资治通鉴》中的一段话。李建成对李世民的幕僚中感到害怕的只有房玄龄、杜如晦这两个智略之士。于是，谮之于高祖，将他们赶走。"谮"，就是"诬陷"。

中原逐鹿的胜利者、已经取得天下的唐高祖对这样的诬陷应该不会信以为真，他知道李世民为夺取王朝的继承权对皇太子使用各种权术谋略。史书记述驱逐房玄龄、杜如晦二人是李建成、李元吉的谮诉，但也许这是史官的曲笔。高祖对儿子们之间的相争实在看不下去，于是将采取攻势的李世民一方的谋士分离出去，这种解释比较合乎逻辑。当然，最好的办法是处罚李世民，但就高祖的性格而言，不会对自己的爱子严惩不贷。

房玄龄、杜如晦被赶出秦王府，闭门蛰居，这是对李世民一方的打击。阴谋策划已经暴露，高祖自然对李世民采取严厉的态度。

于是，李世民决定发动政变。他紧急进宫，向父亲诉说哥哥皇太子、弟弟李元吉与后宫勾结，欲杀自己：

臣于兄弟无丝毫负，今欲杀臣，似为世充、建德报仇。臣今枉死，永违君亲，魂归地下，实耻见诸贼！

这段话相当情绪化，将哥哥、弟弟欲杀自己说成是为自己先前讨伐过的王世充、窦建德报仇，自己在阴间地府会被他们耻笑，说自己活该如此，所以自己耻于见到他们。

高祖回答说明天早上找他们了解一下情况，他大概打算把他们叫来训诫一顿，开导他们要兄弟和睦。但是，李世民已经开始实施政变计划，他的进宫不过是将李建成、李元吉召到宫殿里来的一个策略。只要是皇帝召集，他们就一定会进宫来。

两派的对立剑拔弩张，皇太子方面肯定也是戒备森严。史书记述李世民伏兵玄武门，轻而易举地杀掉皇太子和李元吉。

这是李世民的胜利。皇太子方面虽然也是警戒森严，但还是在玄武门放松了警惕。玄武门是宫殿的北门，从这儿往里就是禁中，一般人进不去，要进去必须持有符籍。武装士兵自然绝对不能进去。连皇太子、李元吉带领的两千精兵也只能停留在玄武门外，只允许持有符籍的少数部下随同入门。玄武门守备队队长常何是皇太子的老部下，属于皇太子派，所以皇太子方面一直认为玄武门是绝对安全的地方。

但是，常何已经被收买。李世民成功地收买被视为皇太子派的常何，对政变的成功充满信心。玄武门设有伏兵，这是常识无法想象的。前一天李世民进宫，只是他诱使皇太子进入玄武门的手段，皇太子自然束手就擒。

这也许只是我个人的一种推理，但主张常何被收买观点的陈寅恪是中国近代屈指可数的研究唐史的权威。他做出这样推理的证据，是法国的佩里奥从敦煌带走的、现收藏在巴黎国家图书馆里的大量文献资料中李义府撰写的常何墓志铭的写本（佩里奥 2640 号文献）。从这份文件可以知道，李世民的政变发生于武德九年（626 年）六月四日，当时是常何驻守玄武门。

三年后，玄武门守备队队长常何任正四品官中郎将，这是在《旧唐书·马周传》中偶然涉及的。马周后来官至礼部尚书，但年轻时穷愁潦倒，喜好读书，寄居于中郎将常何家里。贞观三年（629 年）六月，已经即位的太宗李世民命高级官员撰写表达自己政见的文章。常何知识贫乏，就让寄居在他家里的马周代笔。由于文章写得精彩练达，唐太宗觉得蹊跷，便询问常何，常何坦白道：

> 此非臣所能，家客马周为臣具草耳。

从此马周开始飞黄腾达，常何也以举荐人才之功获得绢三百匹的奖赏。

以上是我使用推理等手法对唐太宗的玄武门之变的经过进行稍微深入的论述。在唐朝历史上，这是一起极为重要的事件，正是为夺取权力而不惜杀死兄弟的人实质上构筑起了大唐帝国。

唐太宗李世民是一个毅然决断的人物，政变之后的处理手段也是毫无怜悯之情。长兄李建成有五个孩子，全部被杀。弟弟李元吉死的时候只有二十四岁，却已经有五个孩子，不言而喻，也是杀得一个不剩。

六月发生玄武门之变；八月高祖退位，太宗即位。史书记载，高祖提出让位，李世民固辞，但高祖不允，不得已只好于甲子日即位。不过，不可想象高祖会主动退位。这一年高祖六十二岁，太宗二十九岁。

唐高祖李渊退位后，成为太上皇，居住在他特地为李世民兴建的弘义宫里。太宗改宫殿名为大安宫。

贞观六年（632 年），曾寄居在反水的玄武门守备队队长家里、后在唐朝当官的马周听说太宗李世民要离开长安到很远的地方去避暑，便上书劝谏道，如去远处，想与父亲见面的时候，不能立即见到。他的思想大概深受“父母在，不远游”的儒家道德的影响。马周进而说道：

本为避暑，然则太上皇尚留热所，而陛下自逐凉处。

这是对把父亲留在暑热的地方，而自己去凉快的地方避暑的行为的责难。从这里令人感觉太宗对高祖似乎感情不太好。史书说高祖早就有废李建成、立李世民为皇太子之心，果真如此的话，太宗就不会对高祖这么冷淡吧。太宗仿佛以自己的行动证明有的史实被史书所篡改。

唐太宗被赞誉为历史上无与伦比的英明君主。但是，他对待父亲的态度令人不敢恭维。唐太宗明君的说法大概产生于史书文献的粉饰，不过，虽有过度吹捧之嫌，但无疑是一个史上罕见的明君。

如果以政治业绩作为评判的标准，性情冷酷的君主往往会成就大业。秦灭六国，除了秦的强大国力外，秦始皇个人的力量也起到很大的作用。秦始皇力量的源泉在于他的冷酷。要完成统一乱世的伟大事业，需要无比冷静的心进行判断，坚决实行，犹豫心软的温情脉脉反而成不了大事。

不论经过什么样的粉饰，我们还是可以从史书的细处发现唐太宗冷酷一面的痕迹，可以说，正是具有这冷酷的一面，他对政治的判断基本上是正确的。

这就是唐高祖与唐太宗的不同之处。高祖缺少冷酷的一面，所以对儿子之间的对立没能采取断然的措施。既然已经册立李建成为皇太子，那么对敢于对抗、妄图夺取皇太子地位的李世民就必须理性地判断、处置，但高祖心软，没有杀子的冷酷之心。只因为高祖不忍心杀一个儿子，结果导致两个儿子以及十个孙子的丧失。

对政治手腕的评价另当别论，如果选择朋友的话，我会毫不犹豫地选择高祖李渊。太宗李世民的确治世的政绩斐然，但作为朋友不愿意与他相处。

人们赞誉唐太宗宽容大量，其理由是他宽赦皇太子李建成派的人。尤其是魏徵，魏徵是李建成的头号军师，竭尽全力与李世民作难。魏徵曾劝说李建成如果要确保皇太子的地位，就必须杀掉秦王李世民。李建成没有采纳魏徵的进言，大概他和父亲一样，也不具有权势者所必需的冷酷之心。

政变成功之后，李世民把魏徵叫来，责问道：

汝何为离间我兄弟！

兄弟间的对立，由于双方身边人的推波助澜的确会更加激烈，但即便如此，也不是李建成一方的罪责，李世民一方也同样有罪责。不过，现在李世民是胜利者，所以他才这样责难魏徵。魏徵坦坦荡荡地回答道：

先太子早从征言，必无今日之祸。

“征言”，就是杀李世民。如果当初听我的话，就不会有今天这样的结局。作为失败者，敢于说这样的话绝对是胆量过人，已经做好赴死的准备。然而，唐太宗赦免魏徵，任命他为詹事主簿（掌管东宫之印、审核公文是否合适的从七品上官）。

不畏死，敢于坚持己见——这样的人难得一见，而太宗发现了这样的人才。

太宗既然当上皇帝，以后就要实现自己的理想抱负，因为不是神，而是人，就有可能犯错误。有时候自己意识不到，旁观者却看得明白。但因为畏惧皇帝，往往不敢直言。听不到别人的谏言，太宗就意识不到自己的错误，因此曾经造成过不可挽回的政治上的损失。

太宗一直希望有一个能随时提醒自己的人，然而，君主手握生杀予夺大权，大臣不敢犯上直言，所以需要大无畏的勇气。

太宗断定魏徵具有这样的勇气，认为他一定对自己有用，便赦免了他。这绝不是纯粹的宽容。否则，人们就会反问：那为什么杀掉十个幼小的侄子呢？

唐太宗赦免很多李建成派的人，是因为他们都是人才，认为可以为己所用。

此时的唐王朝建国还不到十年，连世袭的家臣都很少。在玄武门之变中为李世民立下大功的尉迟敬德原先是刘武周的同盟者、被李世民讨伐的宋金刚的部将，被李世民俘虏，归顺后受到重用。

李建成派也是如此，魏徵曾经是李密的部下。受赐李姓的徐世勣后来因为忌讳李世民名字中的“世”字，就去掉这个字，改名李勣，他也是匪盗出身，曾是翟让的左膀右臂，后来成为李密的属下。就连李靖，在李渊举兵的时候还想向隋炀帝通风报信，结果被抓获，后来成为李世民派的得力干将。

无论是李建成派的成员还是李世民派的成员，都是偶然地加入该派，其关系没有一个超过十年的。如果没有仕于唐朝的世袭关系，维系君臣的与其说是忠诚，不如说是上面引用的魏徵诗中“人生感意气”所表现的微妙心理。既然君主给予自己高度评价，那么就要报答君主，正所谓同一首诗中所说的“深怀国士恩”。

李世民将魏徵视为国士，予以赦免，魏徵对他感恩戴德。

贞观的实况

《贞观政要》收入唐太宗李世民与大臣们的对话，这部书自古以来就是执政者的教科书,非常著名。贞观是唐太宗二十三年治世的元号。

说到贞观之治，在中国被视为政治最开明的时代。史书是这样记载的，实际情况果真如此吗？令人怀疑。像许敬宗这样曲笔的人掌管史书的记录，最好对文献不要盲信。

统一天下，实行开明政治，使天下太平、人民幸福的圣天子具有举行封禅这种重要仪式的资格。唐太宗也想举行封禅大典，但魏徵表示反对。魏徵这样说道：

然承隋末大乱之后，户口未复，仓廪尚虚，而车驾东巡，千乘万骑，其供顿劳费，未易任也。且陛下封禅，则万国咸集，远夷君长，皆当扈从。今自伊、洛以东至于海、岱、烟火尚希，灌莽极目，此乃引戎狄入腹中，示之以虚弱也。

这一年是贞观六年（632 年）。还是贞观初期，唐朝的国力还比较虚弱。由于隋末的群雄逐鹿战争，国家遭受的损失尚未恢复。如果举行封禅仪式，外国的首脑以及使节团也会参加，他们将亲眼看到从中原到封禅地山东半岛的泰山这一路上荒凉贫困的景象，这样他们就会产生蔑视唐朝的心情，在外交上表现出来，甚至有可能导致侵犯国境。因此，魏徵断言道：

崇虚名而受实害。

恰好此时河南发生水灾，于是封禅之事不再提起。魏徵的上述话语记载在魏徵言行录里，但正史的记述又与此不同。正史说群臣主张封禅，但太宗说道：

昔秦始皇封禅，而汉文帝不封禅，后世岂以文帝之贤不及始皇邪？

他自己反对封禅。这种记载与上述记述大相径庭，不知道该相信哪一种说法。

那么，魏徵死后的墓碑问题可以作为一种参考。贞观十七年（643年）正月，魏徵死去，太宗亲自执笔为他撰写碑文。但是后来他知道魏徵把自己所有的谏言都记录下来，并且还给史官起居郎（实录的记录者）看过。太宗震怒，命令把自己撰写碑文的魏徵的墓碑推倒。不仅如此，太宗还出尔反尔，毁弃将女儿衡山公主下嫁给魏徵的长子魏叔玉的承诺。当然还有其他引起太宗不满的事情，但推翻已经竖立起来的墓碑，不能不说是极其异常的行为，可见太宗是多么的怒不可遏。

为什么太宗会这样勃然大怒呢？我个人的推测是，如果魏徵的谏言详细记录留存下来，大概有不少地方将会与太宗即将指示编撰的《实录》相抵触。

解开关于封禅的两种不同记述之谜的钥匙似乎就在这里。虽然表面上是群臣请求封禅的形式，其实应该是太宗本人的意图。魏徵表示反对。上面引述的魏徵的话是《资治通鉴》从《文贞公（魏徵）传录》转引的文章。太宗并不是接受魏徵的谏言，而是因为发生水灾才取消封禅的。既然不能举行封禅大典，那就索性变成是自己的意思。许敬宗之流的史官秉承太宗的意图使用瞒天过海的手法篡改史实，我认为这才是封禅事件的真相。

官方编撰的《实录》随处可见这样的弄虚作假，所以倘若还有其他记录历史真相的文献存在，那就很不好办。魏徵竟然无所顾忌地玷污自己长期精心粉饰、刻意塑造的圣天子形象——太宗对死去的魏徵如此令人难以置信地愤恨暴怒，只能认为出于这个原因。

《贞观政要》记载，太宗想看《起居注》，但大臣劝谏道帝王不应该看此类东西。《起居注》是皇帝日常言行的记录，记录者正是史官起居郎。

虽然大臣如此劝谏，其实太宗还是阅看这些记录。《资治通鉴》在贞观十七年（643年）项中这样记述道：

> 初，上谓监修国史房玄龄曰："前世史官所记，皆不令人主见之，何也？"对曰："史官不虚美，不隐恶，若人主见之必怒，故不敢献也。"上曰："朕之为心，异于前世。帝王欲自观国史，知前日之恶，为后来之戒"……

谏议大夫朱子奢说，如果皇上览阅《起居注》，"史官必不免刑诛"，所以不应该阅看，但是"上不从"。

太宗看过《起居注》，命令重写关于玄武门之变部分的记录。他对玄武门之变的记录十分在意。重写的部分应该经过太宗的审阅，所以不会有不合乎他的意思的内容。

贞观之治被宣扬得美轮美奂，仿佛成为那个时代的乌托邦。连日本也都仿效，清和天皇[①]时代同样使用"贞观"这个元号（859—877年）。

唐太宗即位后，立即遇到突厥入侵这个极为严重的问题。

唐太宗接受让位，是在武德九年（626年）八月的癸亥日。但这一月的乙亥日，突厥的突利可汗与颉利可汗的军队侵入长安附近的武功。唐太宗即位才十二天，十多万敌军就兵临城下。

---

① 清和天皇（850—880年）：日本第五十六代天皇（858—876年在位）。文德天皇第四子。八岁即位，其外祖父藤原良房首次成为皇室以外的摄政者。——译注

李世民的即位自然是李建成覆没的结果。李世民在讨伐王世充、窦建德的政治舞台上大显身手，相比之下，皇太子李建成担任警备边境的任务，虽不起眼，却极为重要。唐的国境警卫军几乎都是李建成的嫡系部队。玄武门之变后，李建成一下子被打上“叛乱”的烙印，国境警卫军也就变成叛乱者的嫡系部队。虽然唐太宗对他们颁布赦罪令，但军心动摇、士气低落是肯定的。突厥正是趁着唐的国境警卫军意气消沉的机会一举犯边南下的。

武功离长安不过七十公里。首都长安颁布戒严令。

颉利可汗兵至渭水的便桥，派部将执失思力作为军使前来长安。不知道执失思力负有什么使命，《旧唐书》说他是来侦察的，不过这个说法令人难以相信。据说唐太宗抓住这个军使，亲自出玄武门，只带着六个骑从，来到渭水边，谴责颉利可汗违反协定的行为。当然，在唐太宗六个骑从的后面，唐朝大军风驰电掣般疾奔而来，颉利可汗大惊失色，终于乞和。唐太宗颁诏，准其乞和，即日回宫。《旧唐书》这样记述道：

八月乙酉，又幸便桥，与颉利刑白马设盟，突厥引退。

九月丙戌，颉利献马三千匹、羊万口，帝不受，令颉利归所掠中国户口。

对这些记述，任何人都会表示怀疑。

突厥军队一路上没有受到丧失士气的唐朝部队的抵抗，长驱直入，来到距离唐朝首都大约七十公里的地方。

唐太宗只带领六个骑从谴责颉利可汗违反协定的行为，颉利可汗就心惊胆寒。为了增加可信度，就说唐太宗的身后有大军奔驰而来。抵达渭水的突厥军队有十多万，所谓唐朝大军，玄武门之变的大动乱刚刚结束，唐朝的军队大概也还处于混乱之中。唐太宗只带领六个骑从，不正说明无法立即调动大部队的实际情况吗？太宗之所以匆匆赶去，肯定有刻不容缓的急事，否则，按照常理，身为天子的他应该是与大军一起行动的。

根据一个史官的私人记录，当太宗接到突厥军队逼近长安的消息时，在首都能调动的部队不过数万。于是，李靖献计道：

倾府库赂以求和。

倾空国库，就是要把唐朝所有的财产都拿出来送给突厥，以求得他们的撤兵。突厥派遣执失思力作为使者前来交涉，大概也是为了得到唐朝的财富。

这样的解释比较合理。一被太宗谴责违约，就垂头丧气地乖乖撤兵，大概谁都觉得这是不可能的吧。突厥动员的兵力多达十几万，游牧帝国要集结如此庞大的兵力，必定要有“唐朝财富丰裕，大家都有所获”的承诺。要让他们撤兵，只有兑现“都有所获”的承诺才有可能。

杀白马歃血是结盟的最高仪式。八月乙酉的盟约，肯定是突厥接受唐朝提供的财产后撤兵这样的内容。九月丙戌，突厥献马和羊。倾空国库的物品不是贿赂，而是交易的一种形式。与给予的物品相比，突厥献上的礼品实在微不足道。《旧唐书》说“不受”，突厥的礼品只是一种形式，大概还是接受了吧。不过，唐朝并没有“白白得到”的感觉。另外，渭水盟约大概还谈判归还被突厥掠走做奴隶的汉人的问题，但这不过是附带的议题。

渭水盟约是唐朝签订的屈辱性条约，即使以大唐为主体而撰写的史书也可以从字里行间窥见一二。

后来，唐朝的李靖将军率领远征军大破突厥，《旧唐书·李靖传》记述唐太宗赞誉李靖战功说道：

威振北狄，古今所未有，足报往年渭水之役。

“报”，报仇之意。报“渭水之役”，说明当年不是战败就是屈辱媾和。同一部史书，就自我否定了唐太宗带领六个骑从大喝一声“你违约”就让突厥撤兵的记述。《新唐书》的记述则更加明确：

足澡吾渭水之耻矣！

渭水盟约对于唐朝，尤其是刚刚即位的唐太宗来说，是一次耻辱。备受盛赞的“贞观之治”竟意外地从这个“耻”开始。不过，这一年并没有改元，所以元号还是武德。

不过，三年以后的贞观三年（629 年），唐朝迅速降服突利可汗，报仇雪耻。唐朝强大的国力令人刮目相看，显示出唐太宗杰出卓越的领导能力。

唐太宗即位的第二年，改元为贞观元年（627 年）。这一年非同寻常，气候异常，旱灾肆虐，国家宣布免交租赋，开展救济活动，但毕竟政府的力量有限。《旧唐书·太宗本纪》记述道：

是岁，关中饥，至有鬻男女者。

买卖男女，是食以充饥。这一定是令人毛骨悚然的饥荒景象。

不仅唐朝本土天气异常，突厥居住之地也天降大雪。唐朝由于严重干旱，农作物颗粒无收，而塞外地方积雪数尺，羊和马无草可吃，饥饿冻死。平时以羊肉为主食的百姓也多有饿死。

贞观二年（628 年），唐朝的河南、河北发生霜害，部分地区出现饥荒，但唐太宗在各地设置义仓，采取各种措施渡过难关。

突厥的雪灾也是连年频发。《旧唐书·突厥颉利可汗传》记述道：

频年大雪，六畜多死，国中大馁，颉利用度不给，复重敛诸部，由是下不堪命，内外多叛之。

唐太宗采取设置义仓、免除租赋等救灾措施。而突厥的头目只知道榨取下属，所以叛离者很多。从唐朝获取的大量金银财宝在饥馑的时候都派不上用场。

贞观三年（629 年），唐朝迅速洗雪“渭水之耻”，一方面固然是唐朝国力雄厚，另一方面也有突厥遭受雪灾饥荒、势力衰弱的原因。

天灾、榨取、叛离、分裂，突厥不仅内部乱成一团，外部还遭到北部强敌铁勒的威胁。铁勒的七万多户原先服属于突厥，后来产生一个名叫夷男的首领将铁勒独立出来，攻打颉利可汗，这样原本服属突厥的诸多部族都跟随他，形成强大的势力。唐太宗派游击将军乔师望到夷男那里，夷男也派自己的弟弟统特勒入朝。据《唐会要》记载，太宗将宝刀和宝鞭赐予统特勒，说道：

汝所有部，有大罪斩之，小罪者鞭之。

唐太宗赐予统特勒的不仅仅是宝刀和宝鞭，应该还给予财政和军事上的援助吧。唐朝与铁勒结为友好关系，当然是针对突厥的政策。

贞观三年（629 年）十二月，降服突厥的突利可汗，洗雪“渭水之耻”。第二年二月，擒获总帅颉利可汗，于是唐太宗被四夷首领推选称为“天可汗”。

唐太宗既是唐朝皇帝，又是四夷的天可汗，已经成为世界帝国的主子，完全具有封禅的资格。

这无疑是全天下的盛事。然而，正如魏徵谏言所说，贞观初年的政治现实状况，的确尚未从隋末的大乱中完全恢复过来。

突厥侵犯的时候，掠走很多中国人，强迫他们从事艰苦的劳动。唐朝战胜突厥以后，他们可以回国，其数量极其庞大，全国终于恢复了和平安宁的环境。

三藏法师玄奘正是在这个时期前往印度的。

玄奘生于隋文帝的开皇二十年（600 年）前后，也有人认为生于仁寿二年（602 年）。在他懂事的时候，社会开始动荡不安。据说他十一岁出家，当时弥勒信仰盛行，曾发生政治性秘密结社的弥勒信徒团举兵叛乱的事件。人们相信弥勒出现于末法之世，拯救苦恼的众生，即所谓的未来佛。到处都流传着弥勒出现世间的消息，于是有几万人聚集在一起。这说明当时的人们感觉到自己生活的是一种“末法”的时代，活着便是痛苦的世道。

隋朝是佛教盛行的时代，圣德太子派遣的小野妹子也称隋炀帝为海西的菩萨天子。日本、新罗都有很多留学僧来到中国。沙门净业接受隋炀帝的诏书，在鸿胪馆教授外国留学僧，隋炀帝在位期间，共有1.62万人剃度。这是政府承认的僧侣，据说还有很多非法的所谓私度僧。玄奘从小就具有优秀的才能，少年时代就成为正式的僧侣。

玄奘先是在王世充割据的洛阳修行佛法，后来前往长安。当时李渊刚刚进入长安，佛教还萎靡不振，著名的高僧、学僧都移居地方而避乱。听说四川多有学僧，玄奘便离开长安前往成都，从师学法。

不久，长安的佛教迅速复兴，玄奘再次来到长安，时间大概在玄武门之变前后。

佛教进入中国已经五百多年，对教义的研究也非常深入，但越深入研究佛法越产生很多的疑问。这是因为佛法经由西域、南海传入中国的过程中，有一部分发生质的变化，还有因为佛典不全而产生的疑问。年轻的玄奘也有一百条疑问。他想只有到印度去，向佛教最高学府那烂陀寺学术中心的学僧学习，同时尽量把经典带回中国才能解决。

玄奘决心前往印度，向朝廷提出前往天竺的申请。因为还有其他与玄奘持有同样想法的僧侣，他们联名向朝廷提出申请。当时唐太宗即位不久，朝廷驳回他们的申请。理由是国境不安全，所以不允许国人出国。其他僧侣只好作罢，唯有玄奘决心不改初衷。

既然不允许出国，为实现自己的夙愿，只有非法出境。玄奘秘密离开长安，向西行去。

玄奘传记《大慈恩寺三藏法师传》说他是在贞观三年（629年）出发的。其他还有贞观元年的说法，这个说法比较有说服力。因为传记说当年河西地区发生饥荒，政府允许百姓离开家乡，出外谋生。那个时代，旅行者是很显眼的，非法出境的玄奘不得不小心谨慎，昼伏夜行。然而，由于人们背井离乡地逃荒，一路上有很多的逃难者，玄奘可以混杂在他们之中，不会很显眼。如果是这种情况的话，那应该是贞观元年。如果是贞观三年，正在和突厥激烈打仗。史书记载十一月突厥寇河西。玄奘是秋天离开长安，但传记未见与突厥之间紧张局势的记述，而且史书也没有贞观三年发生饥馑的记载。

玄奘出发的年份也许不是重要问题，但应该知道，他是在饥荒肆虐、与突厥战争这样动荡不安的时代背景下，不远万里前往印度求佛法的。不论在这两个年份中的哪一年出发，他都已经做好经受艰难困苦的思想准备。

三藏法师在笃信佛教的人们的帮助下，费尽周折，终于走出玉门关。当时唐朝的实际统治区域只到此为止。现在敦煌附近的玉门关是当时唐朝的国境。玄奘是非法出国，便偷偷地渡过国境的河流。他穿越沙漠，来到现在的新疆维吾尔自治区哈密县的伊吾国。玄奘最初计划走伊吾北面的所谓草原之路，从天山北面进入现在的苏联境内的中亚地区。

但是，吐鲁番盆地的高昌国使臣此时恰好在伊吾国。他回国后向国王汇报玄奘之事。国王听后，决定无论如何要把玄奘接到高昌国来，便特地派使者前往迎接。看来玄奘是一个富有魅力的人，引人注目。高昌国使者以几十匹骏马的隆重规格前来迎接，玄奘不便拒绝，于是变更计划，前往吐鲁番盆地。从天山南路也有通往印度的道路。

高昌国是一个奇怪的国家，位于吐鲁番盆地，属于西域，但国王是汉人。现在中国至苏联中亚地区的古代丝绸之路这一带的居民主要是维吾尔族、哈萨克族等。这是10世纪左右民族大迁移的结果，而在玄奘来到此地时的唐代，居民主要是其他少数民族。但是，吐鲁番盆地离中国本土比较近，大概由于从汉朝就开始实行屯田制，汉族居民也不少。南北朝的动乱时期，更有很多汉人移居于此，既有避难而来的平民，也有武装集团。

高昌故城遗址至今犹存，剩下宫殿、寺院的残垣断壁，都是用夯土筑造而成。寺院不仅仅是佛教的寺院，还有称为景教的聂斯脱利派的基督教、称为拜火教的印度国教琐罗亚斯德教和摩尼教的寺院，其中佛教最为盛行。虽然高昌国的居民也很多，但因为是汉人政权的王朝，国王姓麴。迎接玄奘的高昌王名叫麴文泰，是上一代国王麴伯雅的儿子，隋炀帝时，曾入朝参加远征军讨伐高句丽。不过只是作为隋炀帝的扈从，没有参加战斗。

跟随四夷之首长，讨伐不从者。

隋炀帝喜欢这样的排场，大概麴氏父子来的正是时候，便让他们参加远征军吧。当时，麴伯雅娶隋朝贵族宇文氏的女子为妻，在长安、洛阳居住一段时间。成为麴伯雅妻子的宇文氏女子称为华容公主。

改朝换代以后，高昌国向唐朝赠送珍奇物品，唐朝也将头饰等礼品送给华容公主，继续保持友好关系。高昌王麴文泰一眼看中这个年轻的唐僧，希望他一定要留在高昌国，教化民众。但是，玄奘的夙愿是前往天竺，求佛法以救济亿万众生，所以才犯国禁穿沙漠而至此。不论高昌王如何挽留，玄奘矢志不移。

高昌王相当固执，费尽口舌想说服玄奘留下来，甚至威胁要把他送回长安，但是玄奘没有让步，打算绝食以明志。高昌王麴文泰也只好妥协，同意玄奘离去，但是让玄奘承诺从印度回来的时候，顺道前来高昌国，接受国王的三年供养。

如果玄奘是在贞观元年秋天从长安出发，那么可以推断他逗留在高昌国是贞观二年的前半年。如果是贞观三年离开长安，那么就是贞观四年的前半年。其实在贞观四年十二月，麴文泰赴长安入朝。

在封禅问题上魏徵所担心的事情此时就已经暴露出来。麴文泰目睹过隋朝的鼎盛时期，相比之下，贞观初期的唐朝显得贫穷虚弱。隋炀帝喜欢摆阔气讲排场，豪华盛情款待外国宾客，上元不夜城、树木缠绢等交易会盛况空前，而唐朝对外宾的接待可以说令人感觉冷淡。

隋炀帝是把国家放大让人看，有点打肿脸充胖子，唐朝是将真实的国家呈现在人们面前。二者之间自然存在差距。然而，比较一下二者的“实况”，唐太宗的唐朝的确远不如隋炀帝时代的隋朝。隋末的大乱给中国造成不计其数的巨大的负面影响。

史书记载，隋炀帝的大业二年（606年）全国的人口户数为890.7万多户，至唐太宗即位之时，据说只剩下不到300万户。仅仅从户数来看，太宗的初唐只有隋炀帝时期的三分之一。仅仅从上面的数字对比就可以粗略地看出隋末的动乱所造成的后果。

二十三年的贞观之治结束。唐太宗死后，唐高宗改元永徽元年

（650 年），户部奏报的户数是 380 万户。就是说，唐太宗这一代还远没有恢复到隋朝鼎盛时期的水平。

唐朝达到隋朝鼎盛时期一直到玄宗皇帝的所谓开元盛世才得以实现。

天宝十三载（754 年），奏报户数为 9000 万多户，终于超过隋炀帝时代。这花费了大约 150 年。

从人口进行比较，隋的大业二年是 4600 万，大约一百五十年后的天宝十三载奏报为 5288 万。唐朝的人口比户数多，大概是因为唐朝法律不允许父母健在时儿子分家另立门户的缘故吧。

公元前的西汉末期，全国的户数超过 1200 万户，人口达到 6000 万，所以唐朝的鼎盛时期也赶不上西汉时代。

不要小看这些数字。户部调查户数和人口，是为了征收租税、摊派赋役所需要的。这无疑是国家的财产调查。人也是国家的财产，坦率地说，是皇帝的私有财产。奏报的数字不包含皇帝私有财产之外的东西。属于贵族、地方豪族的东西，属于寺院、道观的东西，都不奏报。唐代杜佑编撰的《通典》推测天宝年间的实际户数为 1300 万至 1400 万。

不论对数字如何造假，唐朝贞观时期的确不如隋朝的大业时期。

不难想象，麴文泰的实际感觉是“唐并不可怕，远比隋弱”。

高昌王麴文泰在唐只是短期停留，所见所闻自然仅仅是浮光掠影。

贞观时代的唐朝一切都审慎收敛，不事张扬炫耀，其实具有隋炀帝时代所没有的强大力量。这是质实刚健的强大、道德伦理的强大。唐朝相当注重提高国民道德素质的社会教育。在谈到贞观之治时肯定都会引用的一句话，《旧唐书》在麴文泰入朝的贞观四年项这样写道：

> 东至于海，南至于岭，皆外户不闭，行旅不赍粮焉。

全国各地，无论到哪里，外出都不用关门闭户，旅行者一路上都无须自带食粮。这说明全国各地治安状态良好，粮食充裕，各地都有供应食粮的设施。

良好的治安并非仅仅依靠严厉的法律就能得以维持，国民道德的提高、加强才能有力地保证治安环境的改善。

唐太宗的贞观年间还没有隋炀帝时代那样几千艘龙舟在大运河上浩浩荡荡行驶的经济实力，但是，国家的强大所依靠的不仅仅是经济实力。

渭水蒙羞之后，唐太宗要求军队刻苦训练，他亲临现场，对成绩优异者予以奖赏。唐太宗没有游山玩水的兴趣，而是率先示范。史书记述他练兵的效果：

> 自是后，士卒皆为精锐。

麴文泰没有看到唐朝洋溢着如此生机勃勃的气氛，也许他也有所感觉，但没有意识到从中所产生的力量。

当时的丝绸之路贸易主要是通过玄奘所经过的道路，即所谓的“伊吾之路”进行。从玉门关穿越沙漠，到伊吾，再经过高昌（吐鲁番盆地）到焉耆（喀喇沙尔），再到龟兹（库车），沿着天山南路的沙漠绿洲行走。此前不久，有一条从敦煌经过楼兰古城进入焉耆，再进入天山南路的道路，但这一条“旧道”已被封闭。

焉耆王认为如果重开旧道，本国就成为交通要道，十分有利，于是请求唐朝重开旧道。唐太宗经过研究，同意重开旧道，并答应予以合作。

一旦重开旧道，对高昌国将是巨大的打击。旧道，即“楼兰之路”从敦煌不经过吐鲁番盆地就进入焉耆。但是，不是所有的商队都走旧道，“伊吾之路”并没有废除，但总有一种“后街”的感觉，大概比原先要萧条得多。

高昌国出于保护国家利益的需要，对重开旧道进行阻挠，多次采取军事行动，攻打焉耆，破坏首都，夺取其他城市。

在重开旧道这个问题上，焉耆得到唐朝的合作，换言之，焉耆和唐朝是结盟关系。高昌国攻打焉耆，自然知道这样做会激怒唐朝，但它以为唐朝不会派兵出国。国王麴文泰断定唐朝没有这样的国力，因为他亲眼所见，相信绝对是眼见为实。

唐朝要高昌王来长安赔礼道歉，但是麴文泰称病不去。贞观十三年（639年）十二月，唐朝决定派远征军讨伐高昌国，以吏部史书侯君集为大总管，左屯卫大将军薛万均为副总管，向西开进。麴文泰听到唐朝远征军出发的消息时，轻蔑地说道：

唐去我七千里，沙碛居其二千里，地无水草，寒风如刀，热风如烧，安能致大军乎！往吾入朝，见秦、陇之北，城邑萧条，非复有隋之比。今来伐我，发兵多则粮运不给；三万已下，吾力能制之。当以逸待劳，坐收其弊。若顿兵城下，不过二十日，食尽必走，然后从而虏之。何足忧也！

他低估了唐朝军队的力量。

在麴文泰怀疑唐朝军队能否穿越沙漠的时候，唐军正络绎不绝地到达碛口。这时麴文泰才胆战心惊，在唐朝军队逼近之时惊恐而死。

高昌城被围，它唯一的指望是西突厥出兵援救，因为麴文泰的妹妹嫁给西突厥的统叶可汗的长子，两家是姻亲关系。

唐太宗具有无与伦比的决断力，他将远征高昌视为远征西域的一个组成部分。唐朝忠实严格地恪守与焉耆的同盟关系，是向西域其他各国显示唐是一个讲诚信、守信用的国家，同时通过行使武力告诫还没有建立友好关系的西突厥不要蠢蠢欲动。

西突厥对唐太宗的决断也大吃一惊，虽然与高昌国是姻亲关系，但如果卷进去，受到唐军的惩罚，一旦战败，那就非同小可。于是，西突厥虽然出兵，但采取远处声援的方式，不与唐朝军队直接接触，这也算是尽到人情。

孤立无援的高昌国终于投降。

麴文泰死后，世子麴智盛为王，无力抵抗，开城门投降，被俘。

高昌国灭亡。唐太宗将此地作为唐朝的直辖地，命名为西州，与本土一样设县。同时在吐鲁番盆地西面的交河城设置安西都护府，配备守军。

喜欢劝谏的魏徵这一次又表示反对，他认为罪在麴文泰，可以让其子麴智盛为王，高昌国作为唐朝的属国即可。如果作为直辖地，与本土一样设置州县，至少要配备一千多人的常备军，而且每隔几年还要轮换。考虑到所需的费用，认为不应该作为直辖地。

陛下终不得高昌撮谷尺布以助中国，所谓散有用以事无用，臣未见其可。

唐太宗经常采纳魏徵的谏言，但这要通过自己的判断。魏徵的作用就是提不同意见，太宗将他的意见与自己的想法进行比较，如果他的意见合理，就会予以采纳，改变自己的政策，这种情况还不少。但如果认为自己的想法正确，他会坚持己见，不采纳谏言。

在如何处理高昌这个问题上，唐太宗没有采纳魏徵的意见。的确，正如魏徵所言，唐朝不从高昌取一撮米、一尺绢，但太宗考虑的是以吐鲁番盆地为据点实行整个西域战略的问题。显然，唐太宗比魏徵高瞻远瞩，具有远见。

家　事

高昌王麴文泰于贞观四年（630 年）来到长安时，对唐朝有点瞧不起。时隔十年，贞观十四年（640 年），高昌国灭亡。他在长安只看到唐朝的表面现象，但是在他离开长安以后的十年里，唐朝的确取得飞跃性的发展，国力充实起来。

唐朝的国家发展比较顺利，突厥的衰弱不只是一种幸运，如同对待铁勒的政策一样，也是唐朝本身努力的结果。

看来似乎万事如意，一帆风顺。也许由于唐太宗过分忙碌于政务，无暇顾及家务，结果皇帝的家庭出现问题。唐太宗有一个贤妻长孙氏。长孙氏也是出身于鲜卑的名门望族，长孙皇后的哥哥长孙无忌在玄武门之变中作为太宗的亲信立下大功。

玄武门之变之前，唐高祖为压制太宗的活动，对房玄龄、杜如晦这两个太宗的谋士予以闭门蛰居的处分。这样，重担都压在长孙无忌的身上，得以独挑大梁。

据说长孙皇后一听到唐太宗对她谈政治的话题，概不回答。不仅自己如此，也告诫本家人不可深涉政治，尽量不让长孙家族的人担任要职。长孙氏不愧是贤妻的楷模，可惜不是长寿之人。贞观十年（636 年），她三十六岁年纪安然离世，谥号文德顺圣皇后。

长孙皇后是一个杰出的女性，可是她所生的长子、立为皇太子的李承乾却人品不佳。他有足疾，行走不便，但更严重的是他性格相当异常。多有怪异行径，喜欢异国情趣，让家臣身穿胡人服装，奏胡人音乐，不分昼夜跳胡舞、演剑舞。同时他还有同性恋的倾向，宠爱一个名叫“称心”的美少年。唐太宗知道后，十分恼怒，杀称心。唐太宗处理这件事十分果断。但是，皇太子李承乾命人制作一个称心塑像，让宫女对他祭祀，自己也在塑像前徘徊流连，落泪怀念。

这样，自然就会产生废嫡的问题。

长孙皇后生有三个儿子，除长子李承乾外，另外两个是四子魏王李泰、九子晋王李治。唐太宗有十四个儿子，但最有资格继承皇位的无疑是长孙皇后所生的这三个儿子。如果废黜性格变异的皇太子李承乾，取而代之的或李泰或李治。

唐太宗喜欢李泰，他有学识有才干，性格稳重。哥哥李承乾患有足疾行走困难，这个李泰却极其肥胖，也是行动困难，所以父亲特许他在宫中可以坐轿。

唐太宗打算废黜性格变异的皇太子，李泰表现出相当积极的取代的态度，引起皇太子的不快，据说曾想雇刺客暗杀李泰。

唐太宗终于决定立晋王李治为皇太子。李治体弱多病，优柔寡断，但为人温和宽厚。

大概魏王李泰的性格与太宗最相似，正因为如此，太宗知道一旦李泰即位会干些什么，被废黜的皇太子李承乾、离继承皇位最近的李治都会被杀。他想如果自己身处这样的位置，也是会这么做的。

李治虽然没有出类拔萃的才能，但性格宽柔仁厚，他即位后大概不会杀兄。唐王朝的立国根基已经得以巩固，所以不一定需要创业型的英主——史书大抵以这样的理由分析唐太宗选择晋王李治为新皇太子的原因。

有人认为，在废立皇太子问题上，长孙皇后的哥哥长孙无忌的意见起到关键性的作用。元舅（皇帝的舅舅）要想专权，就必须操纵皇帝如傀儡。李泰是一个有主意的人，不会听任长孙无忌的摆布，而李治应该比较容易操纵。

皇帝家里发生这样的纠纷，贞观十七年（643 年），李承乾被赶下皇太子的位置，李治取而代之。

唐太宗大概非常怀念长孙皇后，要是她活着，这种家庭的事情，也有人可以商量。长孙皇后死后，还没有册立新皇后。其实太宗有意立杨氏为皇后，但遭到群臣的激烈反对，只好作罢。群臣的反对是有道理的。因为杨氏是太宗在玄武门之变中杀死的弟弟齐王李元吉的妃子。将自己兄弟的遗孀作为妻妾，塞外民族多有这样的习俗，唐太宗与杨氏的关系可以视为唐王室是鲜卑系这种观点的有力证据。

废立皇太子问题解决之后的第二年，即贞观十八年（644 年），唐太宗决定调动十万人马远征高句丽。

留学印度的三藏法师也是在这个时期回到阔别十八年的祖国。要求他回国时在高昌国居留三年的高昌王麴文泰此时刚刚死去，高昌国也已经归入唐朝的版图,所以玄奘就没有必要特地绕道去吐鲁番盆地。他归心似箭，选择一条最近的路线——沿着昆仑山北麓的所谓西域南路，经过现在的喀什、莎车、和田，进入敦煌。就在玄奘沿着西域南路急急忙忙东行的这个时期，吐鲁番盆地交河城里的唐安西都护郭孝恪灭焉耆国，俘获其国王。

玄奘回到长安是贞观十九年（645 年），此时唐太宗正在洛阳，准备亲征高句丽。

朝鲜半岛的局势一直很错综复杂，位于半岛东南部的新罗想和唐朝结盟，以对抗高句丽和百济。百济感觉来自东面新罗的威胁，就和高句丽结盟。

此时高句丽恰好发生泉盖苏文弑君、立国王之弟的事件。新国王高藏自然不过是泉盖苏文的傀儡。

新罗受到百济的攻打，求救于唐朝，派去的使者向唐太宗诉说由于高句丽与百济结盟，使得新罗不能随心如愿地前来入朝。

高句丽的泉盖苏文弑君，唐朝就有了兴师问罪的借口。唐太宗终于下决心远征高句丽。褚遂良反对太宗亲征，但未被采纳。这次远征似乎时机尚未成熟，而且也没有皇帝亲自出马的必要。大概唐太宗想在自己这个时代平定高句丽，因此才显得有点着急。皇太子李治性格懦弱、优柔寡断，可以当一个太平天子，但缺少战争时期的领袖才能。所以，这种非打不可之战还是由自己来完成，这大概才是唐太宗的真实想法吧。

唐太宗的远征高句丽以失败告终，虽然陷落辽东城，但安市城久攻不克。五月，攻占辽东。到秋天，高句丽军还固守安市城，很快就进入冬天。无论多么强大的敌人都不如寒冬厉害，粮食又不是十分充足，唐太宗果断决定撤兵。

在回师的途中，唐太宗想起已经死去的魏徵。这次远征，虽然也有人谏言亲征，如褚遂良就是其中一人，但太宗感觉劝谏的理由不够充分。要是魏徵的话，一定会提出更加强有力的理论，具有更大的说服力。

唐太宗颁布命令：

复立所制碑，召其妻子诣行在，劳赐之。

重新竖立被推倒的魏徵墓碑，善待其遗属。由于谏言记录之事，太宗对魏徵恼怒愤恨，连墓碑都要掀翻。但是，后来他对自己的行为进行反省。这就是唐太宗的优点。

高句丽派使者前来赔礼道歉，但唐太宗始终没有改变远征的意思。后来果然再次出兵，不过自己没有亲征。

贞观二十三年（649 年）四月，唐太宗死去，讨伐高句丽的远征就此停止。把非打不可的这一仗留给懦弱的继承者，太宗大概至死一直挂念在心吧。正因为皇太子是李治，唐太宗才急于消灭高句丽，但没有成功。

率领千军万马驰骋沙场的唐太宗未能解决的平定高句丽问题，却意外地在他认为懦弱胆怯、指望不上的唐高宗时代得以圆满解决，这可以说是历史的讽刺。

唐太宗享年五十三岁。

唐太宗死前的五个月，皇太子李治为供养亡母长孙皇后所建造的大慈恩寺竣工。这座寺院的塔称为大雁塔，如今依然朴实无华地伫立在西安市的南郊。

玄奘从印度带回来的数量庞大的佛教经典就收藏在这座寺院里。大慈恩寺大雁塔是佛教经典的宝库，成为玄奘翻译佛经的总部。

这个时期，唐朝军队在西域攻打龟兹国，擒获国王。贞观二十三年正月，龟兹王布失毕及其宰相那利被带到长安。唐太宗赦免他们，赐予布失毕左武卫中郎将的官职。

像唐太宗这样的人也有作为父亲的烦恼。西面已经顺利平定，但对东面的辽东和朝鲜一直放心不下。他躺在病床上，把长孙无忌和褚遂良叫来，对他们说道：

朕今悉以后事付公辈。太子仁孝，公辈所知，善辅导之。

房玄龄、杜如晦、李靖、魏徵、尉迟敬德这些足以信赖的亲信都已故去，其实匪盗出身的猛将徐世勣，即李勣依然健在，但太宗对他不放心。太宗临死之前，将李勣贬职为叠州都督。叠州在甘肃南部边境至青海一带，是羌族的居住地。自古是中央政府的统治鞭长莫及的地方，北周时才设州。据说因山岳高峻、层峦叠嶂而命名为叠州。李勣被外放到穷乡僻壤。这个人事变动一经确定，太宗便把皇太子叫到床前，面授机宜：

李勣才智有余，屡更大任，恐其不厌服于汝，故有此授。我死后，可亲任之。若迟疑顾望，便当杀之。

如果李勣磨磨蹭蹭拖延时日不去赴任，你就以这个理由杀掉他。如果他赴任，待我死后，将他召回，委以重任。

虽然贞观之治已延续二十三年，但李勣这样的人大概还残留着乱世英雄豪杰的个性。人生感意气，为报国士恩，他一直忠诚于唐太宗，然而，他没有得到皇太子的恩典。通过把被贬到叠州的他重新召回中央，再次委以重任，说明新帝认可他这个国士，有恩于他。李勣在宫中接受左迁为叠州都督的任命，连家都不回，直接去叠州赴任。李勣一定明白这次左迁的深层含义。

父亲唐太宗死去，皇太子李治悲痛欲绝，抱着舅舅长孙无忌的脖子失声痛哭，几欲昏厥。长孙无忌呵斥皇太子道：

主上以宗庙社稷付殿下，岂得效匹夫唯哭泣乎！

李治的确仁慈孝顺，在父亲病床前照顾，昼夜不离，忧伤以致黑发变白。太宗对儿子的孝养也感动而泣，说道：

汝能孝爱如此，吾死何恨！

李治的心地慈善与懦弱互为表里，他的确富有仁孝之心，可是他暗地里与应该受到父亲宠爱的后宫女子偷香。对方是一个名叫武曌的、比他大的才人。所谓“才人”，是宫女的一种官名。这个女子后来号则天，被称为则天武后或者武则天。

史书就武则天登上政治舞台的经过是这样记述的：李治即位，成为唐朝的第三代皇帝——高宗。但是他在皇太子时代就和才人武曌互有好感，这似乎在后宫也引人议论。李治有正室王氏，即位后，册立她为皇后。此外还有一个姓萧的女子也得到他的宠爱，将淑妃这个宫女官位赐予萧氏。

在唐高宗的家庭内，王皇后与萧淑妃发生女人之间的争斗。王皇后利用武曌，想把高宗宠爱萧淑妃的心转移到别的女人身上。唐太宗死后，武曌削发为尼，居住在尼姑庵感业寺里。王皇后命武曌留发还俗，让她回宫。

果然不出王皇后所料，高宗立即移情别恋，完全倾心痴迷于武曌。然而，受到冷落的不仅仅是萧淑妃，王皇后也同样没落。很快王皇后被废黜，与萧淑妃一起被囚禁。心地善良的高宗悄悄前去看望她们，武曌得知以后，大发雷霆，将她们二人杀死，先是施以百杖之刑，然后剁其手足，扔进酒瓮里。武曌皇后说是“令二媪骨醉”。几天后，二人死去，但武曌命将尸体砍断——此类残忍的事情实在惨不忍闻。

后来武曌篡权唐朝，建立新王朝周，自称皇帝。她是中国历史上唯一的女皇。在中国传统的儒家道德规范来看，她的篡权以及女人当皇帝绝对是大逆不道的行为。因此，史书对她的记述有故意损毁的可能性。

宫中，尤其是后宫，是普通人绝对无法窥知的地方。街头巷尾对异常之事都会凭借想象添枝加叶，说得有鼻子有眼，不胫而走。后代史学家也会从这样的民间传说中收集资料。手脚被砍断后扔进酒瓮里，恐怕活不了几天吧。

唐太宗死后，武曌剃发为尼的说法似乎并非事实。《新唐书·则天武皇后传》虽然说她入感业寺为尼，但该书的《王皇后传》记述道：

武才人贞观末以先帝宫人召为昭仪。

贞观末年，就是贞观二十三年，唐太宗于五月死去，如果剃发，半年之间恐怕头发长不齐全。《全唐文》所收的册立武昭仪为皇后的诏书这样写道：

遂以武氏赐朕。

这样写法感觉是唐太宗把武曌赐给唐高宗。如果是这样的话，武曌就没有当过尼姑。

武曌美若天仙，十四岁成为唐太宗的宫人，授予才人的官位。中国传统的后宫有皇后、三夫人（或三妃）、九嫔、二十七世妇、八十一御妻。

这顺序各以三倍递增，以皇后为首的一百二十一个女子自然都是属于皇帝的。唐代，夫人增加一人，成为四夫人。她们的称号和官阶如下：

四夫人：贵妃、淑妃、德妃、贤妃（全部为正一品）

九嫔：昭仪、昭容、昭媛、修仪、修容、修媛、充仪、充容、充媛（全

部为正二品）

二十七世妇：婕妤九人（正三品）、美人九人（正四品）、才人九人（正五品）

八十一御妻：宝林二十七人（正六品）、御女二十七人（正七品）、绥女二十七人（正八品）

武曌在唐太宗的后宫属于二十七世妇中第三组最下面的“才人”，唐高宗把她提到九嫔第一位的“昭仪”，从正五品一下子上升到正二品。

这说明武曌不是唐太宗所喜欢的那种女人，而恰好投高宗之所好。她的形象描写究竟有多少是真实的，不得而知，但轮廓是清晰的。据说龙门石窟最有名的奉先寺的本尊就是按照她的容貌塑造的，看上去威风凛凛的模样。富有男人气概的唐太宗喜欢温柔娇媚的女性，对武曌这样厉害的女人不感兴趣，而柔弱怯懦的唐高宗也许被武曌的威严气势所摄魂夺魄。

唐高宗终于把武曌从昭仪立为皇后。他事先和四个重臣商议，接受先帝遗诏的褚遂良和长孙无忌表示反对，于志宁保持沉默，李勣称病不参加。

即使是皇帝，如果群臣全体反对，也不敢贸然行事，一意孤行。如果是唐太宗，则另当别论，但这个高宗懦弱寡断，没有一个人赞成，他就失去立足之地。高宗把希望寄托在称病不来的李勣身上。几天以后，他把李勣叫来，李勣回答道：

此陛下家事，何必更问外人！

这是著名的一句话。皇帝家庭内部的事情，没有必要向我们这些并非家庭成员的大臣询问是否可行。李勣回避正面回答，把国事与家事区别开来，但是当时的政治体制的结构是根本分不开的。

高宗从这个回答获得信心，终于册立武曌为皇后。后代的史学家批判李勣的这个回答是对政治的不负责任，甚至一段时间里有人极端地认为李勣才真正是篡夺唐朝的元凶。然而，对于李勣来说，首先是要明哲保身。如今不是十七岁投身匪盗集团那样的蛮勇时代，有地位、有名誉也有财产，对左迁叠州都督也深知其意，一接到任命的诏书，二话不说，立即赴任。此时与彼时一样，都是为了保命，因为他的出身与皇帝的舅舅长孙无忌、十八学士之一的儿子褚遂良不一样。

挑选高宗作为继承者的原本是父亲唐太宗，而积极支持立高宗为皇太子的正是长孙无忌，他大概也想说“这是你们家庭内部的事情啊”。

长孙无忌之所以支持册立高宗为皇太子，是因为他容易操纵。谁都很容易操纵高宗。从此以后，他听凭武曌这个女人随心所欲地摆布。不过，也许有人认为优柔寡断的高宗身边有一个富有决断力的监护人，他应该是幸福的。

武曌，即武则天被册立为皇后是在永徽六年（655 年）。唐高宗于弘道元年（683 年）死去，身体多病虚弱，却还比他父亲多活三年，享年五十六岁。但由于健康状态极差，长期无法执行政务，所以实际掌权执政的是武则天。武则天时代不只是高宗死后的近二十年，而应该加上她立为皇后至高宗死去的这二十九年，这个女性实际上掌权时间长达半个世纪。

武则天为什么能保持这么长时期的稳定政权呢？有人认为这是由于她实行恐怖政策的结果。

反对册立她为皇后的长孙无忌和褚遂良的命运是可怜的。褚遂良被贬为桂州（现在的桂林）都督，后来以参与叛乱之嫌被迁至爱州刺史。爱州是现在的越南河内至清化一带。被外放到那个地方，无异于置于死地，他果然就死在这瘴疠之地。褚遂良是唐代著名的书法家，与颜真卿等为后人所推崇。至少喜欢褚遂良书法的人对武则天没有好感。连皇帝的大舅长孙无忌也被外放到黔州，后来以叛乱罪赐死。

这是一个对反对派毫不宽容的可怕的时代。由于武则天的专权独断，连唐高宗都感觉有点难办，便与宰相上官仪密谋，制订废黜武则天的计划，但立即被武则天粉碎。武则天鼓励告密，她制定一条规则，即使发现告密的内容并不属实，也不惩罚告密者。如此一来，到处都是耳目，什么事都会进入她的耳朵。

可怜的上官仪被处以死刑，高宗把一切责任都推到上官仪身上，这是他免遭可怕的妻子迫害的保命术。凡与上官仪交往的人，或贬职，或流放到偏远之地。这一年是麟德元年（664年），从这个时候开始，人们将皇帝与皇后并称为“二圣”。

连在重臣会议上对册立武氏为皇后不置可否、默不作声的于志宁也被贬职，不明确表示赞成就是罪过。

那个篡改《实录》的许敬宗是武则天派的头号人物，这种没有操守的人物只能追随武则天。武则天深知，没有人才，政治就不能顺利运转，她从与以往不同的渠道挖掘人才。

唐太宗在秦王时代，身边有文学馆学士，类似一种政治顾问。他们有十八个人，称为十八学士，其中的杜如晦、房玄龄都当过唐太宗的宰相。如果褚遂良的父亲褚亮也是其中的一人，那么在册立皇后问题上不表态的于志宁和曲笔的许敬宗也是其中的成员。其实，说起来，能够曲笔，也需要相当大的本事。武则天模仿唐太宗的这个做法，将文人集中在自己的身边。其名目是编撰好书，虽然不是正式的政府部门，但从事这项工作的文人们可以从玄武门，即北宫门进出。皇宫的正门是南门朱雀门，他们可以从后门进出，说明是非常密切的一个群体，世人称之为北门学士。

这是一股新兴势力的崛起，意味着给唐王朝输入新鲜的血液。现代中国学术界一般认为，唐太宗时期的政权核心是关陇集团，而武则天时期，核心就变成华山东面的所谓山东寒族的新势力。有人分析认为，李勣之所以赞成册立武氏为皇后，因为同样都是山东寒族的缘故。

武则天掌权，可以说是所谓“元勋时代”的终结。关陇集团，也可以叫作元勋集团，他们力图阻止别的集团进入权力中枢，但是受到武则天的排挤，使得新势力得以顺利地进入核心。武则天是利用北门学士的力量压制旧势力。

唐王朝的家庭内部依然情况复杂，这次应该说是武则天的家庭出现问题。

武则天一当上皇后，自然就废黜刘氏所生的李忠，立自己的儿子李弘为皇太子。当时他才五岁，李弘逐渐长大，成为一个仁孝谦谨的人。只要他认为是正确的意见，不惜违抗母亲的意愿，直言劝谏，所以武则天对这个亲生儿子也感到棘手。

上元元年（674年），武则天将历朝历代的皇帝、皇后的传统称呼改为天皇、天后。武则天这个人对称呼十分在意，喜欢改名。大概她感觉皇帝、皇后的称呼在语感上含带强烈的上下等级的差异，所以不喜欢。从“二圣”的称呼可以看出，她所希望的是与皇帝平等的关系。当时的服丧制度规定，父死服丧三年，母死一年，武则天修改为母死也服丧三年。可以说她是一个提倡男女平等的先驱者。

尊号改称的第二年，皇太子李弘上奏高宗，认为一直幽禁宫中的义阳公主和宣城公主已经三十多岁，应该尽快下嫁。这两个公主是被武则天所杀的萧淑妃的女儿，当然是唐高宗的亲生骨肉。唐高宗很高兴地准允皇太子的奏章，这下子触怒了武则天。

此事发生后不久，皇太子李弘在合璧宫猝死。《旧唐书》的本纪只有简单的一句话：

己亥，皇太子弘薨于合璧宫之绮云殿。

而《新唐书》明确记述：

己亥，天后杀皇太子。

涉猎宋代所有可资查询的史书、文献而谨慎撰写的《资治通鉴》这样记述道：

己亥，太子薨于合璧宫，时人以为天后鸩之也。

武则天是一个天生的政治家，她是一个母亲，但更是一个政治家。武则天毒杀皇太子的嫌疑极大。

李弘死后，雍王李贤被立为新的皇太子。他是唐高宗的第六子，也成为武则天所生的继李弘之后的儿子。

“成为”这个词语的表现方式十分暧昧。有传言认为，武则天当上皇后以后，她的家族与皇室的关系就变得十分亲密，她的早已寡居的姐姐韩国夫人也出入后宫，可是韩国夫人不久就与高宗私通，所生之子就是这个李贤。坊间更是流传说韩国夫人因此被其妹妹武则天所杀。

李贤学识渊博，他与自己身边的一群学者共同注释《后汉书》。这部章怀太子（李贤）的注释力作，为后代的研究者带来巨大的裨益。李贤人品优秀，大概听到有关自己身世的事情，于是言行逐渐变得异常起来。不，不能这样断定。真实情况是，武则天逼迫李贤让出皇太子的位置，使他深感不安，后来被怀疑要发动叛乱。原因是从他的马厩里发现几百套铠甲，这就是叛乱的证据，于是皇太子被废黜，外放到巴州，在那里自杀。

皇太子的接连死去总不是正常的，尽管是家庭内部的事，但还是令我们感觉不快。李贤被废黜以后，立为皇太子的是高宗的第七子英王李显，自然是武则天所生。

与以前的两个皇太子相比，李显在为人上大为相形见绌，不像母亲那样性格坚强，倒是像父亲那样的懦弱无能。

弘道元年（683 年），唐高宗死去，李显即位，为唐中宗，武则天成为皇太后。这是历史上常有的模式，然而武则天是史无前例的女性。

中宗李显对自己母亲的为人似乎并不十分了解，或许他虽然心知肚明，却像惧内的父亲那样，对武则天不得不言听计从，不敢违命。

中宗的妻子韦氏一直在远处观察婆婆武则天，大概很羡慕皇后手中握有这么大的权力。如今自己已经登上皇后的宝座，以为也可以像婆婆那样为所欲为了。于是，韦皇后打算让自己的父亲担任门下侍中的要职。

武则天大怒，一切人事大权都操在自己手里，而这个韦氏一当上皇后，就不知天高地厚，利令智昏，迫不及待地要让自己的家族飞黄腾达。武则天不仅对韦氏怀恨在心，对儿子没有管教好自我膨胀的妻子也很不满意。按武则天的脾气，一旦激怒，连亲生儿子也会杀掉，所以中宗李显仅仅被废黜皇帝，贬为庐陵王，应该算是幸运的了。

除李显外，武则天还生有高宗的第八子李旦，他即位，成为睿宗。开创开元、天宝时期大唐盛世的玄宗皇帝就是这个唐睿宗的第三子。

睿宗看到哥哥只在位五十四天就从皇帝的宝座上被拉下来，于是采取老老实实的态度。这是最安全的，如果自作主张干点别的事，说不好会造成什么样的后果。

武则天终于决定废除唐王朝，建立武氏的新王朝。她具有三十年的执政经验，坚信自己对政治无所不通，稳操胜券。既然是武氏王朝，当然就要从起用武氏家族的人开始，首先任命她的侄子武承嗣为宰相，接着改名洛阳为神都，准备作为首都。其实她喜欢居住在洛阳胜过长安，因为长安的宫殿里有被她杀死的王皇后和萧淑妃等的鬼魂在作祟。据说萧淑妃被杀的时候，骂詈诅咒“愿他生我为猫，阿武为鼠，生生扼其喉”。从此以后，宫中禁止养猫。

光宅元年（684 年），被贬官的集团举兵造反。这一年是唐高宗死后的第二年，正月刚刚改元嗣圣，九月又改元为光宅。武则天喜欢改名。被贬官的集团在扬州举兵，恢复嗣圣的元号，向各地发布檄文。

举兵反武则天的领头人是李敬业。他是李勣的孙子，从眉州刺史（从三品）贬为柳州司马（从五品）。他的弟弟、被免去县令（正六品）的李敬猷也参加。著名诗人、初唐四杰之一的骆宾王是李敬业的幕僚，他撰写讨伐武则天的檄文，文章犀利尖锐。

姓骆宾，名王（但是他自称宾王），没有王位，从长安县的主簿（从七品）被贬为临海县丞（从八品）的基层官员。从品序上看，似乎并没有降格多少，但是从京城被外放到浙江。

骆宾王的檄文一开头就说：“伪临朝武氏者，性非和顺，地实寒微……”对武则天展开猛烈的抨击。

一抔之土未干，六尺之孤安在！

这是檄文的名句。唐高宗死去的那一年的八月在梁山修建陵墓，泥土未干，而六尺之孤（指中宗）如今在哪里呢？中宗被逐下帝位，睿宗被软禁在别宫，不许过问政治。据说武则天看到这篇檄文后说道：

宰相之过也。人有如此才，而使之流落不偶乎！

这样的人才没有给他合适的官职，这是宰相的过失啊！

这次被贬官的集团的举兵被武则天派出的三十万大军一举击败。骆宾王下落不明，据说逃到钱塘的灵隐寺为僧。1962 年郭沫若创作的历史剧《武则天》中，有武则天留骆宾王一命的故事情节，还写到在洛阳的宰相裴炎与李敬业合谋呼应。这个情节大概是根据《朝野佥载》（唐代的随笔集）的记载编写的。《朝野佥载》全书二十卷，现存六卷，但后人以为该书作者主观补缀的随意性比较大。不过，李敬业在扬州举兵，也许还真的指望得到洛阳方面的势力的呼应。裴炎在讨伐李敬业的时候被处斩。

李敬业得不到任何人的响应，根本不堪一击。

这个时期，有一个名叫薛怀义的来历不明的人进入洛阳的宫中，得到武则天的信任。这个人本名冯小宝，是一个卖药的，唐高宗的姑姑（唐太宗的妹妹）千金公主把他介绍给武则天。此人体态俊朗，能说会道，似乎带着一种不同凡人的神韵。没有豪族权贵的出身门第，无法进宫，于是作为武则天女儿太平公主的夫家薛家一族的成员，当上僧侣。不久，薛怀义成为白马寺的住持，按照武则天的命令，修建明堂。

修建明堂一直是唐太宗、唐高宗的悬案。据说古代周太子在明堂执政，但是，明堂究竟是什么样子，儒家学者争论不休，莫衷一是，所以一直无法修建。武则天对儒家学者的争论意见置之不理，拆毁乾元殿，动员几万民工，由薛怀义担任总管负责修建。

垂拱四年（688 年），明堂落成，为举行仪式，命令在各州担任刺史的皇族必须提前十天集中到神都（洛阳）。

所谓的仪式，就是祭拜洛水之神。武则天的侄子武承嗣在一块白石上雕刻“圣母临人永昌帝业”八个字，献给武则天，说是在洛水里发现的。武则天大喜，称之为“宝图”，所以要举行祭拜洛水之神、感谢上天的仪式。

那个时代，一个新王朝的诞生，相信上天都会出现瑞兆。“宝图”正是上天赐予的瑞兆。武则天建立新王朝的用心已经昭然若揭。

恢复周朝圣明天子执行政务的明堂也是为建立新王朝做准备。武则天把自己的王朝命名为“周”。

唐王朝的皇族自然深感危机，朝廷的要职已经被武氏家族占据，唐朝的李氏家族受到排挤。命令在各地担任刺史的李氏家族集中到洛阳，无非就是要把他们一网打尽。去，被抓；不去，抗命被处死。

唐高宗的叔父韩王李元嘉及其子黄国公李譔、唐高宗的哥哥越王李贞及其子琅邪王李冲这些人联合各地的皇族，举兵反武则天。但是也被武则天一举粉碎。武则天大概已经做好准备，等待他们的活动。要建立新王朝，必须全歼唐朝的皇室。唐朝皇室的联合举兵对于武则天来说，是天赐良机。唐朝皇室或者被杀或者自杀，几乎全军覆没。

战败的一个重要原因是皇族之间缺少配合，各自为战。如果各地皇族确定统一的时间，共同举兵，武则天的讨伐军就要分散兵力，难以集中，互相掣肘，作战困难。可是琅邪王李冲也不和其他皇族联系，孤军突起，突然发兵，他的父亲越王李贞匆忙呼应，而其他皇族举棋不定，没有形成各地共同举兵的态势。这样，武则天方面就可以集中兵力，攻击目标。

这只是失败的原因之一，李敬业的时候也是这样，皇族联合举兵没有得到民众的任何响应。上一次是被贬官的人愤愤不平，喊出打倒武则天的口号；这一次是被逼得走投无路的皇族试图进行一场起死回生的抵抗。在普通民众眼里，这些都与自己没有关系。正如先前的李勣所说，这是皇帝家庭内部的事情，至少与其他人没有切身的利害关系。

贬官集团与皇族集团两次举兵的时候，天下依然安稳太平。

除“宝图”之外，妖僧薛怀义提出《大云经》记载有净光天女即位之事，为催生新王朝大做舆论准备。

武则天不久对这个妖僧感到厌恶，移情别恋于御医沈南璆。薛怀义气得一把火烧毁明堂，干出相当荒唐的事来，武则天很干脆地把他杀了。后来，武则天宠爱年轻的张易之、张昌宗兄弟。

武承嗣、武三思等武氏家族内部也发生争权夺利的斗争，不过这一切都发生在与民众毫无关系的地方。

公元690年，庚寅年九月，以顺应群臣请愿的方式，武则天登上帝位，称为圣神皇帝，改国号为周，定元号为天授。而且唐朝的虚位皇帝睿宗李旦成为周的圣神皇帝武则天的皇嗣，赐予武氏之姓，简直不可思议。

后来睿宗的皇嗣被废黜，变成中宗李显。皇嗣问题极其微妙，武氏家族的武承嗣、武三思争夺这个地位，年迈的武则天也心动考虑过。但宰相狄仁杰表示反对，认为侄子成为姑母的继承者主持祭祀，自古以来未曾闻之，武则天最终还是决定自己的儿子作为皇嗣。

武则天晚年的时候，朝廷成为两个俊美小男人张氏兄弟的天下。不论皇嗣还是接近武则天的武氏家族，都不敢违抗他们。

皇嗣的长子李重润出生于父亲还是高宗的皇太子的时候，曾被立为皇太孙。他十九岁，年轻气盛，对张氏兄弟在朝廷中飞扬跋扈义愤填膺。他的妹妹永泰郡主十七岁，嫁给武承嗣的长子武延基。李重润与武延基谈论张氏兄弟在宫中为非作歹的不满言论，传到武则天的耳朵里。

武则天杀掉李重润与武延基夫妇，这三人都是与武则天有血缘关系的年轻人。李重润和永泰郡主是她的孙子，武延基是她侄孙。这三个人的遭遇实在可怜。这一年是大足元年（701年），是武则天死去的前四年。中宗复位以后，怜悯他们，追赠李重润为懿德太子、永泰郡主为永泰公主。李重润被祖母杀死的时候，还是单身，刚好国子监丞裴粹的女儿亡故，就让他们“冥婚”。由于在阴间举行婚礼，生前从未见过面的两个人合葬在了一起。

懿德太子和永泰公主的坟墓作为祖父高宗与祖母武则天合葬的乾陵的陪冢，离得不远。不知道他们是否愿意葬在祖母的旁边。他们的坟墓里都有精美的壁画，其临摹也曾在日本展览。因为与高松冢基本属于同一个时代，这壁画在日本也深受关注。

神龙元年（705年），武则天死去，其享年说法不一，从七十七岁到八十三岁，多种说法都有。她晚年长期卧病在床，张氏兄弟在洛阳宫长生殿一直陪伴，应该说对武则天寸步不离。不管怎么说，皇太子的两个孩子因为他们被杀，朝野上下对他们恨之入骨，除了武则天的身边，他们无处藏身。

对于武则天淫荡的说法，有人以她的年龄为依据予以否定。郭沫若就是其中之一，他认为薛怀义是在武则天六十二岁的时候担任白马寺住持的，而张易之、张昌宗兄弟进宫的时候，武则天已经七十六岁（此说依照武则天享年八十三岁的观点），所以不可能发生所谓淫荡的关系。另外，郭沫若还举例说武则天以男女关系紊乱之罪杀掉其姐姐之子贺兰敏之，以此证明武则天严守男女关系之伦理道德。

以年龄作为证据缺少充分的说服力。贺兰敏之事件中，其母韩国夫人涉嫌杀害武则天，所以可能掺杂有伦理以外的感情因素。但无论如何，武则天对张氏兄弟的爱情异乎寻常。

八十岁的老宰相张柬之终于挺身而出，首先拉拢军队的领导人，采取万无一失的对策，并且将皇太子接到迎仙宫的长生殿。他们在走廊上斩杀张氏兄弟，然后走进武则天的病房，告诉她以反叛之罪诛杀张氏兄弟。司刑少卿桓彦范进来，逼武则天退位，宣布道：

昔天皇以爱子托陛下，今年齿已长，久居东宫，天意人心，久思李氏。群臣不忘太宗、天皇之德，故奉太子诛贼臣。愿陛下传位太子，以顺天人之望！

君临朝廷半个世纪的女杰此时老迈卧病在床，也已经无可奈何了。

这一年的正月，武则天迁往上阳宫。二月，恢复唐的国号，武则天的“周”落花流水，化为泡影。张氏兄弟的同党尽行被杀。武则天恐怖政治的执行者，告密、刑讯、行刑的酷吏周兴、来俊臣、索元礼等一伙，生者被杀，死者罪及其遗族。

武则天创造有大约二十个则天文字，其中包括为自己的名字造的字“曌”。这些文字也全被废除。现在能确定的则天文字有十七字，其中代替“国”字的“圀”字不知何故流传到日本，水户黄门[1]德川光圀的名字就使用这个字。

被武则天杀害的王皇后、萧淑妃的家族也都废除蟒、枭这类侮辱性的姓氏，恢复原姓。武则天之后的唐朝为诛杀政敌、恢复名誉着实忙了一阵子。

① 水户黄门：德川光圀（1628—1700年）的俗称，江户时代前期的水户藩主。光圀是中纳言，中国式的名称为黄门，故称水户黄门。——译注

余　震

位于西安市西北面乾县的乾陵是唐高宗与武则天的合葬墓，利用梁山的自然形状凿山而成。当高宗葬于此地的时候，武则天自然想到自己也将葬于此。

神龙元年（705年）正月，张氏兄弟被杀，武则天移至上阳宫，十一月死去。但是，反对将她葬于乾陵的声音十分强烈。给事中严善思上疏，以乾陵玄宫为石门，冶金固隙，不宜打开为由，表示反对，还说合葬并非古制。的确，汉代就没有皇后与皇帝合葬的制度，只是到魏晋以后增加。总之，群臣以各种理由表示反对，对将篡夺唐王朝的女性葬于唐朝皇帝的陵墓里怀有强烈的抵触情绪。不过，虽说是篡夺者，她也是现今皇帝的生母。唐中宗力排众议，决定合葬。

乾陵的神道两侧排列有石人石兽，面对梁山的左边立有一块武则天亲自为高宗撰写的显德碑，而右边也有一块与之相对应的石碑，这就是著名的武则天无字碑。

无字碑就是没有刻字的石碑。乾陵是在高宗死去的时候完成的，当时武则天还健在。在为高宗树立颂德碑时，武则天想到自己将来与他合葬，也在神道的另一侧竖立一块相对的石碑。二十年都没有在上面刻字。不过，关于无字碑有一种说法，说是武则天认为自己的品德功绩之杰出难以言表，所以一直不让刻。

真相应该是将武则天与高宗合葬以后，感觉没有合适的词语记刻在石碑上，就这样一直保留着空白。篡夺唐王朝、建立周王朝这件事总不能刻在碑上吧。这块巨大的石碑在唐代长期没有字，给人感觉异常，所以就产生上述传说。

唐高宗的显德碑曾经折断倒塌过，重新竖立起来时，断裂处粘接的痕迹清晰可见。然而，为武则天准备的那块石碑历经一千三百年的风霜雨雪，至少没有折断过。不过，现在这块碑就不是无字的了。

唐代以后，不知道多少人在上面刻字，如今密密麻麻全是文字，甚至还能辨认出金占领此地后刻的女真文字。这些文字经过风吹日晒虽然大抵已经磨损得无法识别，但歌功颂德的内容应该很少的吧，肯定大部分都是与武则天所期待的完全相反的内容。

尽管对武则天的评价不是很好，但时常有史学家出来为她辩护，也有不少人在批判她的同时，不忘肯定她的长处。

在武则天长达半个世纪的执政期里，史料没有记载发生过农民暴动。起而作乱的是被贬官的集团和皇族集团，但他们的反武则天战争没有得到民众的支持。在她执政时期，天灾也很少，而且每次都能采取妥当的救灾措施，这大概因为具体掌管政务的官员颇有能力。《资治通鉴》这样评价武则天：

太后虽滥以禄位收天下人心，然不称职者，寻亦黜之，或加刑诛。挟刑赏之柄以驾御天下，政由己出，明察善断，故当时英贤亦竞为之用。

她十分重视人才的使用，如发现不称职者，毫不客气地或罢免或贬职，有时甚至处死。她知人善任，所以有才干的人能够发挥自己的聪明才智，有用武之地，只要做出业绩，就能得到认可，形成互相竞争的关系。

她的恐怖政治经常为人所诟病，利用酷吏杀害无数唐朝的皇族、贵族、重臣，但后来她又把几乎全部的酷吏杀掉。杀戮的元凶无疑是她本人，但是她让全天下的怨恨都集中在酷吏身上，然后再把酷吏杀掉，让全天下大快人心。这可以说是她的老奸巨猾，但也是作为明君所不可缺少的冷酷吧。只是她做得有点过头。

最热心为武则天辩护的是明朝的李卓吾，这个别具一格的思想家在题为《藏书》的历史人物评论集中这样写道：

试观近古之王，有知人如武氏者乎？亦有专以爱养人才为心，安民为念如武氏者乎？

他断言武则天是一个聪明的君主，西汉刘邦的妻子吕后望尘莫及。他从历史的角度这样评价武则天的作用：

今观娄、郝、姚、宋诸贤，并罗列则天朝，迨及开元，犹用之不尽。

后来在唐朝的鼎盛时期——开元、天宝时代大显身手的人，都曾经厕身于武则天的朝廷。李卓吾举出娄师德、郝处俊、姚崇、宋璟的名字，指出他们都是武则天发现的人才。

武则天善于辨别真伪，据说玄宗皇帝也全面相信对祖母的这个评价。

不可思议的是，当武则天得知自己的孙子们诋毁自己所宠爱的张氏兄弟后，杀掉了血缘骨肉，而她明明知道宋璟非常敌视张氏兄弟，而没有杀他。当武则天知道宋璟发怒的时候，会命令张昌宗上门赔礼道歉。张昌宗在宋璟家吃了闭门羹，张氏兄弟便去武则天那里告状，但她非常相信宋璟，从不处罚他。

武则天是一个不可思议的人物，她沉溺于政治，变成一个政治人。她首先是一个政治家，然后才是女人、妻子、母亲。大概只能说她是一个政治的怪物。正是得益于这个政治怪物，才培养出众多人才，唐玄宗得以继承其遗产开创出大唐盛世。

虽然是在唐高宗时代消灭高句丽及其同盟国百济，但其实这也应该算是武则天的功绩。这个过程与其说依靠的是武则天的力量，不如说最主要的因素是新罗国力的增强。以高句丽的力量作为后盾欺负新罗的百济，反过来被新罗消灭。

在朝鲜半岛的势力之争中，日本也作为百济的同盟国参与其中。

新罗出现金春秋这个英杰，改变历史潮流朝着对自己有利的方向发展。金春秋就是新罗第二十九代国王武烈王。唐太宗显得有点操之过急的远征高句丽的行动失败以后，新罗陷入困境，因为它采取与唐朝的远征军相呼应的政策。要从困境中摆脱出来，位于朝鲜半岛东南部的小国新罗只能依靠外交手段。

大耶城被百济占领以后，金春秋派使者到高句丽，试图通过外交手段收回大耶城，但未获成功。于是，金春秋遣使日本，表示新罗将采取对日本有利的政策。第二年，金春秋偕儿子到唐朝。唐朝史官这样记录道：

贞观二十二年十二月癸未，新罗相金春秋及其子文王入见。

这是在唐太宗临死之前。大慈恩寺竣工也是在这个月。金春秋的卓越之处在于，虽然把国家利益置于第一位，但不是为眼前的利益而东奔西走，他具有世界眼光，综合分析唐、高句丽、日本的关系，制定应该采取的方针。

金春秋后来专注于对唐的外交，经常派儿子使唐，学习唐朝的文化知识，完善本国政体，与唐朝建立密切的关系。新罗的努力终于对唐朝的外交策略产生影响。

唐朝的东方政策起先只着眼于高句丽，与新罗的关系密切以后，改变方向，将力量针对新罗的敌人百济。当然这不仅仅是新罗外交的胜利，也是唐朝外交的需要。武则天究竟在多大程度上干预外交政策不得而知，但朝廷制定了攻打百济、孤立高句丽的方针。

唐高宗显庆五年（660 年），远征军讨伐百济。群雄割据时代属于窦建德军的苏定方武将担任远征军总司令。新罗一直盼望着这一天的来临。

百济震惊慌乱。百济平时也遣使入唐，但是与新罗的积极热情比起来，简直就是敷衍了事。如果进贡，也许事情会好一些，但显然没能重视。百济接近唐朝，原本只是为了减轻一些北方强国高句丽的压迫，当它与高句丽的关系好转的时候，就觉得与唐的关系不太重要，交往也就疏忽简慢。

苏定方从十岁就开始跟随父亲上战场，这个人可以说是为战争而来到这个世界。《旧唐书》这样形容他：

骁悍多力，胆气绝伦。

唐太宗远征高句丽的时候，他也随军参战。显庆二年（657年），讨伐西突厥，追赶其首领沙钵罗至石国，终于虏获。石国就是现在的乌兹别克共和国（今乌兹别克斯坦共和国）塔什干地区。这是一场翻越天山的艰苦战争。显庆四年（659年），当叛军首领都曼与疏勒（喀什）、朱俱波（叶城）、谒般陀（塔什库尔干）三国一起反叛的时候，也是他率兵平定，从而使唐的势力范围越过天山和帕米尔。

显庆五年（660年）正月，苏定方在洛阳的乾元殿将俘获的都曼献给皇帝。席不暇暖，三月又被任命为百济远征军十万大兵的总管。八月，唐军逼近首都，百济王义慈投降。唐高宗在洛阳的则天门楼接受苏定方献上的义慈，将其释放。

百济迅速土崩瓦解，苏定方决定再接再厉，攻打高句丽。他实在是一个繁忙的将军。

百济王义慈的儿子丰璋在日本当人质。固守周留城抵抗唐军的百济遗臣鬼室福信等，遣使日本要求送还丰璋并派援军。此时的日本，经过大化改新[①]，国势上扬，便向百济派出援兵。为提高士气，齐明天皇[②]亲征，但是天皇在筑紫[③]的朝仓宫[④]死去，天智天皇[⑤]即位。

---

① 大化改新：日本古代政治史上的一次大变革。大化一年(645年)，中大兄皇子(后来的天智天皇）、中臣（藤原）镰足等消灭苏我虾夷等后，让孝德天皇即位，中大兄皇子作为皇太子掌握实权。第二年颁布四条改新措施，实现中央集权统治。——译注

② 齐明天皇（594—661年）：《日本书纪》所记载的第三十七代天皇（655—661年在位）的汉式谥号。——译注

③ 筑紫：日本九州的古称，指筑前、筑后两国以及九州北半部的丰国、肥国，亦指整个九州。——译注

④ 朝仓宫：位于今福冈县中部的朝仓郡，古时为齐明天皇的行宫。——译注

⑤ 天智天皇（626—671年）：《日本书纪》所记载的第三十八代天皇（668—671年在位）的汉式谥号。大化一年（645年）与中臣（藤原）镰足等消灭苏我氏，作为皇太子在大化改新中发挥主导的作用。即位后，迁都大津，制定近江令，编制《庚午年籍》，奠定了律令体制的基础。——译注

百济的遗臣之间发生内讧，被立为国王的丰璋杀掉鬼室福信，结果人心涣散，士气低下。唐龙朔三年（663年）九月，唐军将领刘仁愿、刘仁轨、刘仁师率领的唐军与新罗联合对这座摇摇欲坠的周留城发动进攻。

周留城位于锦江下游的白江沿岸，日本的援军从海上进入白江，向周留城进发。据唐朝方面的记录：

仁轨遇倭兵于白江口，四战皆捷，焚其舟四百艘，烟炎灼天，海水皆赤。

《日本书纪》记载这一天为天智天皇二年八月己酉日（二十八日），这样记述：

须臾之际，官军败绩。赴水逆死者众。舻舳不得回旋。朴市田来津仰天而誓，切齿而嗔，杀数十人，于焉战死。是时，百济王丰璋与数人乘船逃去高丽。

该书称白江为白村江。由于百济的灭亡，高句丽陷入孤立。百济在国破家亡的时候，还发生内讧。而高句丽名将泉盖苏文的儿子之间此时也是兄弟阋于墙，长兄泉男生派儿子献诚到唐朝，请求救援。

高句丽已经江河日下，今不如昔，加上连年的饥荒，妖异事件接连不断，人心动摇。久经沙场的名将李勣于总章元年（668年）九月攻陷平壤，是在白江之战的五年之后。高句丽王高藏投降，莫离支（摄政）泉男建（泉男生的弟弟）自杀未遂，被俘。

高藏被授予司平大常伯的官职，虽然也是阁僚级的高官，但徒有其名，不给实权。泉男生也被任命为右卫大将军。抵抗到最后的泉男建被流放到黔中（贵州），逃亡到高句丽的百济王丰璋被流放到岭南（广东）。

唐朝在平壤设立安东都护府，高句丽被收入唐朝的版图。

武则天在发现人才、培养人才方面的确得到一致的评价，但是，人才济济，未必就能有效地运营政治，还必须具有人尽其才的组织机构。

唐朝的律令基本上沿袭隋朝的制度，属于北朝体系，是将分散的力量有机地调动使用的游牧民族的智慧。其组织机构是北朝在实现南北统一过程中的巨大武器。

唐朝的政治核心是三省六部。

三省是中书省、门下省、尚书省，六部隶属于尚书省。

中书省负责起草诏敕，其长官是中书令。政治按照天子的意图进行运作，所以起草表达天子意图的诏敕是出发点。诏敕草案完成后，送至门下省。

门下省对诏敕的草案进行审议，其长官称为门下侍中。对草案的审查慎之又慎，是否有误，有无遗漏，有无更妥当的表达方法，时间是否合适，等等，从各个角度加以研究。

中书省的任务是立案，门下省的任务是审议。审议通过的定案送交尚书省执行。尚书省是行政府，其长官称为尚书令。但是，唐太宗在秦王时代曾被任命为尚书令，考虑到大臣担任这个职务不胜惶恐，所以唐朝一直空缺这个位置。

空缺的尚书令下设六部：

兵部（相当于国防部）

刑部（管辖法务）

工部（相当于建设部）

吏部（管辖官吏的人事等）

户部（管辖经济、财务等）

礼部（管辖教育、礼仪等）

六部上面缺少相当于首相的尚书令，但是设两名仆射，分别统辖三部。右仆射统辖兵部、刑部、工部，左仆射统辖吏部、户部、礼部。

各部的长官，即阁僚，就是尚书，次官称为侍郎。

以上三省六部是所谓的政务官僚，另外还有实际执行的事务官僚，其机关是一台九寺五监。

一台，就是御史台，是监察弹劾官吏的衙门，长官称为大夫。汉代的御史大夫相当于现在的副首相。但唐代的御史台为了公正、严格的监察的需要，大概从内阁中独立出来。其职务有的部分可能与吏部重叠。

前面说过，九寺的“寺”不是佛寺的意思，而是衙门，它们是：

太常寺（管辖礼乐、祭祀、仪典、医事）

光禄寺（管辖酒醴珍馐）

卫尉寺（管辖器械文物、兵器）

宗正寺（管辖皇族关系）

司农寺（管辖粮食、储备）

太仆寺（管辖牧马、辇舆）

鸿胪寺（管辖宾客接待）

太府寺（管辖财货、仓库、市场）

这九寺的长官称为卿，次官称为少卿。

五监是：

国子监（管辖儒学训导、太学等，其长官称为祭酒）

少府监（管辖百工技巧，其长官称为监）

军器监（负责铠、兜、弓矢等武器的管理维护，其长官称为监）

将作监（管辖土木、工匠，其长官称为监，有的时代称为大匠）

都水监（管辖河川、堤防、桥梁等，其长官称为使者）

以上是所谓的外朝官厅。与此相对的还有规模很小的内朝衙门，管理皇帝的家庭生活，相当于日本的宫内厅。外朝有三省，内朝也有三省：

殿中省（负责饮食、衣服、医药、宿舍、交通工具等，其长官称为监）

内侍省（负责照料皇后、宫女等的生活起居，这是宦官的工作，其长官称为监）

秘书省（负责禁中的图书、秘记，不仅仅保管图书，还进行抄本、

校订等，其长官称为监，从三品。阿倍仲麻吕[1]曾任此职）

地方官称为外官。

唐将全国分为十道。“道”是相当辽阔的地域。现在中国最大的行政区域省（包括自治区）有二十七个，[2]所以道的地域范围远为辽阔。因为地域太大，于是就设立巡察使，名副其实，到处巡视，监察地方官是否有效执政。这与西汉的刺史一样，不负责管理具体的行政事务，而是观察地方官执政的情况。唐睿宗时代，改为“按察使”，巡视的作用逐渐减弱。不久又改为“节度使”，掌握广大地域的政治、军事大权，最终导致唐王朝的灭亡。此事我将在后面论述，在武则天之前，地方官没有这么大的权力。

隋朝改革行政区划，将州郡改为州县，唐朝沿袭这个制度，但是，重要的地方设府，其长官称为“尹”。日本的明治政府在废藩置县的时候，将东京、大阪、京都定为府，也是出于同样的想法。

首都长安为中心的地区称为京兆府，陪都洛阳地区称为河南府。另外，唐王朝的发祥地也与府同样的规格，称为太原府。驻扎军队的要地称为“都督府”，靠近边境的地方设立“都护府”。

按照户数，州与县分为上中下三种。州的长官是刺史，县的长官是令。同样是县令，属于京兆、河南、太原这三府的令是正六品，上县（六千户以上）的令是从六品，中县（三千户以上）的令是正七品，下县（三千户以下）的令是从七品。另外，三府之中，在长安、洛阳、太原里面的县又特别称为“赤县”，其县令是正五品。

以日本的县的概念难以理解中国的县，正如现在直辖市北京包含有十三个县，[3]中国的县比日本的县，其行政级别要低。首都长安里，有长安县与万年县两个县。

时代不同，州县的数目也不一样，州曾达到三百个以上，县曾达

---

① 阿倍仲麻吕（698—770年）：日本奈良时代的文人，遣唐留学生，中国名朝（晁）衡。717年来到中国，受到唐玄宗的厚遇，并与李白、王维等有交往。因遇海难回国未果，在唐五十多年，殁于中国。——译注

② 现在……二十七个：作者写作本书时，我国的省级行政区应为三十一个。——译注

③ 正如……有十三个县：这是作者写作本书时北京市的行政区划。——译注

到一千个以上。

这样，中央与地方的行政官僚机构形成庞大而细致的体系。如果各级岗位的人选都能适得其所，国家行政就能顺利运转。武则天知人善任，在她那个时代，尽管中央上层发生各种各样的事情，至少中层以下的官吏机构都能有条不紊地运转。

在“普天之下，莫非王土”这个思想指导下，制定“均田制”。以户为单位，国家把土地分给他们。土地分为“口分田”和“永业田”两种。口分田在分得者或者年满六十岁或者死去或者残疾的情况下，必须归还国家。而永业田无须归还，后代可以继承。口分田与永业田的比例为八比二。当然必须缴纳地租。

唐朝在分田上制定有很多细则，其土地法值得关注的是对官吏的优厚待遇。官吏可以分到与职务高低相应的“职分田”以及可以继承下去的“永业田”。不当官的时候交还职分田，当然永业田可以保留下来。

一般而言，每个人可以分到口分田八十亩、永业田二十亩。这个人死亡或引退后，二十亩可以留给子孙后代。

如果与顶级的官吏三省长官比较的话，中书令、门下侍中是正二品官，分给他们的田地是职分田十二顷、永业田五十顷。一顷是一百亩，一亩约为五点五公亩。

正二品官可以留给子孙的田地有五千亩，是一般百姓的二百五十倍。

品序最低的是从九品官，相当于县尉这个职务。县令—县丞—县主簿—县尉这样的排列顺序，也不过是衙门传达室这样的小官吏。尽管如此，他的职分田和永业田都是两顷，留给子孙的有二百亩土地，也是普通百姓的十倍。

唐朝与魏晋南北朝的一个很大的不同是，不当官就成不了大地主。不论出身什么样的豪族，只要不当官，就只能分到二十亩永业田，即使一代代勤勤恳恳地积累起来，也不会成为大地主，而如果世世代代是高官，就自然而然成为大地主。

官吏是直属于皇帝的臣子，皇帝通过给予臣子优厚待遇的政策保持帝国的稳定。当官的是士，不当官的是庶，士与庶分离开来，仿佛是两个不同世界的人。

世世代代高官的家庭自然成为大地主，不言而喻，他们不会自己耕地种田，而要雇人种地。在大地主家的土地上干活的人们，主要是没有得到分田恩惠的所谓贱民。他们不向国家交税、服役，他们属于大地主所有，是户口普查中遗漏的人群。

随着时代的发展，有权有势的官吏的土地越来越多，逐渐形成“庄园”。这种现象逐渐改变时代的性质。

唐高宗时代，法令禁止买卖政府分给的土地。正是因为土地买卖的现象相当严重，才会颁布这样的法令。然而，土地的兼并愈演愈烈。不仅是豪族化的官吏，寺院等也积极兼并土地。因均田制获得土地的农民将土地卖掉，这样就无地可种，他们的命运可以想象。卖地之后，或者成为佃农，或者到处流浪。

在这里回顾一下武则天死后唐朝的政界情况。

唐中宗虽然复位，他的性格像父亲唐高宗一样懦弱，结果也就像他的父亲那样对妻子唯命是从。

张柬之的政变消灭周，复兴唐王朝，但这并不意味着消灭武氏集团的势力。经过长期的经营，武氏势力在朝廷内外已经根深蒂固。

虽然是一个篡权者，但武则天毕竟是唐朝皇帝的母亲，不能把她的家族全部歼灭。在中宗看来，武氏是与自己有着血缘关系的家族。张柬之多次提议扫荡武氏家族，但中宗不同意。

唐中宗的皇后韦氏也把自己的女儿安乐公主嫁给武三思的儿子武崇训。韦皇后这个人做事有点不懂规矩。唐高宗死后，中宗即位，只当了五十四天的皇帝，武则天就把他废黜，其原因就是韦皇后自作主张地让自己的父亲担任要职。

韦皇后似乎是想效仿武则天，充分行使女人作为皇后的权力。这样的思想的确过于浅薄，不过她的命运也令人同情。自己的儿子李重润与永泰公主兄妹俩诋毁张氏兄弟，结果为武则天所杀。一个十九岁，一个十七岁，都是人生刚刚开始的年轻人。而且，韦皇后只有李重润这一个独子，自己好不容易重返皇后的宝座，却没有子嗣继承唐朝皇帝的地位。她大概感到窝心委屈，仅仅是为了权势而活着。

于是，发生了我们无法以常识理解的事情：韦皇后与安乐公主毒死自己的丈夫、自己的父亲唐中宗。韦皇后想当第二个武则天。武则天是从皇后、皇太后成为女皇的。韦皇后觉得自己不是没有这个可能，她也可以杀害丈夫，自己先成为皇太后，下一步再当上女皇。女儿安乐公主杀死亲生父亲唐中宗，令我们极为震惊。安乐公主以为如果母亲成为女皇，自己大概就会当上皇太女吧。这样的话，她就会成为第三个武则天。

景龙四年（710 年）六月，唐中宗死去，享年五十五岁。皇太子李重茂即位，他当然不是韦皇后所生。正像武则天时那样，这个十六岁的少年天子即位以后，韦皇后就打算建立自己的韦氏新王朝以取而代之。

这个时期，安乐公主与死去的丈夫武崇训的堂弟武延秀再婚。武延秀在建立韦氏新王朝的过程中充当军师的角色。但是，以韦氏为首的集团在篡权建朝上的动作实在是小气卑微，与武则天相比，简直是小巫见大巫，韦皇后根本就没有武则天那样的胆略才能。

韦氏的新王朝以失败告终是理所当然的，本来就是与真正的王朝毫无可比性的拙劣模仿。有人为武则天辩护，却无人为韦皇后辩护，最多只是对她的亲生儿子被杀表示同情。

脂粉消散

暂尔游山第，淹留惜未归。
霞窗明月满，涧户白云飞。
书引藤为架，人将薜作衣。
此真攀玩所，临睨赏光辉。

这是一首吟咏世外仙境的诗歌。

作者是女诗人上官婉儿。

上官婉儿是试图废黜皇后时代的武则天、反被武则天所杀的上官仪的孙女。祖父被杀的时候，她刚刚生下来，武则天没有斩草除根，但把她放在后宫，与世隔绝起来。她在后宫接受教育，成为无与伦比的稀世才女，担任武则天的秘书。

祖父事件的时候，连她的父亲也被杀。上官婉儿不得不侍奉这个杀死自己的祖父和父亲的人物，而且还是贴近她的身边人。武则天是政治的核心，所以是权势的核心，她所在的地方是这个世界上最血腥的地方。上官婉儿虽然身处此地，她的诗歌却毫无尘世的俗气，“毫无人间烟火气”是人们对她的诗歌的一致评价。也许正因为她身处人间俗气最浓厚的地方，才在诗歌作品中尽量远离这种气味。

喜好文学的武则天经常出题，让群臣依题作诗，评定优劣。上官婉儿是评审成员之一，据说她具有武则天的宫廷文学沙龙的女王之相。

上官婉儿不仅文学才华卓越，也富有敏锐的政治嗅觉。据说她是武则天的侄子武三思的情人。因为有这一层的关系，武则天才重用上官婉儿为自己的政治秘书。

在武则天的晚年，政治嗅觉敏感的上官婉儿悄悄靠近唐中宗，据说这是她的从母之子王昱的建议。因此，张柬之政变成功之后，她没有被整肃，受到中宗的宠爱，官位也升至昭容。

与韦皇后的女儿安乐公主合谋的是武则天的幼女太平公主，太平公主是中宗的妹妹，所以是安乐公主的姑母。这两个公主在皇族的女子中受到特殊的待遇，互比奢侈，极尽豪华，在这方面流传各种各样的故事。

安乐公主身穿“合百鸟毛”织成的毛裙等无比奢华的衣裳。正仓院[①]收藏的鸟毛立女屏风中描绘的女子，据说身穿的就是百鸟毛裙。

穷奢极侈的生活需要金钱，尽管受到特殊的优厚待遇，但还是不够，于是就卖官鬻爵。另外，当时僧尼具有免税等特权，很多人想当僧尼，但必须获得国家颁发的正式度牒。她们甚至出售度牒。

唐中宗被毒杀后，才女上官婉儿出现复杂的动向，她与太平公主合谋伪造中宗的遗诏，内容自然是皇太后摄政，还加上中宗的弟弟相王李旦辅佐政治的内容。

十六岁的皇太子即位，皇太后作为监护人执政，这是韦皇后求之不得的。如此一来，韦皇后心想事成，安乐公主也成为皇太女，心满意足。

大概太平公主不愿意让嫂子韦皇后以及总是与自己较劲的、韦皇后的女儿安乐公主如愿以偿，便与上官婉儿商议，暗中作梗。但是，一心认定韦太后时代即将来临的宗楚客以及韦氏家族的韦温搬出“叔嫂不通问”的儒家规范，只授予相王李旦太子太师这样的名誉职称。

从以上事实可以知道上官婉儿接近太平公主，这意味着什么呢？也许是受到中宗宠爱、被授予昭容高官的上官婉儿不能容忍韦后对中

① 正仓院：奈良县东大寺大佛殿西北的仓库，分南、中、北三室，其中南仓、北仓收藏各种美术品。——译注

宗的毒杀吧，也有可能具有敏锐的政治嗅觉的她已经看出韦后的穷途末路。曾经侍奉过武则天的上官婉儿大概预料到远比武则天拙劣低能的韦后即使掌权，也要迅速土崩瓦解吧。

韦氏王朝一旦失败，接替者只能是相王李旦。唐中宗当初即位的时候，愚蠢的韦皇后不懂得自己的丈夫不过是一具傀儡，打算把自己的父亲韦玄贞提拔为门下省的长官侍中，结果惹怒了武则天，使得中宗失去帝位。之后即位的是中宗的弟弟李旦，就是睿宗。他深知自己只是傀儡，所以无所事事。武则天当上周的皇帝、重新册立皇太子的时候，还是选择哥哥、中宗李哲。虽然只是傀儡，但李旦毕竟也当过皇帝。

上官婉儿制定的遗诏中写入让相王李旦辅佐少年皇帝的内容，李旦一定从他的妹妹太平公主那里听到这个消息。上官婉儿之所以这么做，大概考虑到即使在韦后之后的时代，自己也能够安然无恙吧。连对李旦也要讨好，她的处世之道实在细致周到。

上官婉儿从婴儿时期开始就是禁闭在后宫这座监狱里的罪人，小心翼翼地看着别人的脸色长大，一直在生死线上走钢丝。十四岁时在后宫才女中声名鹊起，武则天把她叫去，问她对杀死其祖父、父亲的自己是否心怀怨恨。这个时候也是在生死线上走钢丝。

十四岁的少女只好回答说“怨不忠，不怨不孝”。武则天怒道：你难道不懂得救命养育之恩吗？命人给她施以黥刑。不过，慧眼识才的武则天命令施刑者尽量刺得小一点，结果她脸上只有看似痣一样的一小点刺青。但如果武则天当时心情不好，就可能被杀。

对于上官婉儿来说，命运不济的是，发动推翻韦皇后集团的政变的领导人不是她所讨好的李旦，而是其第三子李隆基。

唐太宗李世民在玄武门之变中杀死兄弟，掌握政权。八十四年后，后来成为玄宗皇帝的李隆基闯进宫中，杀死伯母韦后和堂妹安乐公主，夺取政权。

皇族发动的政变有两次获得成功，有一次失败。这是在李隆基政变的三年之前，当然那时中宗还健在。他复位以后，起先册立李重俊为皇太子。李重俊不是韦皇后所生。

史书评论李重俊是：

性明果，然少法度。

性格虽然果敢善断，但有点越轨的倾向。他发动的政变也没有经过周密细致的计划。由于不是韦皇后所生，平时经常受到妹妹安乐公主的欺负，甚至也被安乐公主的丈夫武崇训瞧不起，使得他满心愤懑。

李重俊心想，武氏篡夺唐朝的李氏天下，如今李氏又夺回天下，那么篡权者武氏一族不是该满门抄斩吗？唐朝虽然已经恢复，但政权还操纵在武崇训的父亲武三思等人的手里。李重俊对他们的专横跋扈恨得咬牙切齿。李重俊还听说安乐公主正在为废黜皇太子、立自己为皇太女而活动，而积极进行活动的正是曾经担任过篡权者武则天秘书的上官婉儿。

这是一起一怒之下情绪冲动的政变。李重俊把羽林大将军李多祚拉拢过来，调动他所指挥的御林军，杀武三思、武崇训，然后亲自率兵从肃章门闯入宫中。不同史书对这一段的记录有所不同。《资治通鉴》是根据《旧唐书·后妃传》而记述的，皇太子李重俊进入宫中后，首先到处寻找上官婉儿。他大概对打算废黜自己的上官婉儿恨之入骨吧。

上官婉儿大叫道：

观其意欲先索婉儿，次索皇后，次及大家。

李重俊皇太子发动的政变似乎打着清君侧的旗号，认为只要打倒武氏一族以及策划废立皇太子的人，他的地位就能安泰稳定，才能解自己的心头之恨。上官婉儿担心性格懦弱的中宗被李重俊拉过去，便警告皇帝说：我是首当其冲，我之后是皇后，皇后之后就是皇帝您自己啊！皇帝大概被上官婉儿振聋发聩的声音所提醒，便和皇后、安乐公主、上官婉儿一起登上玄武门楼。

其实，李重俊并没有杀父之意，他在玄武门楼下踌躇犹豫，难以决断。中宗从楼上的栏杆俯视下面，说道：

汝辈皆朕宿卫之士，何为从多祚反！苟能斩反者，勿患不富贵。

只要你们斩杀叛乱者李多祚，就可以得到足够的奖赏。不管怎么说，这是皇帝亲口说的话，这样谁都明白包围皇帝的这个将军原来是叛乱者。对这些下级官兵来说，这是今生不再的升官发财的大好时机，决不能失之交臂，于是立即掉头袭击、斩杀李多祚及其党徒。政变的军队即刻溃灭。皇太子李重俊逃到终南山，也被利令智昏的部下所杀。

据说中宗将儿子的首级供奉在被杀的武三思、武崇训的灵柩前面。

这一年是景龙元年（707 年）七月。

三年后的壬午，中宗死。十八天后的庚子，李隆基断然发动政变，或者他早已预定这个日子而提前准备，不过实际上更可能是在中宗意外死亡后仓促制订的实施计划。虽然时间极短，但并不像先前李重俊那样的毫无头绪。三年前李重俊政变的失败对李隆基起到反面教材的作用，所以他应该经过周密谨慎的考虑。

当时李隆基年纪很轻，再过两个月才实岁二十五，但已被封为临淄王。史书记述：

阴聚才勇之士，谋匡复社稷。

这说明他早就对韦氏家族的飞扬跋扈愤恨在心，而且告诫自己不能像堂兄李重俊那样鲁莽行事。

韦后一派也深知建立韦氏王朝最大的障碍是具有即位经验的睿宗以及太平公主，必须除掉，大概已经着手准备。史书记载，接近韦氏家族的兵部侍郎崔日用将韦后一方的动静密报李隆基，建议尽快动手。这是一种反水行为，大概是他接近韦皇后后，发现她与武则天的差距简直是霄壤之别，才改变主意的吧。

政变的核心力量大多是官位较低的年轻人，从五品的西京苑总督钟绍京、太平公主之子薛崇简等算是官阶高的，其他如王崇晔、刘幽求、麻嗣宗等都是下级官吏，葛福顺、陈玄礼、李仙凫等士官也都是果毅校尉，五六品的青年军官。

那天夜里，据说星落如雪。刘幽求激励道：

天意如此，时不可失！

葛福顺拔刀冲进羽林营，斩杀韦氏家族的将军韦璿、韦播等。韦氏家族的军官都是迅速提拔上来的，为了树立自己的威信，对部下采取严厉惩罚的措施，每天鞭笞部下，士兵们对他们十分憎恨。葛福顺对这个内情了如指掌，他大声喊道：

韦后耽鸩杀先帝，谋危社稷。今夕当共诛诸韦，马鞭以上皆斩之！立相王以安天下。敢有怀两端助逆党者，罪及三族！

御林军士兵一听，全部站在政变一边。中宗的梓宫还停放在太极殿里，可是韦后一方仍然没有准备。

韦后东逃西窜，最后逃进飞骑营，被士兵杀死。安乐公主在对镜描眉化妆的时候被杀。

在这个时候，上官婉儿似乎也充满信心。她手持烛台，宫女们跟随其后，迎接李隆基。她为这一天的来临已经准备好一份礼品，这就是命令相王在中宗死后辅佐新皇的遗诏的草稿。相王之子李隆基应该知道这份遗诏出自上官婉儿之手。她相信这份遗诏草稿是她的救命符。这份草稿通过刘幽求转交给李隆基，但李隆基根本不予理睬，他早已决定要杀掉这个女人。上官婉儿在旗下被斩。

她出生于不幸的罪人之家，在最散发着权势俗气的地方，创作出超凡脱俗的毫无人间烟火气的诗歌，最终也未能走完生命的钢丝绳，享年四十七岁。自从祖父上官仪被高宗抛弃、被武则天杀害之后，已经过去了这么长的岁月。

李隆基的政变得到太平公主的支持，她的儿子也参加这场政变。这个儿子是太平公主与第一个丈夫薛绍所生。薛绍是唐高宗的外甥，与皇族很亲近。但是，他参加皇族联合的反武则天的举兵，死于狱中。

尽管他是武则天的女婿，在这个问题上决不能宽恕。

后来，太平公主与武则天的侄子武攸暨再婚。在武则天执政的五十年间，唐朝的李氏与武氏家族之间结成多重的姻亲关系，以至于张柬之的政变可以逼迫卧病在床的武则天退位，却无法铲除武氏的势力。张柬之一心想肃清武氏势力，后来反而因此失势。

相比之下，韦氏与唐朝的皇室几乎没有关系，其家族几乎全部被杀。葛福顺大叫“马鞭以上皆斩之”，就是说韦氏一族中比马鞭高的人，即婴幼儿除外，全部斩杀。

韦氏被歼，这一年六月甲辰日，政变四天之后，相王李旦接受刚刚即位的李重茂的禅让，登基称帝。

这一年的六月之前是景龙四年，李重茂即位后改元唐隆。睿宗李旦复位后，改元景云，李重茂做回原先的温王。

这次政变的主角临淄王李隆基被封为平王，接着被立为皇太子。他是睿宗的第三子，长子李成器（后改名宪）是睿宗第一次即位时册立的皇太子，但由于弟弟功绩大，所以这一次没有考虑他。

睿宗李旦是一个老实温顺的人。武则天时代，他身在帝位，却无所事事，不仅仅因为害怕凶狠的母亲，也是他的性格使然。张罗操作他复位的是太平公主，让位也需要形式，而她正是这个形式的主持人。

武则天总是说太平公主像她。在沉着敏捷、善于权谋这些方面，太平的确与母亲相似。在诛杀武氏一党问题上，太平公主参与策划，并让儿子薛崇简参加。她还是睿宗复位问题上的主角，因此在睿宗朝廷中如同主子一样。她不进殿的时候，宰相都要到她家里汇报当日的政务。宰相的奏本呈上睿宗时，睿宗总要叮问一句：“此事与太平商议过吗？”

上面是老实而没有多少才能的睿宗，下面是太平公主和皇太子李隆基这两个实权派。在这种情况下，也许朝廷就自然而然地分成两派，对立逐渐激化。

太平公主的性格像她母亲一样刚毅倔强，绝不服输，一心打算独揽国家大权。有人与她竞争，反而激发她更加勇猛的斗志，不把对手打入十八层地狱决不罢休。

在将近五十年的武则天时代结束以后，进入她的追随者韦后的时代。中国的历史其实有很长时间是女人的时代，让人们深深感受到女人的强大。

一边是年轻的皇太子，另一边是他的姑母，要选择站在哪一边的话，按照现代人的感觉，一定觉得站在年轻的一边对自己有利。皇太子可以废立，但皇帝的姐妹只有太平公主一个。经历过女人时代的人们似乎过分估计跟武则天相似的太平公主的力量，这样，她的身边就聚集很多人。

皇太子李隆基的弱点在于他作为第三子却压倒大哥被册立为皇太子，自己都不知道会在什么时候被什么样的手段赶下台。从地位的稳定性来说，不能不说太平公主更加牢固，所以双方首先就拉拢更多的朝廷大臣站在自己一边展开竞争。

大臣们认为皇太子的地位不稳定使得太平公主的同党增多。太平公主四处散布“皇太子很快就要被废黜”的流言。

李隆基的长兄、宋王李成器和高宗的长孙、豳王李守礼（怀疑被武则天毒杀的章怀太子李贤之子）成为皇太子的继任者人选。

李隆基一方的宋璟和姚元之向睿宗进言，提议将宋王和豳王外放到地方担任刺史，并且将太平公主和其丈夫武攸暨一起移居洛阳。太平公主一方也向睿宗提出针锋相对的意见。优柔寡断的睿宗左右摇摆，拿不定主意。

太平公主阵营里还有像窦怀贞、僧慧范这样权势寄生虫似的人。窦怀贞在韦皇后得势的时候，娶其乳母为妻，现在又对太平公主阿谀奉承。那个时代，这种人还不少。例如一个名叫赵履温的，韦皇后时代侍奉安乐公主，为她修建豪宅，还恬不知耻地以脖套挽拉着公主的牛车，以效犬马之劳，可是韦皇后倒台以后，他又在相王李旦面前手舞足蹈地高呼万岁。连老实的李旦也无法容忍，怒不可遏，立即将其斩杀。

对这两派势力的对立最为苦恼的是睿宗。

太平公主方面人多势众，占有优势，她从武则天时代就熟悉宫廷情况，人脉丰富。皇太子方面则努力发现、挖掘新的人才。

睿宗终于决定让位给皇太子，以结束两派无休止的争斗。

景云三年（712 年），李隆基即位，睿宗成为太上皇。唐玄宗李隆基改元为先天。在此之前，景云曾改元为太极，但不过几个月的时间。

唐玄宗即位，似乎胜负已见分晓，然而实际情况并非如此简单。称为宰相的重臣有七八人之多，其中五人属于太平公主派。太平公主通过这种强大的势力以及太上皇睿宗的后盾，伺机进行反击。

太平公主一派决定实施暗杀玄宗的最后手段。史书记载太平公主一直积极强硬地展开活动。但是，暗杀玄宗计划如果不是唐玄宗一派行使实力制造的借口，那也是太平公主一派被逼无奈而不得不选择的最后手段。

唐玄宗即位的第二年又改元为开元元年（713 年）。七月，唐玄宗终于对太平公主派发动攻击。

事迫矣，不可不速发。

玄宗派的人们催促皇帝及早动手打倒太平公主。只要这个制造麻烦的姑母还在，玄宗的帝位就是名存实亡，太平公主以上皇的名义随心所欲地任免官员，安插亲信。

肃清太平公主派的行动一举成功。

太上皇宣布一切听命皇帝，移居百福殿。从前后的结果来看，大概由于睿宗老实的缘故，人们都以为他会倒向太平公主那一边。当他听到将太平公主移居洛阳的进言后，不假思索地予以驳回。太平公主是睿宗唯一的亲妹妹。

太平公主逃进山间寺院里，三天后又出来。皇帝赐予她在家中自尽。《太上皇实录》记载太平公主是终身监禁。但不管怎么说，政权已经完全掌握在唐玄宗手里，事隔五十年，政治上女人的气息消失了，又回到男人手里。

考虑到那个时代的正史记述所依据的《实录》，是由胜利者所撰写，因而太平公主的功绩有被贬低的可能。

太平公主参与张柬之发动的政变，斩杀武则天宠爱的张易之、张昌宗兄弟，逼迫武则天让位，可是《实录》对她的评价太低。由于诛杀张氏兄弟的功绩，太平公主的食邑从三千户增加到五千户，其兄李旦的食邑也是五千户。可见她的功劳应该是相当大的。

睿宗即位以后，太平公主的食邑增加到一万户。在玄宗政变以及事后处理上，太平公主所发挥的作用要比史料记载的大得多。当李隆基册立为皇太子明确继承者的地位以后，被认为属于太平公主派的高官显爵比皇太子派还要多，这说明她的势力非同小可。

太平公主的死去意味着女性掌权的时代落下帷幕，但是，女权得到极大的扩张。同任何时代的女性相比，唐朝女性都显得凛然威风。汉代美女的理想形象似乎如赵飞燕那样身轻如燕可作掌上舞，以瘦为美。唐代美女的条件首先是体格健硕。从那个时代的绘画、唐三彩等艺术品中的女子来看，身材大抵都很丰满。杨贵妃的身体大概也很丰腴，武则天、太平公主恐怕也是体貌丰盈性感的女人。那个时代的女子是跨腿骑马，而以前的女子是并腿横坐马鞍上。这个风俗也可以说明那个时代的女子特色。

是武则天创造了那个时代，还是那个时代造就了武则天呢？大概二者兼具吧。

武则天的书法留存在“升仙太子碑”上。张昌宗自称是周朝王子晋的末裔，武则天为他树碑，并亲自执笔立传。据说王子晋是仙人，称为升仙太子。碑额上的所谓“飞白”的书法的确气势雄浑。

升仙太子的信仰属于道教系统，但武则天明显地倾向佛教。唐朝皇室姓李，以老子（李聃）为先祖，所以在宫中举行仪式的时候，道士总是比僧侣先入场，即所谓的“道先佛后”。武则天将其改为“佛先道后”。她既然已经创建自己的周王朝，对唐王朝的先祖就不再重视了。

据说洛阳各寺院的僧侣相当积极支持武则天成为周朝皇帝，虽然有妖僧薛怀义上蹿下跳，四处奔走，但最终还是武则天的信仰打动了僧侣。当然，这并不是说武则天有反道教的言行。仪凤年间（676—679 年），吐蕃请求下嫁太平公主的时候，武则天让女儿成为女道士，以此为由回绝吐蕃的提亲。

虽然这件事的真实性令人怀疑，但武则天曾是感业寺的尼姑这个是可信的。即使是编造的故事，也是因为深知她的信仰，才会这样编造。

不可忽视武则天对唐代的佛教的影响。

花香长安

滑水自萦秦塞曲，黄山旧绕汉宫斜。
銮舆迥出千门柳，阁道回看上苑花。
云里帝城双凤阙，雨中春树万人家。
为乘阳气行时令，不是宸游重物华。

——王维

中国于1957年开始对长安城遗址进行考古调查，发表有《长安城地基初步探测》的报告。根据实地测量，唐朝长安城东西9.721公里，南北8.657公里，比新旧《唐书》所记载的略长。由于实测也包括城墙的厚度，也许这成为与文献记载的数字有所差距的原因之一。这是一座难以想象的大都城。模仿长安而建造的日本平城京[①]（奈良）东西3.5公里，南北5公里，长安城的面积是平城京的四倍乃至五倍。

唐朝的首都长安无疑是直接接受了隋朝所兴建的国都大兴城。前面说过，大兴城在西汉的长安稍微偏东南，与几乎面对渭水的西汉的长安相比，唐朝的长安离渭水稍远一些。渭水的对岸便是秦朝时的首

① 平城京：8世纪初日本模仿唐朝首都长安修建在奈良盆地北面的都城。710年，元明天皇从藤原京迁都至此，到784年桓武天皇迁都长冈京之前，成为太平文化的中心。——译注

都咸阳。

现在我们前往昔日长安的一部分——西安市，可以回想唐代的历史，当年唐朝的人们身在长安也同样想象秦汉时代的生活。

汉高祖死后不久，汉武帝就在长安西北面的一个名叫黄山的山岗上修建宫殿，取名黄山宫。据说汉武帝偷偷来到这里，还遇到贼了。

渭水与黄山相对，秦塞与汉宫成双。不论是在长安，还是稍微出城一点的地方，唐朝的人们一定感觉这里是“国之福地”。

从隋到唐朝初期，首都的建设似乎一直尚未完成，规划过于庞大，宫殿和房屋还很少，所以给人的感觉应该是空荡荡的。隋朝将这个首都称为大兴，皇宫称为大兴宫。唐朝改城市名称为长安，宫殿改称为太极宫。

唐高祖李渊因次子李世民军功显赫，在城外建宏义宫作为他的住所，其实真正的目的是因为李世民与其兄李建成的对立日益激烈，而将他们二人分开的措施。这里后来成为李渊退位以后的隐居之地，改名为太安宫。但是，这座宫殿比较简陋，唐太宗觉得让父亲住在这个地方心里也过意不去，加上马周等的不断进言，所以决定在城外北面稍微靠东的龙首原，为父亲建造更加舒适的隐居住所。龙首原地势较高，可以远眺，不像太安宫那样地气潮湿，是一个理想的避暑胜地。然而，宫殿尚未竣工，高祖李渊就死去，“永安宫”这个名字都已经决定，高祖死后，唐太宗改名为大明宫。

唐高宗时代，原本为隐居而修建的这座大明宫，被作为多病的皇帝的住所。唐高宗从太极宫移居到这座更有利于健康的大明宫，也在这里执行政务。从此以后，大明宫成为实际上的皇宫，太极宫只是举行重大仪式的地方。

既然是皇宫，就要更加充实，于是大兴土木，名称也改为蓬莱宫。后来又改为含元殿，最后改回大明宫。

本节开篇的那首王维的诗歌题目很长：“奉和圣制从蓬莱向兴庆阁道中留春雨中春望之作应制”。

唐玄宗在皇子时候居住在东市偏北的兴庆宫。现在成为西安市的兴庆公园，里面建有阿倍仲麻吕的诗碑，还种植有日本赠送的樱花。

唐玄宗即位后，自然要住进皇宫大明宫，即蓬莱宫，但是他很喜欢旧居兴庆宫，还经常回去，最后兴庆宫成为皇宫。

长安有一种名叫“阁道”的高架路，专供皇帝行走。从蓬莱宫到兴庆宫，或者前往游览的地方曲水等，都架设有这样的阁道。唐玄宗在阁道上心情舒畅，欣然作诗，并命群臣依韵奉和，这样的诗作称为“应制”。

銮舆是天子的坐车。天子的坐车从遥望垂柳夹道的仙门（蓬莱宫之门）驶出，正从阁道上环视上苑的锦绣百花，可以望见高耸入云的帝城上两座状似凤凰的大宫门，许多民房掩映在春雨迷蒙的绿树丛中。此次宸游本是为乘阳气行时令，并非欣赏物华。

王维于开元二十二年（734 年）被提拔为右拾遗，这首诗大概作于此时吧。

这是唐玄宗时代、整个唐代最繁华的时期。

王维年轻时就诗名远播，只是由于同时代有李白、杜甫这样的大诗人，使得他列于其后。他比同时代的李白更早成名，诗歌风格也大异其趣。

王维专注于讴歌大自然之美，诗风静谧、平淡、典雅。他还是著名的画家，被南宗画派仰为始祖。王维的绘画作品留存下来的只有几幅，是否真迹，不得而知。他的描绘隐居之地的《辋川庄》更是声名卓著，极受赞誉。

王维生于武则天的圣历二年（699 年），也有人认为是两年后的长安元年（701 年）。如果是后者的话，则与李白同年。

阿倍仲麻吕回日本的时候，王维作诗相送。阿倍仲麻吕乘坐遣唐使的船只来到唐朝，他的中国名字为晁衡，仕于唐朝，官至秘书监。“晁”是“朝”的古字，仲麻吕就作“朝臣”的意思。这首诗题为“送秘书晁监还日本国”：

积水不可极，安知沧海东！
九州何处远？万里若乘空。
向国唯看日，归帆但信风。
鳌身映天黑，鱼眼射波红。

乡树扶桑外，主人孤岛中。
别离方异域，音信若为通！

阿倍仲麻吕答诗如下：

衔命将辞国，非才忝侍臣。
天中恋明主，海外忆慈亲。
伏奏违金阙，騑骖去玉津。
蓬莱乡路远，若木故园林。
西望怀恩日，东归感义辰。
平生一宝剑，留赠结交人。

阿倍仲麻吕生于文武天皇的大宝元年（701年）。日本学习研究遣唐使带回来的律令，在这一年制定了大宝律令。这一年相当于武则天的长安元年，奇妙的是他与李白同年而生，而且与王维同年而生的可能性也很大。他作为留学生入唐是在玄宗的开元五年（717年）。天宝十二载（753年）决定回日本。来到唐时是十七岁的少年，居住三十六年，五十三岁时离开唐朝。

阿倍仲麻吕并没有回到日本。回国途中，据说是在苏州或者明州创作这一首望乡之歌。

翘首望东天，神驰奈良边，
三笠山顶上，想又皎月圆。①

他乘坐的船只在海上遇到暴风，漂流到越南，经过千辛万苦，又回到长安。长安曾流传他已经死去的消息，李白作诗哀悼他的遇难：

---

① 翘首望东天……想又皎月圆：此为西安兴庆公园内阿倍仲麻吕诗碑上的译文。——译注

日本晁卿辞帝都，征帆一片绕蓬壶。
明月不归沉碧海，白云愁色满苍梧。

蓬壶是东海上传说的仙岛，也叫蓬莱。苍梧是东南沿海的地名。

李白是天宝十三载（754 年）五月在广陵与魏万见面时听说阿倍仲麻吕遇难的，恰好他身上穿着阿倍仲麻吕赠送给他的日本布做的衣服。他在写给魏万的长诗中有这样两句：

身着日本裘，昂藏出风尘。

李白对这一句自注道：

裘则晁卿所赠，日本布为之。

当时李白在长江流域行吟放浪，与在广陵见面的那个魏万一起去金陵，然后再去宣城，在秋浦过年。著名的《秋浦歌十七首》就是在这个时候创作的。其中收在《唐诗选》中，在日本最受人喜爱的也是“其十五”：

白发三千丈，缘愁似个长。
不知明镜里，何处得秋霜。

这首诗一般都认为是夸张的典型，其实是李白独特的形容手法。他从长安的宫廷被赶出来已经十多年，却仍未允许归省，所以对长安的怀念极为强烈。从山岗上眺望秋浦河，如一条细长的白线绵延到远方，而长安还在更遥远的前方。

当时李白已经五十五岁，揽镜白发多，不觉愕然。白发如秋霜，发白是因为多愁。这忧愁中包含着对长安的思念，这思念与眼前这秋浦河长长的白线联系在一起。以豪放雄浑著称的李白的丰富想象力，会自然而然地出现“白发三千丈”的形容。

李白的忧愁也许包含着不安的预感，他已经感觉到世道颓败的倾向。在眺望秋浦河的时候，他大概想起十一年前的事情吧。

天宝三载（744 年），正是牡丹花盛开的季节。李白还是那一副醉醺醺的样子。这时，玄宗派人来叫他。这是常有的事，李白被皇帝召见当然就是让他写诗作文。他官居翰林供奉，皇帝需要的时候，他必须立即进宫。翰林供奉，时代不同，称呼也不同，有的称翰林学士，有的称翰林待诏。其他学士都隶属于门下省或者中书省，唯有翰林的学士无所属，《百官志》也没有记载这个官名。既然是学士，自然就是写作诏敕、赋诗作文，没有固定的工作任务，因此也不用去衙门，相当自由。这是为有奇才的人设置的特殊官职，提供俸禄，需要的时候让他们发挥自己的才华。

唐玄宗也是诗人，他的作品大多保存下来。自己会写诗，因此深知诗人的价值。牡丹娇艳盛开，杨贵妃陪伺身边，一边赏花，一边听音乐观舞蹈，妙不可言。唐玄宗多才多艺，尤其音乐才能高超精湛，亲自为宫廷歌舞团作曲，指导练习。宫中的梨园开办有歌舞学校，培养音乐、戏曲的人才。“梨园弟子”后来成为歌手、演员的代名词。

鲜花、美女、音乐、舞蹈都是无与伦比的出色，但唐玄宗心犹不满，虽然曲子好，但是歌词略逊一筹。于是他想到把李白叫来作诗。唐玄宗这样召见李白不是头一次。杜甫在《饮中八仙歌》中这样吟咏道：

李白一斗诗百篇，长安市上酒家眠。
天子呼来不上船，自称臣是酒中仙。

这一天，李白来到宫中，酒还未醒。他把脚伸出去，要宦官高力士给他脱鞋。

高力士深得唐玄宗的信任，可以说是头号亲信，在朝廷里有极大的发言权。让这样的高力士给自己脱鞋，这是对他的羞辱，李白被赶出京都也许是理所当然的。欲加之罪，何患无辞。李白吟咏杨贵妃的诗歌中把她比作赵飞燕。赵飞燕是汉朝的皇后，但最后死得很悲惨。要说比喻，可以比喻的对象很多，偏偏拿赵飞燕作比喻，这是对杨贵妃的不敬。这个说法像是小说里的故事情节，但《新唐书》和《旧唐书》都有记载，大概是事实吧。

李白在秋浦思念长安，既有对个人命运的哀叹，但对时代颓丧的忧伤、不安的心情应该更加强烈。诗人以其敏锐的感受已经预感到时代的变化。

盛唐之世即将终结的感觉固执地袭上他的心头，怎么抹也抹不去。这就是产生“白发三千丈”这种心境的背景。

唐玄宗李隆基四十五年的治世走了一条盛极而衰的道路，他固然具有创造出百花盛开般的盛唐春天的功绩，但未能维持盛世的责任更大。

也许这样的评价对唐玄宗有点苛刻，他在治世初期的确功绩卓著，但唐朝的鼎盛并非他一个人的功劳。虽然宫廷的权力斗争充满阴暗的谋术，但武则天时代的政治应该给予高度的评价。唐玄宗从中获得巨大的遗产。

晚年的武则天也有失政之处，但继承其后的唐中宗、韦后时代岂止失政，简直就是把政治忘在脑后。唐玄宗所接受的政治遗产可以说是千疮百孔，他在执政初期修复政治，使人心焕然一新，在全国形成精神振奋、意气昂扬的气氛。长期以来女性政权的脂粉气一扫而尽，出现一派清新爽朗的局面。新的精神面貌在各个领域呈现出生机勃勃的景象。即使没有玄宗，只要是胸怀大志的男性皇帝，在一定程度上都能做到。

唐玄宗首先着手进行局部性的修复。例如修改太平公主、安乐公主滥发的僧尼度牒的制度，取消其免税等特权，这些措施在财政上得到多大的好处不得而知，但对于争取人心具有很大的效果。

唐玄宗即位初期，有姚崇、宋璟辅佐他。这两个名臣都是武则天发现的人才，唐玄宗从祖母武则天那里得到的最大遗产可以说就是这两个宰相。

《资治通鉴》这样评述道：

姚、宋相继为相，崇善应变成务，璟善守法持正。二人志操不同，然协心辅佐，使赋役宽平，刑法清省，百姓富庶。唐代贤相，前称房、杜，后称姚、宋，他人莫得比焉。二人每进见，上辄为之起，去则临轩送之。

这不仅仅是减轻赋役的负担，更重要的是公平赋役。

姚崇于开元四年（716年）离开宰相的位置。他的儿子品行不好，他还包庇一个接受胡人贿赂的名叫赵晦的人。姚崇觉察到唐玄宗对此深感不快，便辞去宰相职务，推荐宋璟继任。

不仅社会风气清新开朗，政界也是严明正气。

姚崇、宋璟之后，苏颋、张说、张九龄这些文人宰相活跃在政治舞台上。他们也都是武则天时代公认的人才，我们从《唐诗选》收入的作品对他们诗人的一面怀有亲切感。张说在武则天时代曾违抗张氏兄弟，被流放到钦州（广西），在唐玄宗时代又在朝廷与姚崇闹对立，外放担任相州、岳州、幽州的长官。姚崇死后，又回到朝廷，但被宇文融、李林甫弹劾而失势，一生命运多舛，波澜壮阔。

巴陵一望洞庭秋，日见孤峰水上浮。
闻道神仙不可接，心随湖水共悠悠。

这是张说左迁岳州时的作品。诗中说心悠悠，其实他的心绝不是悠然自得。失势与得势，反反复复，他的心燃烧着对政治执着的火焰。文人必须是政治家，这是这个时代的常识。

张说的政敌宇文融指出全国户口多有伪造，主张实行括户制，就是重新普查户籍。括户制十分严厉，规定伪造户籍者，百日之内自首者可宽恕，超过期限则判罪流放。不仅伪造者本人如此，包庇者也有罪。普查结果发现，全国有八十多万户隐瞒户口，说明有这么多户逃税。

张说反对这个“括户制”，认为是苛刻的增税法，结果导致自己的失势。实际上，八十万户的税金进入国库，使国家财政有所增加，但百姓也因此疲惫穷困。国家所征收的并非百姓富余的东西，向政府隐瞒，是因为很多百姓还只能是勉勉强强地维持活下去。这一年是开元初年，国库充盈、民生凋敝的现象已经显露出来。

后来百姓依然伪造户口。上报的户数和人口比实际人口少，而且女多男少，男性人口中壮丁少得异常。纳税、兵役、差役等，无论什么事情，都是以壮丁为主。所以在户籍上隐瞒壮丁不报，这似乎是全国性的普遍现象。从大谷探险队在吐鲁番得到的当时的户籍本来看，男性人口，尤其壮丁数量远比女性少。

虽说是开元之治，其实并非到处一片美丽的玫瑰色，阴影已经悄然逼近。

首都长安比起唐朝初期显得更加强盛充实，房屋鳞次栉比，大宅第、大寺院比比皆是，东、西市场货物充足，买卖兴隆。

唐朝的国力远及天山和帕米尔，安西都护府从吐鲁番盆地的交河城进一步西迁到龟兹（库车）。西突厥已被平定，通往西域的贸易通道，即丝绸之路畅通无阻。许许多多的西域人通过这条路来到长安。西域人具有优秀的音乐才华。唐玄宗喜欢音乐，就把他们安排在宫廷的歌舞团里。从唐太宗至唐高宗这个时期，有一个龟兹人白明达是很著名的乐府伶工。

当时西域的宗教信仰主要是佛教，但也有伊朗国教琐罗亚斯德教的信奉者，还有不少撒马尔罕（康国）摩尼教的信徒。聂斯脱利派的基督教徒也从西域来到长安。这些人来到长安以后，建立起各自的寺院。琐罗亚斯德教的寺院有的称为波斯胡寺，有的称为祆祠。聂斯脱利派的基督教称为景教，其寺院称为大秦寺。大秦就是罗马。

祆祠分布在布政坊、醴泉坊、普宁坊等，都是长安西半城的坊，唯一在东半城的是靖恭坊。长安分为东西两大部分，各有一个大市场，尤其西市更具有浓郁的西域色彩。在唐代，规定买卖东西的交易只能在这两个市场内进行。在市场内营业，自然要课税。西市又叫“金市”。李白的《少年行》生动地表现市场的气氛。

五陵年少金市东，银鞍白马度春风。
落花踏尽游何处？笑入胡姬酒肆中。

五陵在长安郊外，是汉朝历代皇帝的陵墓区，而据说唐代则聚居着侠客的头领。那里的年轻人骑着配有银鞍的白马，沐浴着春风，英姿飒爽，意气风发，马蹄踏尽落花，最后来到哪里？跨进波斯美女所在的酒馆里。

杨贵妃进宫以后，宫廷也比上一朝更加豪华富贵。热心于政治的唐玄宗在倦怠于政务之后，沉溺于音乐酒色之中。李白在做宫廷诗人的时候写过几首《宫中行乐词》，其中有这样的诗句：

玉树春归日，金宫乐事多。
后庭朝未入，轻辇夜相过。
笑出花间语，娇来竹下歌。
莫教明月去，留着醉姮娥。

天下太平，西突厥和高句丽平定以后，边境安宁，与吐蕃的争端也只是偶尔有之。

从北朝延续下来的府兵制由于逃户现象日益严重，无法继续实施，于是制定新的征兵制。在这个问题上，主张征兵的宇文融与主张募兵的张说发生对立，最后决定以征兵为原则，重建新的军队。

吐蕃的势力范围不仅仅是现在的西藏高原，还扩展到西域南路。克什米尔北面的小勃律国（现在的吉尔吉特）虽是一个小国，但地处交通要道，是连接中亚西部与天山南路的唐朝安西都护府的要冲。这个国家一直臣服唐朝，但吐蕃早就对它垂涎三尺。现在的苏联境内的丝绸之路上，居住着众多被称为“昭武九姓”的琐罗亚斯德教徒、摩尼教徒，康国、安国、石国、米国、史国、曹国等二十多国一直向唐朝进贡。

吐蕃的如意算盘是，只要控制住小勃律国，西域二十多国就不向唐朝、转而向吐蕃进贡。吐蕃王通过将女儿嫁给小勃律国做王妃的手段，成功地使小勃律国成为自己的属国。

西域二十多国停止对唐朝的进贡，唐朝几次派出远征军讨伐吐蕃这个罪魁祸首，却事不如愿。并不是吐蕃有多么的强大，而是西域的崎岖险路和恶劣气候使得远征军大受其苦。

然而，天宝六载（747 年），安西副都护高仙芝从龟兹经疏勒，翻越葱岭（帕米尔），沿护密道（瓦罕峡谷）出连云堡（萨尔哈德），大破凭借天险而麻痹大意的吐蕃军，紧接着率领七千勇士一鼓作气渡过大谷冰川，夺取小勃律国，肃清吐蕃派的高官，俘获国王和王妃，大胜而归。

天宝九载（750 年），由于石国（塔什干）未行属国之礼，高仙芝又率兵远征，俘虏国王至长安，斩之。

这些国家并没有做出侵犯边境这样严重的事情，只是切断进贡之路，或者未行属国之礼，唐朝就因为这点小事而出兵。帕米尔战争，对手是强国吐蕃。而进攻塔什干，对手是弱国，欺骗他们说只要投降就能保命，最后还是斩杀，所以不能不说是恃强凌弱的不义之战。远征石国本来不是唐朝中央的意图，只是因为高仙芝极力推行远征计划，才得到中央的批准。

高仙芝不是汉人，而是亡国的高句丽人。高句丽亡国已经八十年，他无疑出身于亡国之后。

高句丽被唐吞并后，各地的抵抗运动风起云涌，唐朝也感觉相当棘手。《资治通鉴》的总章二年（669 年）项这样记述道：

高丽之民多离叛者，敕徙高丽户三万八千二百于江、淮之南，及山南、京西诸州空旷之地，留其贫弱者，使守安东。

将身强力壮者分散各处开垦荒地，只留下身弱多病者，这是一项强硬的措施，说明高句丽遗民的抵抗是何等激烈。

高仙芝的父亲长期在河西（甘肃西部）的军队中服役，大概高氏从上一代开始就是被迁移到京西空旷荒凉之地的高句丽遗民。

武功显赫的高仙芝被任命为节度使。

首度设立节度使是在睿宗的景云年间（710—712 年），不过可以说已经是玄宗时代。设立节度使是他的失策之一。

前面说过，唐朝将全国分为十道（后为十五道），不设立直接管辖军政大权的长官，而是任命巡察使。因为害怕手握广袤地区军政大权的长官形成割据的半独立王国。

唐朝中央既然明知有这样的危险性，却依然设置具有地区性军政裁决大权的节度使，说明还是有其必要性。第一，府兵制已经土崩瓦解，尤其在边境必须重组军队，这样就需要手握大权的长官。第二，边境地区一旦发生紧急事态，军事指挥员同时握有行政权比较理想。这与近代帝国主义时代的殖民地总督很相似，只有可以独裁一切的人才能有效地应对非常事态。

安禄山叛乱之后，节度使的数量增加，但高仙芝被任命为节度使的时候，边境上只有十个节度使。《资治通鉴》记述这十个节度使的治所及其所指挥的兵力如下：

安西节度使	龟兹	二万四千
北庭节度使	北庭都护府	二万
河西节度使	凉州	七万三千
朔方节度使	灵州	六万四千七百
河东节度使	太原	五万五千
范阳节度使	幽州	九万一千四百
平卢节度使	营州	三万七千五百
陇右节度使	鄯州	七万五千
剑南节度使	益州	三万九千
岭南五府节度使	广州	一万五千四百

高仙芝是安西节度使。

安禄山兼任河东、范阳、平卢三地的节度使。明知有危险，但还是要设置节度使，即使如此，也应该遵循一人只担任一地节度使的原则。而安禄山一个人兼任三地的节度使，这只能说是唐玄宗的失策。

据说安禄山是“杂胡”，就是外国人之间的混血儿。父亲安延偃大概是中亚安国（安息）人。《新唐书》说本姓是康，那也许是撒马尔罕人。母亲是突厥阿史德氏出身。从这个意义上说是“杂胡”。安禄山在这样的环境中成长，就能掌握好几种语言，据说他精通六种语言。他利用自己的这种特殊技能，当上互市牙郎这样的官。这个官似乎是斡旋贸易交易，他以此为起点，仕于幽州节度使，以战功和贿赂不断升官，逐渐得到唐玄宗的赏识。

高仙芝的前任是夫蒙灵詧，出身于藏族系西羌部族。

任命外国出身者担任掌管边境军事要职的节度使，是一种异常现象。大概因为当时的唐朝是世界帝国，没有民族偏见，只要有才，不问出身，就可以得到重用的缘故吧。阿倍仲麻吕被任命为秘书省的长官，也可以说是其中一例。节度使多为外国出身的武将，还有别的原因，我将在后面叙述。没有民族偏见，这有点将这个时代过于理想化。

夫蒙灵詧任安西节度使的时候，对副都护高仙芝将帕米尔战争的捷报未经过他而直接上报长安的做法大为恼火，大概是因为高仙芝独吞功绩。《旧唐书》记述夫蒙灵詧大骂高仙芝的话：

噉狗肠高丽奴！噉狗屎高丽奴！

就是“你这个吃狗肠子的高丽奴才！你这个吃狗屎的高丽奴才！”的意思。这说明民族偏见是何等严重。谩骂高仙芝是高丽奴的夫蒙灵詧本人也是西羌族。

唐玄宗时代，通过科举，尤其是进士科合格而升迁的官吏与依靠门阀而录用的官吏之间存在着派阀之争。如果命名为进士派的话，张说、张九龄就属于进士派，而门阀派的代表是李林甫。李林甫的曾祖父是唐高祖李渊的堂弟，所以他是皇族的一员。开元二十二年（734年），他担任礼部尚书以及宰相之一的中书门下三品。两年后，整倒张九龄，成为中书令以及宰相的第一把手。

进士派与门阀派的斗争中，由于李林甫的出现，使得后者占据优势。

口有蜜，腹有剑。

世人这样形容李林甫，表面上待人和气，但是对政敌心狠手辣。他稳坐唐朝政界第一把手的位置将近二十年，所有的政敌都遭到他的整肃。

被李林甫整下去的重臣，可以开列很长的名单，他就是使用这种手段在近二十年的时间里维持独裁者的地位。

李林甫最警惕别人得势，与自己平起平坐。那个时代，只有立下显赫战功的高仙芝被破格提拔。李林甫害怕有人在边境作战中获得大胜被提拔到中央担任要职。

节度使多为外国人出身的原因之一反映出李林甫的用人意图。他认为异族出身者在军界无论官职多大，在中央的政界都无法成为自己的对手。

李林甫是门阀派的首领，又是准皇族的身份，但爬到第一宰相这个位置，还是要巴结唐玄宗最宠爱的武惠妃以及唐玄宗最亲近的身边人高力士才能实现。

在地方军团飞黄腾达的安禄山，长期在中央担任宰相掌握实权的李林甫，都是使用同样的手段得以荣升，这样的人事制度本身就存在问题。我并不是偏袒进士派，但我认为通过科举上来的官吏都有经世济民的抱负，至少是这样的公开主张，而感觉门阀派只有权势欲。

唐朝的国运衰退，其责任自然在安禄山和李林甫，但把他们放在国家核心地位的唐玄宗的责任要比他们大得多。

安禄山、李林甫是历史的恶人。喜欢是非黑白分明的人使黑者愈黑、白者愈白。

这两个人大概不是优秀的历史人物，但恐怕也没有史书所记载的那么坏。

对付政敌时候的李林甫是一个穷凶极恶的人，然而当他在家里悠闲自得的时候，却是一个画家，画得一手好山水。他的家族具有浓厚的艺术家天赋，李思训的儿子，即李林甫的堂兄弟李昭道也善于丹青。晚唐《历代名画记》的作者张彦远说道：

山水之变，始于吴，成于二李。

唐代山水画富有新意的变革者是吴道玄，而臻于成熟的是李思训、李昭道父子。

后人抨击李林甫为保住自己的地位不择手段。但是，为保住自己的地位，任何人都会这样做的，其本身是理所当然的。如果具有政治抱负，相信自己的所作所为是为国为民，那么保住自己的地位就符合国家利益。

李林甫死后，杨贵妃的堂兄杨国忠诬告他勾结突厥图谋反叛，结果李林甫的遗族遭受迫害。就是说，李林甫活着的时候，杨国忠也不能对他下手。由于杨国忠的诬告，李林甫被加上各种各样的罪状，连安禄山之乱造成国家混乱的罪名也被安在他头上。将一切罪行都加在一个特定的人身上，历史容易明了，所以是常有之事。

李林甫仅仅依靠阴险的手段恐怕不可能维持将近二十年的政权吧，他一定也有可取之处，也照顾过不少人。

扬州大明寺的高僧鉴真应日本留学僧之邀，矢志前往日本，经过多次失败挫折，虽然失明，依然不改初衷，最终成功。这是一则非常著名的历史故事。鉴真和尚开创的唐招提寺[①]是日本戒律的中心。但是，鉴真前往日本与玄奘前往印度一样，在唐朝看来，都是偷渡出国。鉴真在前往日本这件事上，得到李林甫相当大的帮助。

鉴真的弟子道抗与李林甫的哥哥李林宗关系密切，经常出入其家。李林宗在仕途上虽然没有弟弟那样得意，但官职也相当高。甚至有风言风语说李林宗是沾弟弟的光才提上去的。李林宗受道抗的委托，与弟弟李林甫商量鉴真前往日本的事情。通过李林宗的介绍，宰相李林甫会见日本留学生荣叡[②]、普照[③]，详细询问情况，听取他们的提议。

尽管李林甫是权倾天下的宰相，也不能违反国法。然而，李林甫

---

① 唐招提寺：位于日本奈良市五条町的律宗总本山，759 年鉴真和尚创建。——译注

② 荣叡（？—749 年）：日本奈良兴福寺僧人。733 年，随遣唐使单墀真人广成入唐，在洛阳从大福先寺定宾和尚受戒。留学三年，742 年与普照到扬州恳请鉴真和尚到日本传经。天宝二载至天宝三载，四次东渡失败。天宝七载（748 年），第五次东渡，船出扬州，经长江口，遇飓风，漂流至海南岛。是年秋，经广西梧州入广东端州，入住鼎湖山龙兴寺。天宝八载（749 年）春，染病，圆寂于龙兴寺。——译注

③ 普照（生卒年不详）：日本奈良时代兴福寺的僧人。733 年，与荣叡一起随遣唐使单墀真人广成入唐，在洛阳从大福先寺受具足戒。742 年与荣叡到扬州恳请鉴真和尚到日本传经。754 年，随鉴真和尚回到日本后，住东大寺，后在奈良西大寺。——译注

毕竟是李林甫，他提出一种变通的办法，就是给浙江天台山国清寺运送施舍捐赠的物品。运送这些物品，陆路难行，从长江出海，沿海路行走。如果顺风，就可以直接前往日本，如果风向不对被吹回来，因为持有去往天台山的公文，就不会受到究问。

李林宗让在扬州担任仓曹参军军事（主要管理仓库的正八品官）的本族人李凑开具介绍信，并委托他准备船只。

鉴真第一次东渡计划因弟子如海的告密而失败，但所受的处罚比较轻，可以想象大概李林甫做出指示，而告密者如海受到严惩。

为鉴真的东渡提供方便绝不是为了金钱，留学僧荣叡他们应该没什么钱，所以感觉李林甫、李林宗兄弟这样做是出于一片好意。也许是为自己的信仰，也许是对鉴真的大志产生共鸣，总之应该是不计功利的援助。从历史的总体来看，李林甫是一个黑色的人物，但恐怕并不是一切的一切都漆黑一团吧。

唐朝的国运出现颓败是在李林甫死后，李林甫晚年受到杨国忠和安禄山这两个唐玄宗的宠臣的排挤。前面说过，天宝十一载（752 年）李林甫死后，受到杨国忠的诬告。

使唐朝陷入大混乱的是安禄山和杨国忠，但他们都是反李林甫派，有必要好好深思这其中的含意。

避贤初罢相，乐圣且衔杯。
为问门前客，今朝几个来？

这是被李林甫憎恨、害怕遭其毒手的李适之在天宝六载（747 年）辞去左宰相时所作的题为《罢相作》的五言绝句。谁也不敢接近李林甫所憎恨的人，因为害怕被他陷害。“为问门前客，今朝几个来”，这首诗饱含李适之的愤懑之情。李林甫这个人，还是不能为他做过多的辩护。

花谢花落

白居易著名的《长恨歌》是这样开头的：

汉皇重色思倾国，御宇多年求不得。
杨家有女初长成，养在深闺人未识。
天生丽质难自弃，一朝选在君王侧。
回眸一笑百媚生，六宫粉黛无颜色。

白居易出生于杨贵妃惨死之后十六年的大历七年（772年）。由于是唐朝之民，诗中避讳玄宗皇帝，把主人公说成是“汉皇”，不过谁都明白指的是唐玄宗。

重色就是好色。汉武帝夸耀自己所宠爱的李夫人是“一顾倾人城，再顾倾人国”，所以“倾城”“倾国”用以形容绝代佳人之美。这首诗歌讲述唐玄宗遍寻天下美色，终于如愿以偿地得到国色天香的杨贵妃。不过，诗歌没有涉及其中的过程。

杨贵妃本名玉环，原先是唐玄宗第十八子寿王李瑁的妃了。

唐玄宗的皇后王氏未育，又不受玄宗的宠爱，被废。唐玄宗多才多艺，而且多情善感。他想立最宠爱的武惠妃为皇后，却遭到群臣的反对，未能实现。武惠妃属于篡夺唐朝大权的武则天的家族，妃子的身份尚能认可，但要立为皇后，遭到朝廷群臣的坚决抵制。王皇后被废黜以后，皇后的位置一直空缺。

开元二十五年（737年），武惠妃死去，玄宗意气消沉，失魂落魄，命令亲信高力士为他寻找“倾国”，结果看上了儿媳妇杨贵妃。这与武则天的情况正相反。唐高宗将父亲的妃子武则天作为自己的皇后，而唐玄宗将儿媳妇立为贵妃。唐玄宗最终也未能立杨贵妃为皇后，但对她的宠爱是后宫之最。武则天先当尼姑，杨贵妃也是先当道姑。

杨贵妃本是孤儿，是杨家的养女，虽然是没有血缘关系的亲戚，但唐玄宗为获得她的欢心，给予杨家人特别的恩惠。杨贵妃的远房堂兄杨钊品行不好，却精明灵巧，善于钻营，左右逢源，逐渐得到重用，玄宗赐名国忠。后来他与李林甫对立，也与安禄山对立。

春寒赐浴华清池，温泉水滑洗凝脂。
侍儿扶起娇无力，始是新承恩泽时。

杨玉环被召进宫中是天宝三载（744年），第二年成为贵妃。正如《长恨歌》所吟咏的那样，“后宫佳丽三千人，三千宠爱在一身”，使得唐玄宗“从此君王不早朝”。她二十五岁进宫的时候，唐玄宗已经六十岁。

天宝元年（742年），安禄山任新设的平庐节度使。天宝三载（这一年开始将“年”改为“载”），兼任范阳节度使。两年后，再兼任河东节度使。安禄山聪明机灵，滑稽戏谑，据说体重三百三十斤。差不多二百公斤的超级大胖子，大腹便便，据说肚子垂下来可以过膝。有一次，唐玄宗问他，你的肚子里究竟装的是什么，他的回答后来成为名言：“唯有赤心。”

杨贵妃很喜欢这个安禄山。安禄山诙谐风趣，装作胸无城府的样子，不会引起别人的警惕，轻而易举地征服了唐玄宗和杨贵妃。他说是想当杨贵妃的养子，每次进宫觐见，总是先拜杨贵妃，说是“蕃人先母后父”，群人皆笑。唐玄宗和杨贵妃都没有识破这个小丑的真面目。

天宝四载，安禄山大败契丹，立下大功。逐渐强势凌人的安禄山与依靠杨贵妃的亲戚关系而飞黄腾达的杨国忠勾结在一起，开始共同排斥最大的实权派人物李林甫。可是待李林甫死去，一直携手合作的安禄山与杨国忠反目成仇，变得对立起来。

杨国忠身在首都，总是在皇帝身边伺候，而安禄山身在外地，这是他的不利条件。如果皇帝具有明晰准确的判断力，事情就比较好办，可是唐玄宗已经出现明显的老化现象，只要有人不断地给他吹耳边风，最后他就会深信不疑。

安禄山也有他的苦处。杨国忠不停地向唐玄宗诉说安禄山策划谋反。宫廷的消息也会进入安禄山的耳朵，他感觉到形势对自己越来越不利。如果入朝，很可能随便找个理由把自己抓起来，但如果感觉生命危险不去长安，也不是长久之计。

大概有人认为安禄山的起兵是被迫无奈，他身兼三个节度使，手中握有重兵。虽然唐朝实行的是征兵制，但边境地区多为招募，完全变成节度使的个人军队。

《长恨歌》这样写道：

渔阳鼙鼓动地来，惊破《霓裳羽衣曲》。

渔阳在现在的北京市附近，安禄山就是在这一带举兵反叛的。骑在马上奋力敲击以催征进军的鼙鼓声惊天动地，向西而来。这激越的声音击破杨贵妃最擅长的《霓裳羽衣曲》。这个曲子原是印度婆罗门音乐，据说是唐玄宗特地为杨贵妃改编而成。这个时候，岂有闲心欣赏音乐！

天宝十四载（755年）十一月，安禄山发兵。十五万兵马，号称二十万。举兵的理由是：

奉密诏讨杨国忠。

当年攻陷洛阳，第二年正月，安禄山自称雄武皇帝，定国号为燕，定元号为建武。

唐朝在洛阳方面的预备军由高仙芝的幕僚、曾参加帕米尔作战的封常清指挥。高仙芝也带领援兵离开长安奔赴洛阳。

高仙芝的援兵来到陕州的时候，与败退下来的封常清相遇，听到有关叛军的情况。安禄山的核心部队是曾在漠北与契丹作战的、经验丰富的精锐军，高仙芝判断不利于与他们平地作战，于是决定西退，防守潼关要害之地。为了不让安禄山的部队得到补给，撤退之前，打开陕州的所有官库，将储藏品分给官兵，剩余的全部烧毁。

当时高仙芝刚刚被封为密云郡公。其实在讨伐石国的第二年、天宝十载（751年），他在大食（阿巴斯王朝）和怛逻斯（现在的吉尔吉斯共和国内）战败。国王被骗杀的石国人向阿拉伯的伊斯兰帝国求救。当时伊斯兰势力一分为二，分为阿巴斯王朝和倭马亚王朝，中国史书分别称之为“黑衣大食”和“白衣大食”。这次战败对唐朝似乎并不沉重。《新唐书》只是淡淡一笔：

高仙芝及大食，战于怛逻斯城，败绩。

《旧唐书》的本纪对这场战争只字未提。高仙芝回到长安后当上羽林军大将军，升为正二品郡公，没有迹象表明他为这场败战负责。在这场战争中，高仙芝率领三万士兵进入怛逻斯城，但由于唐军内部的葛逻禄族部队反水，投向阿拉伯一边，导致初战失利，撤出城外。萨拉森的《伊布努尔·阿什尔的年代记》记述杀唐军五万、俘虏两万。

这次怛逻斯城之战是文化史上的重大事件。被阿拉伯俘虏的唐军士兵中，有的是抄纸工，这样，蔡伦所发明的造纸法在六百多年以后第一次传播到中国以外的地方。造纸法的传播对萨拉森文化以及继承萨拉森文化的欧洲文化所做出的贡献是无法估量的。

同年，唐军在云南也遭受惨败。八万唐军征讨云南的南诏蛮，在泸南战败，阵亡者多达六万。而正是杨国忠担任这一次远征的最高负责人——知节度事。南诏首领阁罗凤听到唐朝出兵远征的消息，曾表示道歉，但唐朝没有原谅他。据说这次远征是没有建立战功的杨国忠为给自己脸上贴金而策划的。战败以后，他对长安的朝廷不仅隐瞒真实情况，而且还谎报军功。

白居易有一首题为“新丰折臂翁”的七言古诗，吟咏新丰的一个八十八岁老翁的身世。他二十四岁的时候，应召前往云南，但在深夜里用大石头砸断自己的胳膊，以此方法逃避征兵。其中有这样的诗句：

此臂折来六十年，一肢虽废一身全。
至今风雨阴寒夜，直到天明痛不眠。
痛不眠，终不悔，且喜老身今独在。
不然当时泸水头，身死魂孤骨不收。
应作云南望乡鬼，万人冢上哭呦呦。

当征兵的通知下达的时候，“村南村北哭声哀”。怛逻斯城的败战、泸水的败战，都是不义之战。骗杀石国国王、不接受南诏的投降，这是战争的原因，都是急切想立战功的人挑起来的。这就叫“黩武”。

如果是保卫祖国的战争，年轻人会高兴地拿起武器为自己所爱戴的人而战。长安附近的新丰人大概根本就没听说过怛逻斯、南诏这样的地名。

怛逻斯的败将高仙芝如今成为天武军副元帅，防御安禄山军队的进攻。元帅是唐玄宗的第六子荣王李琬。不言而喻，实际上高仙芝是总司令。然而，在他的上面还有一个监军。这个监军直属皇帝，不指挥军队作战，却是监督军人的宦官。监军边令诚以临阵逃脱和擅自打开官库的罪名弹劾封常清和高仙芝。唐玄宗大怒，命令就在军中斩首二人。

局面陷入这种状态，潼关也就无可防守，天宝十五载（756年）六月，被安禄山攻陷。继高仙芝之后成为河西和陇右节度使的哥舒翰投降安禄山。

长安危在旦夕，唐玄宗不得不逃离长安。在唐玄宗诛杀韦后党派的政变中发挥重要作用的龙武大将军陈玄礼率领六军向蜀地（四川）

进发。

六月乙未日，黎明时分，唐玄宗一行悄悄离开长安。第二天丙申日，一行来到逃离长安之后的第一个住宿地——马嵬驿。官兵饥饿疲惫，愤怒不平，到了一触即发的地步。他们将所有不满的情绪都发泄到杨国忠身上，认为事态糟糕到这步田地，一切都是他的过错。在那次鲁莽武断的远征云南的作战中，官兵们的亲戚朋友大概也有不少战死，于是杨国忠成为他们发泄愤怒的靶子。

此时恰好吐蕃的使节经过马嵬坡，杨国忠前往接待的时候，不知道是谁大声叫喊："杨国忠正和胡虏谋反！"这一声叫喊点燃了官兵们一触即发的愤怒之火，他们不由分说地杀死杨国忠，用枪头挑着他的首级悬挂在马嵬驿的门上。

同行的杨国忠的儿子杨暄以及姐妹们都被杀死，就连质问他们"为何杀死宰相"的御史大夫魏方进也未能幸免。

事到如今，唐玄宗也只好认可被杀的杨国忠是在谋反叛乱的说法。他到马嵬驿门外慰劳官兵们，然后命令他们回队出发。但是，官兵们仍然不依不饶，逼迫玄宗处置杨贵妃。

唐玄宗无奈，只好命高力士在佛堂缢杀杨贵妃。

《长恨歌》这样描写当时的情景：

六军不发无奈何，宛转蛾眉马前死。
花钿委地无人收，翠翘金雀玉搔头。
君王掩面救不得，回看血泪相和流。

这一年杨贵妃三十八岁。

这一年唐玄宗七十一岁。

在前往蜀地避难的途中，他把帝位让给皇太子。他便是肃宗李亨。李亨是唐玄宗的第三子，母亲杨氏，这个杨氏当然不是杨贵妃。唐玄宗逃到蜀地，而唐肃宗在西北地区的灵武（宁夏灵武县）即位，召集回纥等部族的援兵，于第二年收复首都长安、洛阳。

在此之前，安禄山被其子安庆绪所杀。占领长安的时候，安禄山几乎已经失明，加上其他疾病，性情异常暴躁，不可捉摸。他打算册立年轻的段夫人所生的安庆恩为太子，引起儿子安庆绪的仇恨。安庆绪嗜酒，经常烂醉如泥，是一个下劣之徒。

唐的义军在各地风起云涌，加上安禄山阵营内部的崩溃，唐肃宗能够出乎意料地迅速收复长安，其实并非仅仅是他自己的力量。

唐肃宗在灵武的时候，被安禄山抓获的原先的唐朝监军边令诚逃回来，肃宗斩之。谁都明白，在那个事关存亡的紧要时刻，处死高仙芝和封常清是错误的。

人们常说武则天、韦皇后、杨贵妃是唐朝的女祸，其实唐朝后期宦官之害更大。

唐玄宗身边有一个得到他绝对信任的宦官高力士，连李林甫都要讨好高力士的欢心才能得到权力。唐玄宗时期处于权势之巅的人物其实可以说是高力士。

鉴真和尚第五次东渡失败，漂流到海南岛，受到振州别驾冯崇债的照顾。岭南的冯氏是北燕出身，与当地首领家族联姻，在这一带形成自己的势力范围。隋代的冯盎曾奉朝廷之命讨伐獠（僚）族的叛乱。据《新唐书》记载，高力士是这个冯盎的曾孙。据说幼小时被阉割后献给朝廷，成为宦官高延福的养子。他曾参加推翻韦氏的政变，可以说是名副其实的玄宗的忠仆。

高力士手握绝对的权力，但似乎他不愿意在政治舞台上抛头露面，而是躲在后台，一心侍奉唐玄宗。据说他聚敛财富，还有女人。

唐朝宦官之祸，据说始于高力士。如果说唐朝的灭亡是因为宦官之祸害，高力士就是一个引人注目的人物。然而，与后来出现的实力派宦官相比，高力士算是比较谨慎内敛的。正因为他具有这样的能力，唐玄宗始终如一地只依靠他一个人。

唐朝初期，宦官只是宫廷里的杂役。高力士的出现，宦官在唐朝朝廷第一次形成一种力量。在宦官集团中，高力士成为宦官们所追求的目标。既然是宦官，就应该成为高力士这样的人。据说肃宗在皇太子的时候对高力士还以兄长相待。

唐肃宗即位以后，重用的宦官李辅国比高力士品质低劣。他成为宦官集团的首领后，自然要赶走高力士。

唐玄宗回到长安以后，坐在毫无实权的太上皇的位置上。这残破的局面都是他的失政造成的，所以也只好如此。酒鬼安庆绪被部将史思明所杀，安禄山的造反军被他接管，成为大燕皇帝，其势力曾一时强大到几欲夺回洛阳，但是史思明也被其子史朝义所杀。反叛集团的势力从此衰败，至广德元年（763 年）史朝义被安禄山的部下李怀仙杀死，历时九年的“安史之乱”终告结束。此时唐玄宗、唐肃宗、高力士，还有大诗人李白都已经不在人世。他们都是在前一年死去的。

这前一年就是肃宗的宝应元年（762 年），四月改元，之前是上元三年。太上皇唐玄宗于四月甲寅日、刚刚改元后死去，享年七十八岁。他的晚年很不幸，品行恶劣的宦官李辅国挑拨离间肃宗与玄宗的父子关系，结果唐玄宗被迫离开皇太子时代就一直居住习惯的兴庆宫，搬到西内，死于神龙殿。而且在两年前，长年在身边伺候的高力士被流放到湖南，此时唐玄宗连拯救这个宠臣的权力都没有了。

玄宗死去的时候，肃宗也卧病在床，而且是重症。唐肃宗收复长安的时候，可谓飒爽英姿，然而他夹在李辅国与张皇后的权力斗争之间，郁郁不乐。唐玄宗死去这个月的丁卯日，肃宗死去，比他的父亲晚十三天，享年五十二岁。

唐肃宗卧病在床的时候，张皇后曾劝皇太子李豫必须趁此时机立即诛杀李辅国、程元振等宦官。但是优柔寡断的李豫对皇后的劝告举棋不定的时候，李辅国等先发制人，囚禁皇后，杀之。现在一般说法是肃宗死后，皇后被杀，孰先孰后，真相不得而知。

皇太子李豫即位，为唐代宗，但因为是李辅国所拥立的，所以在李辅国面前抬不起头来。于是，代宗利用另一个宦官程元振暗杀了李辅国。可是程元振比李辅国更坏，唐代宗终于被宦官所掌控。

这一年，流放到湖南巫州的高力士受到恩赦，心情激动地北上。他离开年迈的唐玄宗已经两年，自己也步入高龄，但忠心耿耿的高力士一直挂念着玄宗。当他来到朗州时，听到玄宗已经死去的消息：

闻上皇崩，号恸，呕血而卒。

《资治通鉴》这样记载他的人生结局。按《旧唐书》记载，高力士享年七十九岁，比唐玄宗大一岁。

唐朝的诗人们很多被卷入安史之乱的旋涡里。

在长安担任给事中的王维由于逃不及，被安禄山军队抓俘。唐玄宗是秘密逃离长安，只带着杨贵妃以及皇族、高力士这些身边扈从。百官上朝的时候，才得知皇帝已出走，于是惊慌失措，乱成一团。

王维被监禁在长安平康坊的菩提寺，被逼迫为安禄山政权做事。他吞食泻药，装作哑巴，拒绝服从，但未能如愿。安禄山将同样的给事中的官职强加给他。

安禄山喜欢音乐，占领长安以后，就把唐玄宗培养的梨园弟子带出来，经常要他们表演。有一个名叫雷海青的音乐家，一逼迫他演奏，他就把乐器在地上砸坏，面西恸哭。安禄山将他捆绑起来，处以肢解这样残忍的酷刑。

长安笼罩着一片腥风血雨。由于安禄山造反，居留在长安的他的儿子安庆宗被杀，所以安禄山占领长安以后，实行最彻底的报复。留在长安城里的所有皇族不分男女老幼，全部遭到虐杀。一般人根本无法抗拒安禄山的强行要求。

王维被关在菩提寺里的时候，听朋友裴迪说安禄山在洛阳凝碧池开音乐会之时，供奉者都伤心哭泣，便吟咏一首七绝，口口流传开来。

万户伤心生野烟，百官何日再朝天？
秋槐叶落空宫里，凝碧池头奏管弦。

这首诗在安禄山占领期间广为流传，谁都熟悉这首抵抗的诗歌。

收复长安以后，曾侍奉安禄山、在其政权中当过官的人都要受到惩处，有点类似于审判战犯。虽然是被迫无奈，但王维也在安禄山的“大燕帝国”中当过给事中，不过他被赦免，只是受到降职处分。王维的弟弟王缙在肃宗的流亡政权中当官，他请求削去自己的官职来宽赦哥哥，这也是王维得到赦免的原因之一。其实，王维得到赦免最重要的原因是他创作的这首万人传诵的诗歌。由于是王维的作品，诗歌不胫而走，广为人知，大家都相信能创作这样反抗诗歌的人不会出卖自己的灵魂。诗人以作品逃过一劫实属罕见。

这个时候的李白又是怎么样的呢？因为羞辱高力士被驱逐出长安以后，他从河南漂泊到长江流域。安禄山举兵反叛的时候，他从“白发三千丈”的秋浦顺长江而下，回到当涂。他在当涂听到安禄山反乱的消息后，经金陵（南京）进入庐山。

日照香炉生紫烟，遥看瀑布挂前川。
飞流直下三千尺，疑是银河落九天。

典型的李白风格的这首诗就是在这个时候创作的。

在此地当永王的李璘恰好举兵勤王。李璘是唐玄宗之子，其母郭氏早亡，他幼小的时候就一直得到肃宗的照顾。由于这种关系，他的心情相当复杂，当他知道哥哥肃宗即位时，也许产生一种天真的心态。后来他巡视长江沿岸的富庶地区，打算在这里独立称王。

身在灵武的肃宗得到来自江南的情报，便命令永王李璘前往蜀地会见父亲，但是李璘拒不服从。违抗诏敕就是反叛朝廷，于是肃宗派兵讨伐李璘。

永王李璘邀请身在庐山的李白加盟。因为李白是文坛俊杰，声名卓著。在李白看来，他是加入讨伐安禄山的勤王军，却突然摇身一变，成为违抗诏敕的永王叛军。

李白写有几首题为“永王东巡歌”的诗，第一首是这样的：

永王正月东出师，天子遥分龙虎旗。
楼船一举风波静，江汉翻为雁鹜池。

可以看出李白是精神振奋地踊跃加入勤王军的，然而永王的长江水军一下子变成了逆臣贼子。永王以为自己从小就与肃宗关系亲密，对他不一定事事言听计从，有点违抗大概无关紧要。这是他的失算。

当上皇帝的肃宗决定采取断然措施，派兵讨伐。永王中箭被捕，为皇甫侁所杀。皇甫侁没有将负伤的李璘送往蜀地，而是自作主张，擅自斩杀，后来被肃宗疏远，不再使用。无论如何，从小就予以照顾的弟弟还是有手足之情。

由于李白是乱臣贼子的幕僚，犯下大逆之罪，被投入监狱。经过珍爱李白才华的人们恳切积极的救援，他才得以减免一死，流放到西南的夜郎。在讨伐安禄山中立有大功的郭子仪也参加救援李白。

乾元二年（759年）三月，颁布恩赦令，此时李白正在前往夜郎的途中，在白帝城得到被释放的通知。三国时代的蜀汉刘备就死于白帝城。李白获得自由以后，心情轻松，顺长江而下。一路景色激发他火热的诗兴，留下诸多名篇。收入在《唐诗选》中的七绝《早发白帝城》生动地表现他愉快激动的心情。

朝辞白帝彩云间，千里江陵一日还。
两岸猿声啼不住，轻舟已过万重山。

安禄山、安庆绪已经死去，但史思明依然自称大燕帝国的皇帝。上元二年（761年），朝廷派李光弼前往讨伐，此时李白已经六十岁，依然雄心勃勃地要参加这次东征，但病倒未能如愿。据说王维于这一年死去。

第二年四月，唐玄宗、唐肃宗、张皇后以及高力士死去，李白也于这一年的十一月死去。他最终还是未能回到长安。

可以说，李白之死意味着盛唐诗歌的终结。造就盛唐诗歌的时代已经结束，留给后世的只是破碎的山河。

王维来不及逃脱被俘，而杜甫是在逃亡路上被安禄山军队抓俘，软禁在长安。后来他逃出来，艰辛跋涉到行宫的所在地凤翔。下面这首五律《春望》是他被软禁时创作的名作：

国破山河在，城春草木深。
感时花溅泪，恨别鸟惊心。
烽火连三月，家书抵万金。
白头搔更短，浑欲不胜簪。

杜甫与李白是盛唐时期并驾齐驱的两大诗人。李白的确是盛唐的诗人，但杜甫的优秀诗篇几乎都是在安史之乱以后创作的，实际上他已经不是盛唐时期的人。

其实可以说杜甫开创了盛唐之后的时代。

唐朝的国运逐渐衰败，后来虽然有过称为中兴的时代，但无论如何无法回到武则天时期至开元时期的那个鼎盛时代。杜甫的后来直面破碎山河的诗歌具有一种社会派[①]的因素。而这个倾向最强烈的是白居易，《长恨歌》的主题就是揭示皇帝的好色所造成的悲剧，《新丰折臂翁》可以说就是一首社会派诗歌。

天宝宰相杨国忠，欲求恩幸立边功。
边功未立生人怨，请问新丰折臂翁。

这样以直截了当的语言结尾的诗歌可以说没有很多的诗味。

① 社会派：日本将以政治、社会的现实矛盾作为创作题材的诗歌称为社会诗歌，将杜甫、白居易等称为社会派诗人。——译注

宋朝及其周边

遣唐使始末

日本佛教史上的两大巨峰空海[①]和最澄[②]都是于 804 年来到大唐。这一年是日本的桓武天皇[③]延历二十三年，唐朝德宗的贞元二十年。其实这四艘遣唐使船在海上遇到风暴，分离失散，空海乘坐的第一条船漂流到福建海岸，最澄乘坐的第二条船抵达浙江明州。

随遣唐使来大唐的学者、僧侣分为长期留学和短期逗留两种，前者称为留学生，后者称为还学生。还学生属于已经完成学业的人，应该说来唐朝是以考察为主，其目的是弥补在日本学习之不足。既然知道自己有哪些不足，说明他们具有相当的素养。而留学生在唐朝学习的时间长达二十年，虽然前程远大，但都是需要进一步培养的年轻人。十六岁入唐的阿倍仲麻吕无疑就是其中之一。

还学生的身份比留学生高，但回国以后，地位发生逆转。入唐的

① 空海（774—835 年）：平安时代初期僧人，开创日本真言宗的始祖，谥号弘法大师。804 年入唐学习密教，806 年回国创立高野山金刚峰寺。嵯峨天皇赐予东寺，任命为大僧都。擅长书法，被称为“三笔”之一。著有《三教指归》《性灵集》《文镜秘府论》。——译注

② 最澄（767—822 年）：日本天台宗的鼻祖，谥号传教大师。入比睿山，崇尚法华一乘思想，创建根本中堂。804 年入唐，翌年回国，开创天台宗。著有《山家学生式》《显戒论》《守护国界章》等。——译注

③ 桓武天皇（737—806 年）：日本第五十代天皇（781—806 年在位）。794 年迁都平安京。——译注

时候最澄是还学生，空海是留学生。最澄没去长安，只在天台山学习，不到一年就回国，作为还学生是正常的。然而，本应在唐朝留学二十年的空海仅仅两年后就回国，令人感觉异常。严格地说，这是违令行为。空海到达大宰府以后，上书朝廷，说自己“欠期之罪，死有余”。

本应留学二十年，为什么仅仅两年就提前回国呢？后人对其原因进行各种推测。

一般认为，空海是个天才，在两年的时间里就完全掌握了真言密教，感觉回日本传教是自己的使命，所以急于回国。阿倍仲麻吕入唐的时候是个年轻人，而空海已经三十一岁，如果居留二十年，就要五十多岁。当时人的平均寿命很短，人过五十，恐怕做不了什么事了。

同期的留学生橘逸势①和空海一样，也是只待两年就提前回国。与空海不同的是，他尚未掌握中国话，所以应该是学业未成。也有人认为他在两年里花光了二十年的学费。橘逸势生年不详，所以不知入唐时多大年龄。

《旧唐书·日本传》有这样的记述：

贞元二十年，遣使来朝，留学生橘逸势、学问僧空海。元和元年(806年)，日本国使判官高阶真人上言：“前件学生，艺业稍成，愿归本国，便请与臣同归。”从之。开成四年，又遣使朝贡。

空海等入唐时的遣唐使是藤原葛野麻吕②，完成任务后即行回国。两年后来唐的高阶真人不是正式的遣唐使。

贞元二十一年（805年）正月唐德宗死，皇太子李诵即位。高阶真人大概是作为表示庆贺的特使来到唐朝的，而空海和橘逸势顺便乘坐这个临时使节的船只回国。

---

① 橘逸势（？—842年）：日本平安初期的官吏、书法家。804年与最澄、空海一起入唐。回国后据说参与承和之变，在流放伊豆途中客死远江国。擅长隶书，与空海、嵯峨天皇并称日本“三笔”。——译注

② 藤原葛野麻吕（755—818年）：日本奈良时期至平安初期的贵族。正三位中纳言。801年被任命为遣唐大使，804年与空海、最澄等渡唐，谒见唐德宗。翌年遇唐顺宗即位，七月回国。其子藤原常嗣为最后一次入唐的遣唐使。——译注

向唐朝廷提出回国的理由是“艺业稍成”，不过，橘逸势是否如此，令人怀疑。

这只是一种推测，也许空海等人从高阶真人那里听到祖国的有关情况，知道废除遣唐使的声音在国内相当强烈。而空海还在日本的时候，举国对是否继续派遣遣唐使似乎就有争论。

如果废止遣唐使，那么以后将难以回国，所以才急急忙忙地结束留学生活提前回国。

根据《旧唐书》记载，之后的遣唐使是在唐的开成四年（公元839年，日本为仁明天皇承和六年）谒见唐文宗。空海等人回国以后三十二年间，日本没有派遣遣唐使。

因此，这次承和年间的遣唐使事实上成为最后的遣唐使。同船入唐的圆仁[①]留下详细的记录。这一次的遣唐大使藤原常嗣[②]是空海入唐时候的遣唐大使藤原葛野麻吕的儿子，副使小野篁[③]是圣德太子派遣的遣隋使小野妹子的五世孙。这个家族多人被任命为遣新罗大使、遣渤海大使、遣唐副使、遣唐判官等，是一个资深的外交官家族。

然而，承和年间的遣唐使出行并不顺利。首先是遣唐副使小野篁

---

① 圆仁（794—864年）：日本佛教天台宗山门派创始人。十五岁上比睿山师事最澄，学习天台教义。二十一岁在东大寺戒坛受具足戒。二十四岁受最澄的圆顿大戒。遂于比睿山北谷结庵苦行，六年后开始在法隆寺、天王寺等讲学。838年以请益僧身份随遣唐使到中国求法，在扬州开元寺向宗睿学梵语。因在回国途中遇飓风飘至山东文登县，遂挂锡于赤山法华院。后巡礼五台山，在大华严寺、竹林寺师从志远等学习天台教义，抄写天台典籍。后入长安，住资圣寺，结识知玄，又师从大兴善寺元政、青龙寺法全、义真等学习密法；师从宗颖学习天台止观；师从宝月学习悉昙，前后历时十年。唐宣宗大中元年（847年）携带佛教经疏、仪轨、法器等回国，深得天皇信任。于比睿山设灌顶台，建立总持院，弘传密教和天台教义，并在常行三昧堂提倡净土念佛法门。854年为延历寺第三代座主，继承最澄遗志，大力弘扬大乘戒律。任住持十年，使日本天台宗获得很大发展。卒后，清和天皇赐慈觉大师谥号。著作百余部，主要有《入唐求法巡礼行记》（4卷），与玄奘的《大唐西域记》、马可•波罗的《东方见闻录》并称为“世界三大旅行记”。——译注

② 藤原常嗣（796—840年）：日本平安时代前期的公卿。左大弁兼大宰权帅。中纳言藤原葛野麻吕的第七子。834年任命为遣唐大使，838年入唐，839年乘新罗船回国。——译注

③ 小野篁（802—852年）：日本平安前期的学者、歌人、汉诗人。834年被任命为遣唐副使，因与大使不和，称病不去。839年被流放到隐岐，翌年回京。与清原夏野合撰《令义解》。其诗文见于《经国残篇》《扶桑集》《本朝文粹》，其和歌见于《古今集》《新古今集》《玉叶和歌集》。——译注

拒绝上船。违抗敕命犯大罪，按律规定，此罪该处以绞首刑。但小野篁罪减一等，流放到隐岐[1]。

其他还有刀歧雄贞、佐伯安道、志斐永世等天文历算的学者违抗留学的命令而逃跑。他们虽然也是死罪，但只被流放到佐渡[2]。

废除遣唐使，现在这个呼声越来越高。

日本知道中国唐朝在安史之乱后国力日渐衰弱，而且经过十几次大规模的遣唐使派遣，向律令国家唐朝学习的东西基本已经掌握。遣唐使的目的除了学习先进国家的文化制度之外，还要亲自到长安，呼吸那里的空气，获得有关国际形势的知识。可是，当时与一衣带水的新罗之间的交通往来十分频繁，从新罗也可以获得足够的海外信息。

因此，越来越多的人主张已经没有必要花费巨资、冒着海船遇难的巨大危险到唐去。修建遣唐使船，的确使民力疲惫，为此政府颁布免税诏敕。另外，准备献给唐朝宫廷的礼物也耗费巨资。

小野篁拒绝上船大概并不是因为惜命，因为违抗敕命本身就是死罪，恐怕是一种抗议的表示吧。朝廷对他之所以开恩，也是因为他并非贪生怕死，而是表明自己信念的缘故吧。

渔舟垂钓客，请告京都人：
我已出海去，驶向诸岛行。

这是他流放到隐岐时创作的和歌，收在《百人一首》[3]里，为人们所熟悉。他是一个所谓的“思想犯”，向人们倾诉自己的信念。

反对派遣遣唐使的不仅仅只是小野篁一个人，所以才会有其他人也拒绝上船。朝廷中大概也有不少人持与小野篁相同的意见，正是由于他们的同情，才使得天皇决定对他减刑。

尽管小野篁挺身反对，承和年间的遣唐使还是决定派遣。对派遣

---

① 隐岐：今隐岐诸岛。位于岛根县北部，日本海上的岛群。——译注
② 佐渡：今新泻县佐渡岛。——译注
③《百人一首》：从具有代表性的歌人作品中每人挑选一首编成的和歌集。藤原定家在小仓别墅中编选的《百人一首》最为有名。——译注

遣唐使最热心的大概是真言宗和天台宗的宗教界人士。当时空海死去不久，密教的很多教义还需要从唐朝获得补充。

唐朝的律令已经学习，唐朝的物产通过新罗商人可以得到，但是以秘传为原则的密教，必须亲自前往接受秘传身教才能领会掌握，这是金钱无法购买的。承和年间强行派出遣唐使，令人感觉后面有宗教人士的活动。

随遣隋使小野妹子来到中国的留学生目睹了隋亡唐兴这样的历史转折期。其中一个学习医学的留学生惠日回国后向朝廷进言：

其大唐国者，法式备定之珍国也，常须达。

由于他的建议，舒明天皇[①]二年（630 年）派遣第一次遣唐使。承和年间的遣唐使是第十七次，实际上也是最后一次。时隔五十多年以后，宇多天皇[②]的宽平六年（894 年），形式上任命菅原道真为遣唐大使，实际上并没有出海，遣唐使予以废止。

在这半个多世纪里，日本与唐朝的来往主要依靠新罗人和中国人的船只。承和年间乘坐遣唐使船只前往中国的人们也是雇用九艘新罗船只回国的。在唐朝留学九年的圆仁是顺便乘坐新罗人金珍的船只回国。六年后，圆珍同样是乘坐新罗人钦良晖的船只入唐，在唐朝居留五年，乘坐唐人李延孝的船只回国。据史料记载，李延孝于清和天皇[③]的贞观七年（865 年）来到日本。

即使没有派遣遣唐使，日本与唐朝的往来依然相当频繁。史书上记载的唐人船主除了李延孝外，还有李邻德、张支信、柏志贞、崔铎、王超等，新罗人还有张公靖、珍宾长等。居留在唐国的日本人与祖国

① 舒明天皇（593—641 年）：《日本书纪》记载的第三十四代天皇（629—641 年在位）的中国式谥号。在位期间，苏我氏势力加强。——译注

② 宇多天皇（867—931 年）：日本第五十九代天皇（887—897 年在位）。由于关白藤原基经的阻挠，未能亲政。基经死后，重用菅原道真，实行宽平之治。后出家。——译注

③ 清和天皇（850—880 年）：日本第五十六代天皇（858—876 年在位）。八岁即位，外祖父藤原良房摄政。——译注

通信并不困难。

在唐朝留学的僧中瓘托唐朝商人王讷给祖国捎回一封信，上面写道：

唐国凋敝。

这令人感觉遣唐使制度已经到终结的时候了。僧中瓘的这封信是宽平五年（893年）三月带到日本的。

第二年，宽平六年八月二十一日，菅原道真被任命为遣唐大使。九月十四日，正是这个菅原道真请求讨论是否停止派遣遣唐使的问题。从时间来看，可以认为任命菅原道真为遣唐使其实就是为了做出废止遣唐使的正式决定。虽说是讨论，大概事先都已经疏通过，早就决定废止遣唐使。

十多年以后，唐朝灭亡。不仅是僧中瓘的信函，日本政府还通过其他各种渠道知道唐朝凋敝的实际情况。废止遣唐使是因为认为向动乱之中的唐朝派遣使节已经没有意义，但其实凋敝的不仅仅是唐朝，日本也出现同样的迹象。承和年间，为派遣大规模的遣唐使，财政负担过重，所以令人感觉宽平时期以对方国力凋敝和航海困难为由很体面地结束遣唐使制度。

唐天宝十二载（753年）元旦朝贺的时候，日本使节争席位以宣国威的事情，经过大伴古麻吕[①]回国奏闻朝廷后，十分有名。当时唐朝廷在东、西两面分列外国使臣的座次，东面第一位是新罗，第二位是大食（阿拉伯）；西面第一位是吐蕃，第二位是日本。大伴古麻吕提出抗议，认为新罗是日本的朝贡国，位于日本上席是不妥的，终于成功地对调了两国的座次。

大概当时是严厉抗议，气氛十分紧张，唐朝有关人员采取稳妥的

---

① 大伴古麻吕（？—757年）：733年，作为留学生首次入唐，752年任遣唐副使再次入唐。后与孝谦女皇、藤原仲麻吕对立，与橘诸兄的长子橘奈良麻吕密谋政变，事败被捕，死于严刑。——译注

临时措施，调换了座次。然而，对于唐朝来说，新罗和吐蕃无疑是最重要的外邦王朝。

新罗自古以来就是唐朝的同盟国，日本在白村江[①]也败于唐朝与新罗的联军。由于新罗采取亲唐政策，消灭朝鲜半岛上的对手百济和高句丽，最终实现了统一新罗的愿望。新罗向唐朝派遣的使节自然也要比日本更加频繁。

前面说过，承和时期的日本遣唐使一行在回国时乘坐的是新罗的船只。当时新罗的造船技术比日本先进。有一种观点认为，日本修建的遣唐使船过于大型，所以故障很多。承和时期的遣唐使船是三艘，除去病亡者以及留在唐朝的人，回国时还要分乘九艘新罗的船只。可见新罗的船只比较小，更加灵活，更加安全。再看看此时入唐的圆仁撰写的《入唐求法巡礼行记》，记载第一船有一个名叫金正南的新罗译员，第二船的译员名叫朴正长。他们一定是既懂日语又懂中国话的新罗人。圆仁的日记还记载，抵达唐国以后，经常会见新罗人。他们有商人，有学生，有僧侣，新罗人在唐朝十分活跃。

虽然唐朝公主嫁给吐蕃，但唐朝并没有视其为值得信赖的朋友，只是因为是可怕的对手，才采取这种政治联姻的手段。当唐朝因安史之乱国力衰弱的时候，吐蕃的军队进逼到长安附近。后来虽然撤兵，却占领了河西地区（甘肃西部）。唐德宗的建中二年（781年），敦煌（沙州）陷入吐蕃之手。六十年后，吐蕃发生内讧，河西的豪族张义潮举兵反抗，收复河西地区。唐朝在敦煌设置“归义军”，任命张义潮为归义军节度使。形式上回归唐国的版图，实际上是地方豪族半独立的政权。

空海入唐及后来圆仁入唐（即承和的遣唐使）的时候，敦煌都还在吐蕃的统治之下，唐朝力不能及。

前面说过，空海和橘逸势都是与临时使节高阶真人一起回国。高

① 白村江：朝鲜半岛西南部的河流。663年，唐朝、新罗联军与日本、百济联军在白村江作战，结果援助百济的日军大败，百济灭亡。新罗在统一朝鲜半岛事业上获得进展。——译注

阶真人大概是祝贺唐顺宗即位的使节，但是他到达唐的时候，顺宗已经死去。

唐顺宗是唐德宗的长子，被立为皇太子。他是唐玄宗的五世孙。按照玄宗—肃宗—代宗—德宗—顺宗这样的父子关系延续下来。代宗是肃宗的长子，德宗是代宗的长子，顺宗是德宗的长子，三代都是长子继承，看似顺利交替。唐顺宗李诵于贞元二十年九月得风疾，不能说话。不知道风疾是一种什么病，但顺宗因此变成废人。

四个月后，贞元二十一年正月，六十四岁的德宗死去。据说他担心忧愁儿子的疾病，涕泣悲叹而一病不起。顺宗如同一具行尸，于这一年的8月让位给长子李纯。为唐宪宗，改元永贞，第二年正月又改元元和。

元和元年（806年）正月甲申，让位后成为太上皇的顺宗死去，享年四十六岁，也许他不是正常死亡。尽管是一个废人，但只要父亲还活着，儿子这个皇帝就不好当。

高阶真人陪伴着空海离开唐以后，至承和年间派遣遣唐使，其间三十二年是遣唐使的空白时期。这个时期里，唐朝皇帝由宪宗—穆宗—敬宗—文宗而变化，其中敬宗和文宗是兄弟。圆仁在唐国居留期间，唐武宗即位。这个武宗是敬宗和文宗的弟弟。

唐宪宗被称为唐朝中兴的英明君主，但是他的业绩可以说是继承祖父唐德宗的功绩。

唐玄宗的曾孙德宗李适积极做好安史之乱的战后处理工作，一即位就着手实施划时代的税制改革，以重振财政。建中元年（780年），采纳宰相杨炎的建议，制定“两税法”，废除传统的租庸调、杂徭等赋税制度。两税法就是分夏、秋两次征税。由于安史之乱，国家财政陷入危机。因此，首先为防止偷税漏税，采取住地定籍的方式征税。以前是本籍原则，如果人离开本籍，就无法跟踪征税。采取住地定籍的方式，自然就要重新编制户籍。尽管难度很大，但可以向一直漏税的一百八十万户人口征税。

谷物地税以前年测定的耕地面积为准，货币户税以资产额加劳力评定等级予以征收。另外，商业买卖也要征收三十分之一的税金。

唐德宗时期，税制改革取得一定的成果。按照必要的岁出决定征税额，比以前具有更大的灵活性。然而，这个税制的弊病是认可大量土地的私有化，同时造成商业资本向农村的渗透。一旦军费增加，税额也随之提高，对于百姓来说必然是苛敛诛求。

安史之乱以后的唐朝必须解决的另一个大问题就是如何削弱已经军阀化的地方藩镇，即节度使的权力。节度使的世袭制成为惯例，因此要废除这个世袭制，必然遭到各地的强烈抵制。甚至在首都长安还发生节度使军队的叛乱，弄得唐德宗不得不暂时跑到近郊奉天避难。他最终颁布“罪己诏”，进行自我批评，宣布废除恶税，争取民心，才平定首都的叛乱。

后来，中央与藩镇达成妥协，将问题搁置起来，维持平稳状态。唐宪宗接过祖父唐德宗的事业，在一定程度上解决了藩镇问题。这也是得益于德宗留下的足够的财力。宪宗利用祖父的储备，加强禁军的力量，使之超过地方军阀的势力。对那些与中央对抗的节度使予以讨伐，朝廷的威望终于远播各地。

虽然藩镇本身依然存在，但兵力大幅度削减，藩镇的征税也只限制在一个州，朝廷派遣监军到各地监视节度使。宦官被任命为监军，造成宦官的势力日益强大。

地方军阀的势力被宪宗削弱，但也造成后来地方发生叛乱的时候，地方官府没有足够的兵力平叛。如果说削弱地方军队是造成唐朝灭亡的一个原因，那实在是令人痛感施政之难。

地方军阀的势力得以削弱，而宦官的势力借此强大起来。宪宗的下一个问题是如何抑制宦官的势力。要削弱在宫廷里蔓延盘踞的一种势力，需要极大的耐心。藩镇问题，在一定程度上可以动用武力解决，但宦官问题的解决不能依靠武力。然而，宪宗性情急躁。这也是有原因的——是药物的作用。

唐宪宗希望长生不老，经常吃金丹。这种矿物质的药物极其危险。起居舍人（从属于中书省的从六品官。记录官员。门下省的起居郎负责记事，起居舍人则负责记录天子的言论）裴潾劝谏宪宗停止服药，触怒宪宗，被贬为江陵县令。

唐宪宗晚年脾气暴躁，身边人害怕像裴潾那样被左迁或者被杀，一个个都战战兢兢。皇帝的身边人多是宦官，所以受害的主要是宦官。固然因为吃药造成性格异常，但也有抑制宦官势力的心理意识，才对宦官格外严厉。也说不定他急于肃清宦官势力，故意借助药物采取过激的行为。

宦官们都胆战心惊，随时都有可能被杀掉，人心惶惶。与其如此，不如先杀皇帝。于是，据说宦官陈弘志于元和十五年（820 年）正月杀死唐宪宗。

其实问题也许不是这么简单，这其中似乎关系到皇位继承的问题。

册立为皇太子的唐宪宗的长子邓王李宁十九岁死去，使得继承问题复杂化。唐宪宗四十三岁死去的时候，有二十个儿子。在皇位继承上产生问题的是已经长大成人的孩子，次子澧王李恽和三子遂王李恒都是强有力的候选人。

唐宪宗信任的宦官吐突承璀推荐李恽，而另外的宦官集团梁守谦、王守澄推荐李恒。三男李恒是郭贵妃所生，次子李恽的母亲在后宫中身份很低，所以唐宪宗立李恒为皇太子。然而，被中央疏远的吐突承璀一回到朝廷之后，立即悄悄着手开展拥立李恽的活动。

皇太子派的宦官们也许担心，受到药物的作用变得性格异常的唐宪宗会被吐突承璀说动，改变主意，重新废立皇太子。他们感到恐惧，为了皇太子地位的安然无恙，认为杀死皇帝是上策。

唐宪宗暴死以后，吐突承璀和澧王李恽也立即被杀。

后来，唐朝皇帝就为宦官所拥立。

被宦官拥立的穆宗李恒似乎是一个只知道骄奢淫逸、贪图享受的皇帝，毫无政治抱负。河北三镇再次被割据，但是他没有采取措施的意思。因为要长生享乐，也服用那种危险的金丹，结果在位四年就死去。

唐穆宗的长子李湛即位，翌年改元宝历。这个唐敬宗即位时十五岁，从小就喜欢玩耍，擅长击毬、手搏。击毬是骑在马上击球的一种运动，马球的一种。显然是从波斯传进来的游戏，以“月杖”击球，所以“打杖”应该是弯曲成半月形或者具有柔韧弹性可以弯曲的东西。与现在的马球十分相似。手搏大概是摔跤。

喜欢体育是好事，但唐敬宗喜欢得过了头。他往往玩到深夜，并倾向剧烈残酷，经常打碎对方的头颅或者折断胳膊。有的仅仅因为是击毬的高手，就被封官。于是各地争先恐后地献上大力士，讨好喜欢手搏的唐敬宗。敬宗和他们交手，感觉不顺心的就流放，随心所欲地加以处罚。他的身边人都觉得伺候这样的君主实在太危险，只要他情绪不好，自己随时都会掉脑袋。

宦官李克明打算拥立穆宗的弟弟绛王李悟，便杀掉这个令人恐惧的十八岁皇帝敬宗。然而，与唐穆宗即位的时候一样，宦官也有派别。其中一派拥立敬宗的弟弟江王李涵（后改名昂）。他们是曾经拥立穆宗的王守澄一派。他们杀死绛王李悟和李克明，拥立李涵即位，即唐文宗。如此一来，皇帝的地位如同击毬中的球。

于是，唐文宗在宦官们的拥戴下登上帝位。可是一旦成为皇帝以后，就感觉总要求感恩的宦官们令人讨厌。皇帝要获得自身的自由，就必须铲除宦官势力。唐文宗与李训、郑注密议剿灭宦官。

这就是发生于太和九年（835 年）十一月的“甘露之变”事件。当时宦官的最大权势者是仇士良。李训、郑注制订计划，要把宦官们集中到一个地方，然后一举诛杀仇士良等主要宦官。

这一年日本是承和二年，在时隔三十多年以后决定派遣遣唐使。前年就任命藤原常嗣、小野篁为大使、副使，这一年的正月对他们叙位[①]。这一年三月，空海在高野山[②]圆寂。

唐朝长安的消灭宦官的计划由于李训为抢头功冒失行动而惨遭失败。本来李训是与举荐自己的郑注一起共同实施这个计划，但是他担心一旦成功，功劳尽归郑注，所以决定抢先行动。

李训上奏皇帝道：“宫苑石榴木降甘露。”石榴多籽，象征子孙满堂，甘露也是瑞兆，实在可喜可贺。

大家共聚一堂，庆贺难得的祥瑞。将皇帝身边的宦官们集中起来，

---

① 叙位：授予位阶。日本于每年的一月五日或六日在宫中举行仪式，授予五品以上的勋位。亦称授位。——译注

② 高野山：位于和歌山县北部纪川南面的山地，四周有海拔一千米左右的群山，山顶有真言宗的总本山金刚峰寺。——译注

这是非常合适的借口。于是支起帐幕，装作观赏甘露的样子。李训在帐幕背后埋设伏兵，以为万无一失。而郑注制订的计划是借全部宦官为宦官头目王守澄送葬的机会一网打尽。两个人都想争功，结果两败俱伤。

与李训一起密谋的左金吾卫大将军韩约在观赏甘露的时候神色慌张，满头大汗。仇士良觉得蹊跷，恰好这时吹来一阵风把帐幕掀开，他看见帐幕后面埋伏着手持武器的士兵，立刻明白这是要发动政变，急忙逃走，跑到唐文宗那里。这个时候，抬出皇帝的一方就会获胜。

而且当时的禁军属于宦官指挥。禁军一出动，未遂的政变立即被镇压下去，李训、郑注也被斩首。

这起事件以后，宦官的专制越发肆无忌惮。他们觉察到唐文宗也是事件的策划者。唐文宗在宦官面前抬不起头来。

决策、实施如此重大的事情，一定要选对人。唐文宗的失败就在于挑选李训、郑注这两个小人共谋。他们是依靠宦官王守澄爬上来的，而在紧要关头，却因争功而失败，也许可以说是自作自受。

党争与废佛

与遣唐大使藤原常嗣同乘一条船的圆仁在《入唐求法巡礼行记》中这样记述道：

午时，到江口。未时，到扬州海陵县白潮镇桑田乡东梁丰村。日本国承和五年七月二日，即大唐开成三年七月二日。虽年号殊，而月日共同。

八月一日这一天这样写道：

早朝，大使到州衙，见扬府都督李相公。

衙是衙门，都督就是节度使。这里所说的“李相公”就是后来当上宰相的李德裕。李德裕出身于河北赵郡的名门，父亲是唐宪宗时代的宰相李吉甫，祖父是唐代宗时代的御史大夫李栖筠。

这个李德裕才真正是对唐朝的灭亡负有极大责任的人。唐朝灭亡的原因之一是派系斗争激烈，国家失去活力。两派争斗，一派的头领是李德裕，另一派的头目是牛僧孺，史学家将这两派的争权夺利称为“牛李党争”。党争的背景是通过科举途径登上仕途的所谓新官僚形成一股强大势力。

唐朝初期可以视为是南北朝贵族社会的延续，执政的是贵族，虽然也有李勣这样群盗出身的元勋，但他们也迅速地贵族化。科举制度始于隋代，唐朝继承这个制度，但及第者很少，与依靠门阀获得官位的人相比，只是旁系，而且进度很慢。

按照唐朝的学制，设立有六种学校：国子学、太学、四门学、律学、书学、算学。其中律、书、算培养专门学问的人才，其他三种学校，根据父亲的不同地位，其入学资格也不一样。国子学是三品以上官员的子弟、太学是五品以上官员的子弟、四门学是七品以上官员的子弟的学校。贵族社会里，学校的分类很正常。另外还有特殊规格的，只供皇帝、皇后、皇太后以及宰相的子弟学习的，定员为二十人的崇文馆和定员为三十人的弘文馆。

在这种学校学习的官员子弟获得与其等级相应的官职，而通过科举考试的合格者只是一种辅助性的补充。“科举”这个词，源于“分科”，其中最难的一关是进士科，其次是明经科。通过科举及第担任要职的几乎都是进士科合格的人才。

依靠门阀当官的人中，有的是平庸无能之辈，而进士出身的人一般都具有高水平的学问，多为干练之才。于是，在政界就形成贵族出身和进士出身这两个系统。长期以来，前者是主流，实力精强的进士出身者自然不服气。虽然不能一概而论，但总体上具有贵族官吏保守、进士官吏希望改变现状的倾向。

进士官吏的人数增加以后，依靠其实力背景，有的人就会强烈主张打破现状。第一名及第者牛僧孺等就指责政府的失策，予以猛烈的抨击。牛僧孺有一个名叫李宗闵的志同道合者。他们自然为政府要员所厌恶。唐宪宗时代的宰相李吉甫是贵族官吏，他尤其讨厌牛僧孺，没让他担任要职。

李德裕也秉承父亲的做法，他在唐穆宗时代担任翰林学士的时候，就把李宗闵贬为剑州刺史。但是，当李宗闵的同道者牛僧孺得势当上宰相的时候，反过来把李德裕驱逐到地方去。唐武宗即位，把李德裕叫回来担任宰相，他再次将牛僧孺一派全部贬职放逐。这样翻来覆去地折腾，国家自然丧失活力。每当政权交替，过去的所有做法都一律推翻，另起炉灶，人事方面也是从上到下全套人马大换班，所以政治总是处在起步阶段，政局也不稳定。

而且党争的背后还有宦官的介入，宦官里面也有派系，这些派系与朝臣的派系纠结在一起，错综复杂，盘根错节。牛党的李宗闵与宦官的关系尤其密切。宦官一介入，斗争就变得更加阴险狡诈，不再是政治的抱负、主义、政见不同之争，而是属于哪一个派系之争，应该可以说是无意义的派系之争。牛僧孺虽是进士官吏，他也是隋代宰相的名门之后，说他是贵族官吏也是可以的。李德裕虽是名门出身，但当时也有名门子弟主动参加科举考试。他是依靠门阀关系进入政界，不过也有的是进士科及第而走上仕途。双方的区别也并非泾渭分明，只是因为属于不同派系，于是双方展开你死我活的激烈争斗。

藤原常嗣在扬州会见的李德裕尽管身居淮南节度使要职，却是被赶出中央的时期。在这次会见日本遣唐大使的两年以后，他重新回到中央。

在甘露之变中失败的唐文宗被宦官集团视为“危险人物”，可以说后来事实上成为宦官的俘虏。甘露之变四年后的开成四年（839年）十一月，因病蛰居思政殿的唐文宗召见当直学士周墀，问他自己与历史上的哪个帝王相似。周墀理所当然地回答与古代圣天子尧舜相似。然而，唐文宗再问道：自己不是与周赧王、东汉的献帝很相似吗？赧王是公元前256年被秦灭亡的周朝最后一个王，献帝是被魏灭亡的东汉最后一个皇帝。周墀听罢，大吃一惊，说道：他们是亡国之君，无法与陛下之圣德相比。唐文宗说道：

赧、献受制于强诸侯，今朕受制于家奴，以此言之，朕殆不如！

说罢，泪湿衣襟。周墀伏地哭泣。家奴就是宦官。宦官原本是在皇帝家庭做杂役的奴隶。文宗哀叹自己如今被家奴束缚手脚，无法自由行动。

此后，唐文宗不再上朝，第二年正月死去，享年三十三岁，无子。

其兄敬宗李湛之子成美立为皇太子，但年幼且病弱。

宦官仇士良等在唐文宗临终前伪造诏书，立颍王李瀍（讳炎）为皇太弟。皇太子的年幼体弱不过是一个借口。如果皇太子即位，这是顺理成章的事，没有谁的功劳，但如果废皇太子立皇太弟，一旦即位，就是拥立者的大功劳。

敬宗李湛、文宗李涵、武宗李瀍，接连三代都是兄弟继承。这名字都有三点水偏旁的三兄弟分别是唐穆宗的长子、第三子、第五子。

唐武宗李瀍就这样被宦官们拥立为帝。他目睹自己的哥哥文宗李涵也是被宦官拥立为帝，后来由于肃清宦官计划的失败，晚年处于软禁状态。这是宦官对天下的君主皇帝树立起的无言的教训。

唐武宗是一个沉着稳重、刚毅坚强、富有决断力的优秀人才。史书描写他的性格喜愠不形于色。这种性格的人不会当傀儡，但宦官们依然拥立他。无论宦官多么横行霸道，但前提条件必须是王朝的存在，有王朝的存在，他们才有权势。他们是一种寄生虫。他们被阉割以后，没有后代，所以决不会考虑创建自己的王朝。由于没有篡权的担忧，因此容易受到君主的信任，掌握权势。宦官都想保持手中的权力，并能不断扩大，所以希望王朝繁荣发展。寄生虫对赖以生存的对象敲骨吸髓，最后自己也死去，因此他们希望拥立英明的君主。但君主过于英明，宦官会遭到清洗，这就是两难之处。对宦官来说，把唐武宗这样有才能却没有皇位继承地位的人拥立为帝，让他感恩戴德，那是最理想的形态。

唐武宗是被宦官拥立即位的，此事遭到宰相们的反对。因为皇太子已经册立，不宜废黜。然而，武宗最后还是即位，可见宦官的势力已经超过宰相。唐武宗即位以后，就免去反对自己即位的杨嗣复、李珏的宰相职务，并将淮南节度使李德裕召回中央，任命为宰相，负责政务。

李德裕回到中央以后，就着手将自己的政敌下放到外地。首当其冲的是诗人白居易的堂弟白敏中。身居中央要职给事中的白敏中被调任婺州刺史。

唐武宗即位这一年，白居易六十九岁，但皈依佛教，“在家出家”。他身患中风，右脚行动不便，隐居洛阳。他尤其喜爱洛阳郊外伊水岸边的香山。伊水从两山之间蜿蜒流出，远望如门阙，称为“伊阙”。东西对峙的两山开凿有许许多多的石窟寺。从北魏迁都洛阳的494年开始开凿，西山有最古老的古阳洞、最著名的奉先寺。东山于唐玄宗以后开凿，数量不多。东山也叫香山，白居易与香山寺的僧侣交往，曾资助扩建藏经阁。

白居易于唐武宗即位两年后从刑部尚书的位置上正式引退，四年后死去，被追赠尚书右仆射。左、右仆射都是宰相，所以他死后成为宰相。他在晚年信仰宗教，在佛教的氛围中生活。这令我们感觉有点异常。他的家族世代都是下级官吏，绝非名门。他自己也说：

可怜少壮日，适在穷贱时。

出生在不是名门的，而且正在破落时期的家庭里，所以可以理解他的诗歌多具有强烈的社会派的倾向。他以笔揭露现实社会的矛盾和不公。如此深切关心现实社会的白居易在晚年为什么会迷恋现世皆空的佛教呢？他的诗《在家出家》是这样写的：

衣食支吾婚嫁毕，从今家事不相仍。
夜眠身是投林鸟，朝饭心同乞食僧。
清唳数声松下鹤，寒光一点竹间灯。
中宵入定跏趺坐，女唤妻呼多不应。

读此诗，知道他的信佛生活是在完成儿子娶妻、女儿出嫁这些世俗的责任以后开始的，令人感觉不到一心求法的热情，这样的信佛似乎具有浓厚的情趣性。也许在当时的知识分子中普遍存在这样的风气。

世俗的社会责任已经完成，或者正在实行的人们对宗教的情趣性信仰，虽然不能说是宗教的堕落，但可以视为是一种涣散。那个时候，真正的宗教界人士当中，堕落现象相当严重。

僧尼必须获得政府颁发的度牒，犹如经过国家考试及格获得资格证书后，才被视为正式的僧侣。他们靠国家抚养，免除纳税、赋役，寺院的庄园也享受免税的待遇。

政府对佛教的堕落也负有责任。安史之乱的时候，为了筹措军费，就出售度牒。一张度牒到手，一辈子就可以不用纳税。不仅朝廷，地方的节度使也如法炮制。如此一来，佛教必然堕落。虽然制定了两税法，合法的逃税者却不断增加，国家财政依然面临很大问题。

唐武宗即位的第二年（841年），改元会昌。会昌六年（846年），武宗死去。他的治世有不少引人注目之处，其中最深刻留在记忆里的是镇压佛教，世称“会昌废佛”，佛教界称之为“三武一宗法难”。三武一宗指的是北魏的太武帝、北周的武帝、唐的武宗、后周的世宗这四个君主，他们都实行废佛。

会昌二年（842年），唐武宗对不良僧尼，即或犯罪或不守戒律者取消度牒，令其还俗。这一年，据说仅长安一地受到还俗处分的僧尼就有三千四百五十九人。他们不仅被取消僧尼的特权，财产也被没收。出家人拥有财产本身就很可笑。唐武宗逐渐扩大镇压佛教的范围，会昌五年（845年）进行总清算。

这一年被废除的寺院达到四千六百座，这还仅仅是大官寺的数量，其他称为招提或者兰若的小型私寺有四万座被摧毁；被迫还俗的僧尼有二十六万零五百人。寺院占有的几千万顷良田被没收，寺院所属的十五万奴婢也被官府没收。拆毁寺院的木材用以修建太庙，梵钟、金佛、铜佛熔化后用以铸造铜币、制造农具。不仅佛教，当时已经进入唐朝的琐罗亚斯德教（袄教）、摩尼教、聂斯脱利派的基督教（景教）也都受到同样的处置，两千多僧侣被迫还俗。

会昌的废佛并没有连根铲除佛教，允许长安和洛阳各留四座佛寺，每座寺院保留三十个僧人。长安保留下来的寺院有与玄奘深有因缘的慈恩寺、荐福寺，与日本留学僧深有关系的西明寺和庄严寺。各道也保留少数的寺院，但僧侣大为减少。洛阳的寺院，起初允许保留三十人，又被削减至二十人。各道保留下来的寺院划分等级，起先允许保留十人的寺院后来减至三人，起先允许保留五人的寺院最终没有僧人。

唐武宗会昌废佛的原因首先是佛教界的堕落，其次是与重振国家财政的问题相关联。有人认为由于货币经济发达，铜钱不足的问题甚为严峻，因此打起寺院里的梵钟、佛像的主意。原来属于寺院的几千万顷良田和十五万奴婢收归国有，可以利用这巨大的生产力增加国家的收入。还俗的二十六万多的僧尼成为两税法的征税对象，也可以增加政府的税收。

虽然追求经济效益是主要目标，即使是在一定程度上的专制体制下，要断然实行如此大规模的行动，必须提出一个一般人都可以接受的理由。佛教的堕落是众所周知的事实，这使得唐武宗对废佛充满自信。

三武一宗法难最初是北魏的太武帝，当时是道士寇谦之和道教信徒崔浩宰相积极活动的结果。唐武宗时代，道士赵归真备受信任，道教对佛教展开积极的活动。

唐王朝自称以老子李聃为始祖，所以起初是道教优先。武则天时代才倒过来变成“佛先道后”。但是，至唐玄宗时代，由于他喜欢道教，道教受到优厚的待遇。白居易在《长恨歌》中描述“临邛道士”让弟子方士为哀伤痛苦的唐玄宗寻找住在天上的杨贵妃的情节，这大概可以说明唐玄宗迷恋于道教。然而，唐武宗的祖父唐宪宗是虔诚的佛教信徒，在宫中进行佛舍利供养。以诗人著称的刑部侍郎韩愈上疏《论佛骨表》，表示反对，招致宪宗大怒，被贬到广东潮州。

一封朝奏九重天，
夕贬潮州路八千。

这是韩愈诗歌中的两句，真切深刻地表现出在专制君主统治下，政府高官的地位是如何的不稳定。天子的恣意妄为，加上重臣之间激烈的派系斗争，这种不稳定性更是危如累卵。

唐武宗时代，唐穆宗时期开始的“牛李党争”还在延续，再加上大规模的废佛运动，政局绝非稳定。

唐王朝已经不再是世界帝国这个事实可以算是废佛的原因之一吧。安史之乱使得唐朝丢失了西域，连甘肃西部也被吐蕃夺走。唐代宗的广德元年（763 年），史朝义被部下李怀仙所杀，是结束安史之乱的好年头。然而，也正是在这一年，吐蕃军队进攻长安，甚至还短时间地占领，抢劫掠夺。唐朝将领郭子仪从回纥借兵，才击退吐蕃。其实不仅这一次，安史之乱的时候，唐朝也曾请求回纥出兵救援。这种状态，说明唐朝的威令不能到达边境地区。即使在国内，朝廷对远离首都的节度使实行割据也是无能为力。

唐朝已经失去了称为世界帝国的资格，这大概是一种破落吧。国家破落，人心就变得狭隘。一旦失去国际性，说得体面一点，就会出现国粹性的倾向。韩愈的《论佛骨表》写于元和十四年（819 年），其中有这样的话：

佛者，夷狄之一法耳，自后汉时流入中国，上古未尝有也。

夫佛本夷狄之人，与中国言语不通，衣服殊制；口不言先王之法言，身不服先王之法服；不知君臣之义，父子之情。

反对佛教最大的理由，就是因为它不是中国固有的传统。唐朝不再是世界帝国之后，这样的国粹主义越发浓厚。

唐武宗即位第二年，就命道士赵归真等八十一人修建九天道场，亲自接受法箓，皈依道教。法箓就是道教的秘文。左拾遗王哲上书劝谏，反而被贬为河南府士曹这样的低级官职。

赵归真是在唐敬宗时期进入宫中的，讲述神奇怪异的神仙故事。宝历二年（826 年）敬宗死后，他被流放到岭南。到从小就喜欢神仙的唐武宗时代，赵归真东山再起。唐武宗赐予他“右街道门教授先生”的称号，经常在宫中召见他。宰相李德裕实在看不下去，予以劝谏，武宗说自己只是闲暇时与归真谈论神仙，至于政事一定向卿询问，所以即使有一百个归真，也不会迷惑。他对李德裕的劝谏根本置之不理。李德裕叮嘱道：

小人见势利所在，则奔趣之，如夜蛾之投烛。闻旬日以来，归真之门，车马辐凑。愿陛下深戒之！

会昌五年（845年）正月，唐武宗命赵归真在南郊修建望仙台。说是不让道士干预政治，但采纳道士的进言，造成如此巨大的浪费。

北周武帝废佛的时候，道士与僧侣曾有过辩论。唐武宗也让道士赵归真与僧侣智玄在麟德殿进行交锋。以骗术欺世盗名的道士自然无法战胜用缜密理论武装起来的学僧。在论战中一败涂地的道教一方深感危机，于是极力劝说唐武宗废佛。

宰相李德裕虽然非常讨厌赵归真，但是他对佛教也一直很反感。他作为儒家，原本就具有反佛教思想，这与韩愈的观点很相似，所以他并没有反对赵归真唆使武宗废佛。他是一个政治家，大概很现实地考虑到废佛所带来的经济效益。

三武一宗法难中，会昌的废佛规模最大，最为彻底。日本留学僧圆仁偏巧遇上这个时期，留下详细的记录。我手头有一本范文澜编写的《隋唐五代大事年表》，仅就这个时期而言，感觉他的主要参考文献是圆仁的《入唐求法巡礼行记》。

废佛的第二年，会昌六年（846年）三月，唐武宗死去。又是吃多了道士炼的金丹。前一年八月，唐武宗颁布废佛令，然后就生病卧床，仿佛受到佛的惩罚。据道家学说，唐朝以土德君临天下，但武宗名瀍，瀍有水，土克水，由于相克，所以改名为炎。道家相信火克土。不过，这也没让武宗的病好起来。在唐武宗重病卧床的时候，宦官们就悄悄地开始挑选下一代皇帝。

唐武宗有皇子，尚年幼，如自动继承，就不会有宦官们的功绩。宦官们决定强行拥立另一人当皇帝，这样可以让他对自己感恩戴德。

宦官们挑选的是光王李怡。他是唐宪宗的第十二子，是敬宗、文宗、武宗这连续三代的兄弟皇帝的叔父。顺便说一下，这三个兄弟皇帝的父亲唐穆宗是唐宪宗的第三子。

这次继承有点异常，父传子、兄传弟这是正常的，但侄子传叔父显得不正常。

光王李怡（即位前改名为忱）人称痴。但这只是他的伪装。如果表现出聪明能干的才能，就会被视为皇族中的危险人物。所谓“真人不露相”，这个称作唐宣宗的光王李怡尽量低调，不事张扬。

在晚唐昏君接连不断的时代里，可以说优秀的君主唐宣宗是一个例外。如果唐武宗不被道士迷惑相信金丹，也应该是一个不错的皇帝。唐武宗和他的哥哥一样，都是三十三岁死去。

唐宣宗即位当天，就解除李德裕的宰相职务。贵族官吏派的李党失势，进士官吏派的牛党得势。唐宣宗取消废佛令，对废佛竭尽全力的赵归真也被可怜地杖杀。这是一种杖打至死的酷刑。其他道士，例如罗浮山人、轩袁集等被流放到偏远的岭南。

改正错误的做法本来是一件好事，但给予百姓一种“朝令夕改”的印象。李德裕派全部被驱逐出中央，牛僧孺派全部回归中央，这也让民众对政治产生不信任感。

李德裕先是被贬为荆南节度使，接着降格为潮州司马，又左迁为崖州司户参军。崖州是海南岛，司户参军是地方官厅的官吏，仅仅是管理户籍和宿舍的从七品下的小官。对于曾经是正二品宰相、进封卫国公、位极人臣的李德裕来说，这样的处理与其说是左迁，不如说就是明明白白的流放。大中三年（849 年），六十三岁的李德裕在海南岛死去。

李德裕掌权的时候，对牛党也是残酷打击。会昌四年（844 年），东都留守的牛僧孺被贬为循州长史（从五品），李宗闵被流放到封州。白敏中被贬为婺州刺史，但两年后回到中央任翰林学士。

牛李党争在最后阶段，感觉牛僧孺派对敌对派系的镇压过于严厉。李德裕执政时代，虽然也驱逐很多牛党，但作为唐武宗的宰相，在一定程度上解决了藩镇问题，另外还有其他显著的业绩。然而，陷入党争的旋涡之中，业绩几乎不会得到应有的评价。

处在那个党争时代，除了下级官吏，中层以上的官吏都身不由己地卷进去，万难做到置身局外。诗人白居易历任杭州和苏州的刺史后，于太和二年（828 年）回到中央担任刑部侍郎，但不久被任命为洛阳长官。后来的人事变动，他都称病不去，一直留在洛阳。他尽量远离长安朝廷为中心的党争是非之地。他的题为《洞中蝙蝠》的诗歌是这样写的：

千年鼠化白蝙蝠，黑洞深藏避网罗。
远害全身诚得计，一生幽暗又如何？

民间传说老鼠为保千年寿命，化为白蝙蝠。白蝙蝠一直隐藏在黑暗的洞穴里，历经漫长的岁月，因此躲过了人设下的罗网。没有被人抓住，保住了自己的性命，固然值得庆幸，可是一辈子都在黑暗中度过，那又有什么意义呢？

从白蝙蝠的“白”字，人们自然会联想到白居易。白居易的确一动不动地躲在洛阳这个洞穴里，远离长安的党争，明哲保身，既没有被处死刑，也没有被流放到瘴疠之地，平平安安，可谓幸运。但是，生为男人，本应该在政治舞台上实践自己的理想抱负，最终只好事与愿违。

这首诗歌似乎表现出隐藏于白居易满足感背后的深为不满的情绪。可以说他的一生没有体会过“天高任鸟飞”的快乐。

白居易于会昌六年（846年）十月死去，唐武宗死于同年三月。皈依佛教的白居易在他的晚年目睹可怕的废佛运动，定然痛心不已。然而，他在死前还是看到唐武宗死后废佛令被废除，他这个居士总算放心了。不过，在白居易数量庞大的诗歌中，没有一首可以确定与废佛有关。《源氏物语》的英文版译者、对中国文学也造诣很深的英国韦理推测说白居易的《禽虫》也许与废佛有关。

兽中刀枪多怒吼，鸟遭罗弋尽哀鸣。
羔羊口在缘何事，暗死屠门无一声？

鸟兽将死，必然要怒吼哀鸣，而小羊羔有嘴，为什么被杀的时候一声不吭呢？在废佛令那样疯狂的时期，宰相李德裕等政府的文官武将都噤若寒蝉，默不作声，没有人挺身而出表示反对。据圆仁的《入唐求法巡礼行记》记载，只有镇州、幽州、魏州、路州这四个节度使反对废佛令。

这首诗可以解释为对无人反对废佛令的现象予以抨击，但也可以解释为对党争中的牺牲者不许抗议就被杀死的官吏不是同情哀怜。《诗经·召南》有题为“羔羊”的诗，赞颂身穿羔羊皮衣的官员悠然稳重的神态，令人反射性地将“羔羊”这个词汇与好官员联系在一起。

晚唐诗人杜牧是历任唐德宗、唐顺宗、唐宪宗三代宰相、以《通典》编撰者而著称的杜佑的孙子。杜牧的堂兄杜悰娶宪宗的女儿岐阳公主为妻。杜牧无疑是名门出身，但是他卷入牛李党争似乎不深。牛僧孺担任淮南节度使的时候，杜牧是他的幕僚，还写有《寄牛相公》一诗，可以视为牛党一派。但是在会昌年间李党炙手可热的时候，他被任命为黄州刺史，经常上书李德裕，献言建策。另外，他的弟弟杜顗在李德裕担任镇海节度使的时候，应邀当他的幕僚。这种兄弟分属不同阵营的情况大概还为数不少。

杜牧没有深陷党争，也许因为他的地位离党争核心尚远，或者因为他的家族里有杜悰这样的帝婿，两派对他都比较客气的缘故。

下面这首诗是杜牧的《和州绝句》。和州位于现在的安徽省和县一带，长江北岸。对岸是当涂县（南京的西南面），有牛渚山。和州的郡名称为历阳郡。

江湖醉度十年春，牛渚山边六问津。
历阳前事知何实，高位纷纷见陷人。

这十年里，曾经六次在牛渚山一带寻找渡过长江的渡口。这句诗大概是说自己调任的频繁吧。不过，杜牧为了医治弟弟的眼疾，也曾多次出外寻医觅药。

历阳前事，指的是“地陷为湖”的故事。西汉《淮南子》、东晋《搜神记》等书籍中都有记载。《搜神记》记载的是发生在浙江省由拳县的故事。有一天，一个老太婆听书生说，只要发现城门上涂有血，这个地方就会塌陷下去变成湖。于是她每天都到城门察看，衙役觉得蹊跷，询问她为何每日都来。老太婆便把书生的话一五一十地告诉衙役。衙役为了捉弄老太婆，故意把鸡血（《搜神记》作狗血）涂在城门上。老太婆看见以后，慌忙逃到山上去，那些恶作剧的衙役见状哈哈大笑。然而，果然水漫浸城，此地变成了湖。日本的《今昔物语》[①]《宇治拾遗物语》[②]也收入几乎完全相同的故事传说，只是把门改为卒塔婆。芥川龙之介[③]的《龙》就是以此为蓝本改编的小说。

杜牧明白所谓的“地陷为湖”本是子虚乌有，目睹身居要职的高官一个接一个陷下去却是不争的事实。

诗中的“牛渚山”是真实的地名，李白有一首诗题为《夜泊牛渚怀古》。似乎地名中的“牛”暗示牛僧孺，“历”暗示李德裕。“历”与“李”谐音，只是声调不同。

晚唐诗人中，与杜牧并驾齐驱的李商隐出身于下级官吏家庭，与祖父是宰相、堂兄是帝婿的杜牧差距很大，然而他在党争中的沉浮比杜牧更甚。

李商隐的才能受到宰相令狐楚的赏识，并接受他的资助。令狐楚是牛僧孺党一派的人。开成二年（837 年）令狐楚死后，李商隐接受泾原节度使王茂元的照顾。寒门出身的李商隐与杜牧不同，他需要后援者。然而，王茂元是李德裕党一派，所以李商隐为令狐楚的儿子令狐绹所憎恨，认为他是忘恩负义之徒。

令狐绹依靠父亲的功勋飞黄腾达，尤其是在李德裕失势以后，从翰林学士提拔为兵部侍郎、礼部尚书，进入权力中枢。令狐绹与李商

---

① 《今昔物语》：日本说话集，三十一卷，编者不详，收入 1059 则故事（有的故事仅有标题，无内容）。具有很强的佛教性和训谕性，也有富有人情味的故事。汉字与片假名混合使用的方法成为和汉混交文的先驱。——译注

② 《宇治拾遗物语》：日本说话集，二卷，编者不详，1212—1221 年间成书，收入有佛教故事、民间故事、笑话等 197 则。文体轻松，富有生活情趣。——译注

③ 芥川龙之介（1892—1927 年）：小说家。擅长短篇小说，代表作有《罗生门》《鼻子》《芋粥》《地狱变》等。1935 年，文艺春秋社设立芥川奖，授予纯文学的新秀作家。——译注

隐是总角之交，大概也因此对他格外憎恨吧，无论李商隐在哪个部门，都会受到令狐绹的刁难排挤，没有出头之日。

李商隐作为地方长官的下属长期在不同地方任职。大中五年（851年），他终于回到长安，忍辱含耻投靠令狐绹，获得太学博士这样的小官。此时李商隐已经四十一岁。

李商隐不仅深受党争的影响，其文学风格比杜牧更明晰地体现晚唐精神。他的诗歌以晦涩著称。人们叫他“獭祭鱼”。据说水獭有一种习性：抓到鱼吃下去之前，先把鱼摆放在岸上。李商隐写诗的时候，在自己的周围摆放很多书籍，所以得到这个绰号。这也是因为他的诗喜欢使用典故，而且引用的典故超越公认的“古典”的范畴，甚至涉及六朝的志怪小说以及稗史野乘。他的诗风富有象征性，所以更加难懂。

他的诗可以说是朦胧体，这无疑是一种韬晦的策略。其诗多不题名，是故意隐藏作者的真意。大概在绚丽华美的诗体背后隐含着无法明说的某种复杂的政治状况、人际关系。下面这一首《夜雨寄北》收在《唐诗选》中：

君问归期未有期，巴山夜雨涨秋池。
何当共剪西窗烛，却话巴山夜雨时。

这里所说的“君”，大概指的是居住在长安的妻子。有人认为是情妇。你问何时归来，我说尚无日期。巴山在四川，这首诗可能作于他在节度使柳仲郢手下当幕僚的时候，也许是辞去此前的桂州刺史郑亚的幕僚而不知何故逗留四川的时候。仅仅二十八字的七绝中两次出现“巴山夜雨”，给人留下深刻的印象。如今独自听着巴山夜雨，愁绪万端，什么时候能和你一起在西窗下一边共剪烛芯一边回忆今夜的情景。作者将现在想象成过去，而对待现在的态度显得异常，这样的迂回曲折使情诗具有深邃感。

如果苛刻地说，这是一种无视现实、逃避现实的态度。李商隐以诗人敏锐的感觉大概已经预感到一个时代即将终结。这从下面这首五绝《登乐游原》中也可以感觉出来：

向晚意不适，驱车登古原。
夕阳无限好，只是近黄昏。

高桥和巳[1]这样解释这首诗：

随着日暮的来临，我的心情不知不觉感到焦虑。乘坐马车来到郊外，登上西边的乐游原。历史悠久的高原散落着王陵，晚霞染红天空，夕阳余晖绚丽夺目。然而，这无限的美好只是黑暗降临之前的短暂时间，昏暗的暮色已经渐渐逼近。

令人鲜明地感觉落日后的黄昏。可以说李商隐在这里看到了真实的大唐帝国的日落。

然而，以不能说是最健康的手法讴歌不能说是最健康的世界，形成他的文学核心。这就是文学所具有的最大价值。过于绮丽光彩而令人感觉不健康的世界，其实是向人生的前方逼近的黑暗的世界，紧贴在上面一层东西扩散开去，虔诚地催生对背后的黑暗世界产生敬畏……

这是吉川幸三郎对李商隐诗歌性质的论述。完全可以说李商隐把整个晚唐的世界搬到自己的诗歌里来。

如果再读一读比李商隐更颓废的温庭筠的词，大概更能深刻体会晚唐的风气。

千万恨，
恨极在天涯。

---

① 高桥和巳（1931—1971年）：小说家，中国文学研究家。其作品涉及战争、宗教、政治等问题。代表作有《悲器》《忧郁的党派》《邪宗门》等。——译注

山月不知心里事，
水风空落眼前花。
摇曳碧云斜。

这是为演唱《梦江南》曲调而配的词。曲为主，依曲歌唱的歌词，根据曲名创作，这就是词。

唐朝之后的宋朝，在诗歌方面不敌唐诗，但是“诗余”的词是宋代文学的精华。因为合音曲而歌，所以比诗具有通俗性。这也是宋这个时代的显著特性。

我将在下面讲述宋代，自然必须先讲述唐朝灭亡的过程。唐朝在李商隐、温庭筠所表现的时代风气中走向灭亡。

兵乱与民乱

在曲折隐晦的李商隐的诗歌中，也有一些明白易懂的。例如他在二十六岁时打算继承杜甫诗史而创作的《行次西郊作一百韵》，就是朦胧部分很少的作品。其中有这样的诗句：

巍巍政事堂，宰相厌八珍。
敢问下执事，今谁掌其权？
疮疽几十载，不敢抉其根。
国蹙赋更重，人稀役弥繁。

疮疽已有几十年，却不思根治，如今只是国土越来越小，税金赋役越来越重。

李商隐一针见血地指出晚唐的病状。这是甘露之变的两年之后。

李商隐于大中十二年（858 年）四十七岁时死去。这一年是唐宣宗的末年，唐末的小康时期即将结束。李商隐死去这一年，宣州发生叛乱。

安禄山担任节度使那个时期，割据着辽阔的地域，而且可以世袭。为革除其弊害，进行过各种尝试，可谓煞费苦心，基本上改变了节度使的性质。世袭的节度使变成短期的官职，两三年就更换。到地方当节度使或者刺史的人都希望以此作为跳板进一步升迁。先到地方大捞一把，储备好资金，然后再回中央任职。这是当时官员典型的仕途路线。

要想回中央升官，在地方任职时就必须做出业绩。节度使的业绩按照“羡余”和“进奉”的数额进行评定。从地方税收中抽去一定的比例上缴中央，称为“上供”。这种上供是理所当然。

本应收取五十的税金，却征收七十，这多出来的差额二十就是所谓的“羡余”。羡余越多，说明地方官的政绩越大。羡余中的上供之外，再向中央上缴的部分称为“进奉”。这种制度无异于鼓励地方官对税金强取豪夺，搜刮裒敛。羡余中扣去进奉，剩下的就装进节度使和地方官的私囊。

节度使本来就是边境守备队的司令。天宝初年设置十个节度使，安禄山兼任其中的三个，对唐王朝构成巨大的威胁。安史之乱以后，不仅边境，在内地也设置节度使。节度使一般都兼任观察使，就是军队的司令长官兼民政长官，位高权重，称为“藩镇”。

唐朝出于行政上的需要，不断增加藩镇。从中唐到晚唐，藩镇的数量从四十个增加到五十个左右。唐朝的行政区划从中央直接到州，可是州的数量多达三百多个，难以完全掌握，所以需要管辖地稍大一点的行政区，这样，管辖几个州乃至十几个州的藩镇的存在在某种意义上说是很方便的。

至唐宪宗的元和年间，文官、禁军的高级军官被任命为节度使，其任期也相应缩短。除河北以外，其他地区的节度使的半独立性质得以削弱，节度使纳入官吏的任免体制，但是对官吏业绩的评定制度使民众不堪其苦。

深受其害的不仅仅是民众，节度使为了增加羡余，还千方百计地削减军饷。士兵待遇恶劣，各地的叛乱一触即发。藩镇士兵的来源多有债台高筑而走投无路投奔入伍的无赖之徒，素质本来就很差，一旦不满意，就聚众骚乱，甚至发生驱逐中央任命的节度使的事件。

李商隐死去的大中十二年（858 年），宣歙藩镇发生叛乱就是一个例子。叛乱的领导人康全泰是一个无赖出身的部将。部将是藩镇的下级军官。这次叛乱很快就被淮南节度使崔铉镇压下去。发动叛乱是在七月，崔铉在十月就斩杀康全泰及其党羽四百多人。

值得关注的是，富商李惟真、余雄等也是这起兵变的领导人。他们既是商人、实业家，同时也是藩镇的军官。商人与藩镇勾结，自己的买卖大概会蒸蒸日上，但如果恰好遇到清正廉洁、骨气刚毅的节度使，商人们就占不到便宜。当时宣歙藩镇不是节度使，而是兼任团练指挥的观察使。然而，这个名叫郑薰的观察使是一个硬骨汉。发生叛乱的目的似乎是让中央派一个“通情达理”的人来当观察使。

如果仅仅是军队内部的所谓“兵乱”，对于唐王朝来说还算是幸运的。宣州的叛军如果再聪明一点，诱使对政府不满的民众参加进来，那就会发展到“民乱”。大概这些叛军起事的动机本来就不光明正大，而且素质很差的缘故。

唐王朝对兵变没有发展成民变肯定是松了一口气，但宣州（现在的安徽省芜湖地区）这个江南之地的叛乱大概对唐王朝造成巨大的冲击，因为江南是唐王朝的财政经济的命脉。

盐与茶——当时唐王朝依靠这两种货物的专卖维持财政的开支。盐与茶的主要产地都在江淮地区。

唐王朝之所以能够度过安史之乱所造成的巨大困难，一个重要的原因是这个动乱没有波及南方。过去被视为瘴疠之地的江淮地区如今变成富庶丰饶的土地。这个地区的上供、进奉的数量也远远超过北方。北方的大藩镇——河北三镇（魏博、成德、卢龙）等根本就没有向中央上供。不仅如此，按照惯例，中央无法介入藩镇的人事安排。这叫作“河北旧事”。河北三镇的节度使都是安史之乱的降将，与中央的关系本来就很淡薄，还时常发生问题，所以中央觉得只要不叛乱就谢天谢地，没有期望从河北得到税收的上供。

因此，唐王朝就更加依赖江淮地区。从这个意义上说，宣歙藩镇之乱给唐王朝投下了可怕的阴影。

康全泰的失败在于他没有唤起民众。他拉拢长期对待遇不满的士兵是正确的，但与因无法勾结藩镇以谋暴利而心怀不满的势力结盟就得不到民众的支持。也许康全泰也对民众发出联合的呼吁，但是他已经与李惟真、余雄联手。余雄曾修建水门，阻断一百三十户农民的农田灌溉水渠，自己垄断水源，农民如果需要水，必须掏钱买水。这完全是对农民的剥削。康全泰可以拉拢士兵，却因为与腐败商人的联合，无法获得民众的支持。

北方的藩镇时常发生兵乱，他们被称为“骄兵”，稍有不满，就拿起武器造反，赶走节度使，拥立自己满意的人。北方藩镇的节度使本来就多是官兵们自己拥立的。被官兵拥立的节度使，即使是安史之乱后的降将，唐王朝也只能采取追认既成事实的形式。实际上，唐王朝已经力不从心，也不得不默认河北藩镇的半独立性质。

康全泰之乱，其类型与拥立节度使的兵乱相似，但与河北不同的是，宣州本是唐王朝势力统治的地区。如果这个地区无法控制，将会危及整个国家，所以唐王朝不得不断然采取镇压的强硬手段。

如果说这只是一起单纯的兵乱，那么第二年（859 年）发生的裘甫之乱可以说是典型的民乱。

对裘甫的经历不得其详，有的历史资料说他姓“仇”，似为浙江东部人。这一年十二月，裘甫仅率百人攻陷象山县城。大概是受藩镇残酷剥削、极度贫困的农民揭竿而起的造反。这一年八月唐宣宗死去，裘甫认为正是起义的时机。

唐宣宗是一个明君，人称“小太宗”。他禁止宦官与朝臣交往，以期肃清纲纪。当他发现宰相马植收受宦官马元贽转赠的御赐宝带后，当天就贬其到地方当刺史。唐宣宗具有敏锐的洞察力，而且善于决断，据说从谏如流。他享年五十岁，似乎也是吃了道士推荐的药物。其长子李漼即位，为唐懿宗。

浙东的叛乱军队攻陷象山县后，接着向隶属越州的剡县进发。仅仅百人之众，就能攻陷县城，简直不可思议，这说明政府军的力量相当虚弱。象山县驻扎有浙东军的藩镇，大概兵力极少。如果要增加羡余，必然要削减官兵的军饷，也必然要减少兵员。浙东军的兵员大概大大少于编制的名额。

与宣歙一样，浙东藩镇不是节度使，而是观察使兼任都团练使，掌握军队的指挥权。当时的观察使是郑祗德，他拨给刘勍、范居植三百名士兵，命令他们讨伐叛军，同时向附近的台州藩镇军队求援。但是，这支政府军在天台山的桐柏观这座道教寺院前大败于叛乱军，范居植战死，刘勍落荒而逃。

此时的叛乱军已发展到千余人，他们趁势前进，一鼓作气拿下剡县。剡县有府库，储藏着大量的羡余物资。裘甫以这些物资招募壮士，即刻扩招数千士兵。

浙江长期无战事，藩镇的军队士气极低，数量不足三百人，最终招募而来的都是在社会上一无所长的残兵弱卒。

观察使调拨官兵五百给子将沈君纵、副将张公署、镇将李珪，命他们讨伐叛乱军。双方决定在三溪的南面一决胜负。这是叛乱军挑选的战场。三溪是三条河汇合之地。叛乱军事先堵住河水，并且在剡县以西与政府招募的新军交手，佯装失败逃往三溪南面，诱敌追来。

由于叛乱军事先在三溪上游堵截河水，所以可以徒步涉水过河。当政府军拥挤在河床上过河的时候，叛乱军打开水门放水，巨浪铺天盖地席卷而来。政府军的三个军官全被淹死，部队几乎被全歼。

于是，唐王朝起用以前的安南都护王式。王式在朝廷请求亲自率大军前去镇压叛乱。皇帝身边的宦官说道：

发兵，所费甚大。

宦官提出经费困难的问题。王式这样回答道：

臣为国家惜费则不然。兵多贼速破，其费省矣。若兵少不能胜贼，延引岁月，贼势益张，则江、淮群盗将蜂起应之。国家用度尽仰江、淮，若阻绝不通，则上自九庙，下及十军，皆无以供给，其费岂可胜计哉！

他认为发兵虽然需要庞大的军费，但如果不迅速镇压，必将后患无穷。从王式的这段话也可以知道，唐王朝的财政依靠的是江淮地区。一旦失去江淮，别说军费，连祭祀祖宗的钱都没有。

皇帝决定派遣大军讨伐，动员忠武、义成、淮南等地的藩镇部队。

裘甫在三溪大获全胜后，趁势招兵买马，山海强盗、无赖亡命之徒从四面八方闻风而至，兵力扩大到三万人。裘甫把军队分为三十二队，改元罗平，自称天下都兵马使。叛乱军在各地烧杀抢掠，杀死余姚、宁海的县长官，据说甚至还抓壮丁、杀老幼，行为残忍无道。

叛乱军的重要指挥员刘暀主张采取积极进取的政策，认为先占越州，再从浙西过长江取扬州，只要攻占南京，割据一方，宣歙、江西必定会有人呼应，因此建议派一支部队沿海岸进入福建。

如此，则国家贡赋之地尽入于我矣。

总帅裘甫对刘暀的建议没有显示积极的态度，看到事情越闹越大，似乎心里没底，不知所措。作为宾客加入叛乱军的进士王辂批评刘暀的主张，认为三国时代的孙权割据江东，因为当时是乱世，如今中国政局平稳，再用割据的方式是行不通的，不如率领民众坚守要害之地，耕陆渔海，一旦危险逼近，可以逃到海岛上去，这才是万全之策。

裘甫对刘暀和王辂的方略都不采纳，没有做好足够的准备就匆忙迎战王式的大军。王式切断叛乱军的退路，尤其看到如果叛乱军从海路撤退就难以收拾，于是首先控制出海口。被包围的叛乱军乱成一团，毫无斗志。刘暀说：

乱我谋者，此青虫也！

将王辂等儒生全部斩杀。因为儒生穿绿衣，所以刘暀叫他们为"青虫"。

王式率领的政府军纪律严明，行动整齐。叛乱军在南陈馆败逃的时候，沿途扔下很多绸缎绢帛，以为政府军的士兵会争抢，这样可以减缓追击的速度。然而，一声"回首者斩！"的军令，使得没有一个人捡拾这些东西。

叛乱军最后坚守剡县，三天里双方攻守多达八十三次，战斗异常残酷。咸通元年（860年）六月，裘甫等叛乱军首领终于投降。刘暀等在当地被斩，裘甫被带回长安，斩于东市。

裘甫之乱八年之后，发生庞勋之乱。如果说康全泰之乱只是单纯的兵乱、裘甫之乱只是单纯的民乱，那么庞勋之乱兼具兵乱和民乱的性质。

这次叛乱是在平定裘甫之乱两年后王式被任命为武宁节度使引起的。

武宁是重要的藩镇，节度使常驻徐州的彭城，管辖徐州、泗州、濠州、宿州这四个州。武宁藩镇之所以非同小可，因为徐州是一个战略要地。江淮地区是唐王朝的生命线，几乎处于半独立状态、并且拥有大军的河北三镇如果发动叛乱南下，事态将极其严重，所以徐州成为防御北方军阀南下的重要据点。因为是军事要地，朝廷不敢得罪驻守徐州的军队，对他们采取娇惯纵容的政策。

以前的节度使王智兴进驻徐州以后，招募彪悍之士两千多人，分为七军，分别冠以银刀、雕旗、门枪、夹马这样勇武的队名，授予各种各样的特权，可以随心所欲地吃喝玩乐，并且这些官兵还可以世袭。王智兴在军中制造出这样的特权集团，他们自然都变成骄兵。

此后中央派来的节度使都小心翼翼，不敢触怒他们。他们也更加得意忘形，恣意放任。像田牟这样的节度使还陪着他们喝酒唱歌，巴结讨好他们。骄兵们每天吃喝的费用超过万钱，而且不止一次地赶走不满意的节度使。

咸通三年（862年）七月，徐州的骄兵们赶走新上任的节度使温璋。温璋是一个严厉的官员，骄兵们心想，对这种不讲情面、不懂世故的节度使就是要给点颜色看看。温璋上任以后，请骄兵们一起吃饭喝酒，但是他们一口酒都不喝，给温璋一个下马威。很快，他们发动骚乱，把温璋赶走。

接替温璋的就是这个被任命为武宁节度使的王式。他刚刚平定浙东的裘甫之乱，率领当时前来救援的忠武、义成这两个镇的军队。

忠武藩镇在许州一带，义成藩镇在滑州一带，都是河南兵。从浙东撤走的时候，要路过徐州。王式率领两个镇的军队其实是很正常的。

赴任第三天，王式慰劳两个镇的官兵，同意他们回乡。当这两个镇的官兵为回乡而整装待发的时候，王式命令他们杀掉武宁藩镇的全部骄兵。

这不能不说是鲁莽的大刀阔斧的做法。银刀军的都将邵泽等数千人被杀，当然不可能做到斩光杀绝，也有好多人逃跑。他们平时娇生惯养、好吃懒做，逃亡的日子肯定十分辛苦。他们即使想干活，这样的地方恐怕也很少。于是，只能当土匪强盗。这起事件发生以后，贼匪一下子增加很多。

对于武宁藩镇的善后处理问题，唐王朝采取机构改革的手段撤销发生问题的藩镇。徐州改由衮海节度使管辖，濠州改由淮南节度使管辖，宿州新设观察使，如此一来，重要藩镇也就四分五裂。由于王式的鲁莽措施，导致武宁的解体。

朝廷颁布告示，宣布逃亡为贼的“骄兵”在一个月内自首，可以不究其罪。

咸通五年（864 年）五月，皇帝颁布诏敕，宣布在徐州招募三千军士，赴邕州（广西）担任防卫任务，待收复岭外的安宁，可以交替回乡。诏敕这样说道：

徐州土风雄劲，甲士精强，比因罢节，颇多逃匿。

召回变成匪盗的骄兵，让他们到岭外防御局势不稳的南诏，这显然是一石二鸟的政策。

南诏国在云南，唐王朝封其首领为云南王，但唐朝力量开始衰弱的时候，南诏国出现独立的迹象。南诏夹在唐与吐蕃之间，此时吐蕃正发生内讧，唐朝的势力也今不如昔，南诏觉得正是扩张势力的大好时机。

朝廷打算利用徐州的逃亡骄兵以防备南诏的独立行动。诏敕提到“待收复岭外的安宁”，其期限暂定三年。

徐州的一部分骄兵八百人驻守在桂州（现在的桂林），但三年期限过后，依然没有兑现交替回乡的承诺。这样拖拖拉拉，驻守已经六年，反复多次恳求交接驻防，但得到的回答是再延长一年，驻守桂林的徐州兵终于忍无可忍。

咸通九年（868 年）七月，他们采取行动。恰好此时桂州地区的观察使李丛调任湖南，新的观察使尚未到任，于是，许佶、赵可立、姚周、张行实等这些曾当过贼匪的徐州骄兵趁此机会，杀死都将王仲甫，拥立料粮判官庞勋为盟主。料粮判官似乎是一个管理财会的军官。

他们夺取武库里的武器，开始“北还”。对这支北归的军队，沿途州县都躲之唯恐不及。北归的军队既然已经杀死了都将，他们已经横下一条心，只有这一条路走到底了。

中央政府也感到内疚，本来说好三年一换，可是让他们留在广西六年，言而无信，于是派遣内侍省的宦官传达朝廷赦他们无罪的旨意。据说庞勋的这支部队这才停止抢劫掠夺的行径。

这一支八百人的北归队伍进入湖南以后，中监军之计，所携带的武器全部上缴。监军是朝廷派到各地军队中的监察员，都是由宦官担任。宦官在朝廷内深谙阴谋诡计，得心应手，对付这样的徐州骄兵易如反掌。

从湖南往北，就要进入山南东道的藩镇，这里的节度使是镇压康全泰宣州之乱的崔铉。北归军队知道此人难以对付，便决定走水路，顺长江而下。

他们吸取被监军诓骗的教训，变得稍微聪明一点。朝廷派人向他们传达赦罪的旨意，他们对此半信半疑，保持警惕，认为朝廷以恩赦为诱饵，其目的只是让他们停止沿途的抢掠行为，回到徐州以后，很可能会被捕杀。承诺三年轮换，结果让他们留在广西六年，不守信誉的也正是朝廷，所以北归军队不敢轻信，高度警惕。他们拿出个人财产，购买武器，置办旗帜等，进入淮南地区。

居住在扬州的淮南节度使是令狐绹。由于李商隐改变主张，投靠李党，这个令狐绹就一直处心积虑地阻挠李商隐升迁。令狐绹热情地迎接北归的徐州军队，给他们提供粮食等物资。

有幕僚向令狐绹建议，现在正是一网打尽徐州骄兵的大好时机。但是，令狐绹以未接到讨伐他们的敕书为由，没有采纳幕僚的建议。

一路上小心谨慎的北归军队在接近老巢的时候，吸收了正在占山为王当强盗的过去的同行，据说人数上千。进入泗州以后，当地的刺史杜慆在毬场上欢迎他们。欢迎会上有歌舞表演。演员在舞台上发表欢迎辞，其中有的话他们听起来感觉是在揶揄自己，不由得心头大怒，抓住演员要杀他，突然发现毬场四周有武装士兵戒备，这才作罢。这个泗州刺史杜慆是杜牧的堂兄弟，他的哥哥杜悰是驸马。

这支拥立庞勋为盟主的、既不算政府军也不算叛乱军的北归军队即将回到故乡。虽然得到令狐绹的粮食资助、受到杜慆的欢迎，但还是放心不下。实际上，在欢迎会场的四周就有重兵把守，而徐州军的士兵对演员的说话神经过敏，情绪激动也正说明他们的精神处于极度紧张的状态。

武宁的藩镇已经撤销，在徐州和泗州设置观察使。当时的徐泗观察使是崔彦曾。虽然徐州的骄兵远在桂林长驻六年，但庞勋率领的八百士兵归属徐泗观察使领导。违背交接期限的承诺、延长一年驻军都是崔彦曾的决定。

庞勋与崔彦曾之间有使者来往联系，观察使崔彦曾向庞勋保证朝廷的赦免出于真心实意，而庞勋送达崔彦曾的文件、书函也极其谦恭。

然而，庞勋不再轻信政府的承诺，观察使也对是否就这样赦免行为野蛮狂乱的骄兵感觉犹豫。通过使者互相传递的文书表面上稳重客气，其实双方心里都在疑神疑鬼。

庞勋的脑海里出现过武宁藩镇时代的美好过去的景象，他只能成为第二个王智兴。王智兴在唐穆宗时代担任武宁节度副使，但是他赶走节度使崔群，自己取而代之。此后他经常抢掠进奉给朝廷的物资，赶走刺史，为所欲为，可是朝廷拿他没办法。他身处丰饶地区，所有的收入都归为己有，拿出其中一部分收买朝廷内的权势者，以换取自己地位的安稳。

王智兴创建起来的这一支骄兵连朝廷都束手无策。庞勋怀念他具有一切特权的骄兵时代的美好过去，他要亲自再创过去的辉煌。此时他大概已经意识到半独立状态的藩镇首脑的存在。

只有像王智兴那样手握重兵、武力强大、积蓄财富，用实力说话，才能让朝廷承认自己藩镇的半独立形态。

即使朝廷真心赦免，但如果自己毕恭毕敬地向朝廷低头顺从，也不可能再现武宁藩镇过去的景象，所以必须行使武力。而观察使崔彦曾的为人处世也促使庞勋起事的决心。崔彦曾性情严急，而且他所重用的尹戡、徐行俭都是贪得无厌的小人，这使得崔彦曾的人气更加下降。

徐泗观察使的衙门在徐州彭城县。彭城就在自己的眼皮子底下，庞勋集合部下，表示行使武力的决心：

吾辈擅归，思见妻子耳。今闻已有密敕下本军，至则支分灭族矣！丈夫与其自投罗网，为天下笑，曷若相与戮力同心，赴蹈汤火，岂徒脱祸，兼富贵可求！况城中将士皆吾辈父兄子弟，吾辈一唱于外，彼必响应于内矣。然后遵王侍中故事，五十万赏钱，可翘足待也！

庞勋向部下发出的呼吁显得十分低调。此时虽然尚未确认朝廷已经发出支分灭族的密敕，但是由于他们在桂林杀死都将王仲甫，使得北归的士兵提心吊胆。庞勋利用士兵的这种心理，与其全部被杀，不如举兵反叛。

反叛的结果与当年的王智兴一样，将当地的收入全部归为己有，不上交中央，又可以像过去那样过着悠闲自在的生活。

这无疑是不折不扣的谋反。部下都欢呼雀跃，大喊“善”，只有赵武等十二人感到事情严重，胆怯恐惧，想逃跑出去，被庞勋斩杀，并将他们的首级送给崔彦曾。

为了让崔彦曾深信不疑，庞勋让使者告诉对方说“这些人图谋叛变，故而诛之”。但是，前来彭城的使者在崔彦曾的严厉审问下，终于坦白交代这些首级的真相。

彭城也是主战派占据优势。

庞勋的反叛并不是为了推翻政权，持刀逼迫王朝的目的说起来还是出于要求改变自己地位的劣根性。然而，既然已经进入徐州地区，还攻打彭城，就会有很多民众参加，其中既有被迫者，也有自愿者。

庞勋攻下出兵救援而变成一座空城的宿州，将抢掠的财物集中起来，命令附近的居民前来拿走。凡是来的人都逼迫他们入伍，如拒绝一律斩杀。

根据官方的记录，通过这种强迫征兵，聚众数千人。不过也有的人并不稀罕这些乡下城镇的财物而自愿参加进来的。例如下邳县的豪族郑镒网罗三千人参加，而且自带粮食和武器。这是无法强迫的，同样还有蕲县的豪族李衮也参加进来。

从胜利者的官方文献的随处记述也可以看出，崔彦曾及其部下在徐泗地区受到当地民众的严厉打击。所谓为贼所迫参加，是胜利者后来对自己有利的写法，其实应该多为自愿参加者。

进入徐州以后，始于桂林的八百人兵乱就带有民乱的性质。

徐州（即彭城）陷落，《旧唐书》的记载是咸通九年九月，《新唐书》的记载是十月。

贼至城下，众六七千人，鼓噪动地，民居在城外者，贼皆慰抚，无所侵扰，由是人争归之。

这是根据官方文献的《资治通鉴》的记载。庞勋的军队在这个时期不扰民，可见是得人心。

崔彦曾、尹戡、徐行俭被俘，剖肚挖肠，一族皆杀。

如果仅仅是兵乱，恐怕庞勋也不至于能攻陷徐州，因为带有民乱的性质，所以才能拿下徐州。在桂林的兵乱只有八百人，后来吸收已经变成强盗的旧同事，也不过一千多人。可以说崔彦曾政治的失误使得庞勋有幸将兵乱发展为民乱。

庞勋攻占徐州以后，要求朝廷任命自己为节度使。他在奏表中炫耀自己粉碎政府的十万大军、占有四州之地。

臣闻见利乘时，帝王之资也。臣见利不失，遇时不疑；伏乞圣慈，复赐旌节。不然，挥戈曳戟，诣阙非迟！

最后这句话，无疑是威胁。

大概也有庞勋大肆宣传的原因，徐州周边的人们都相信朝廷肯定要任命他为节度使，所以就有一些心怀叵测的人迫不及待地出来表示忠勤，以巴结讨好庞勋，其状实在卑劣无耻。

各地的强盗以及民众都以为徐州有利可图，蜂拥而入，造成徐州人口骤增，甚至传闻米价暴涨。

尽管唐王朝日落西山，对庞勋也不能姑息迁就。朝廷的基本方针是讨伐，但需要准备的时间，于是先派钦差大臣到徐州。庞勋满心以为是来给他授予旌节，部下也做好庆贺的准备。然而，钦差大臣只是责问崔彦曾和监军之罪，颁布对他们降格。庞勋非常失望，扣留钦差大臣，不过他又感觉既然朝廷正式承认崔彦曾有罪，也许这是对他即将赏赐的前提条件。庞勋这样联想，认为又有希望。

朝廷任命右金吾大将军康承训、神武大将军王晏权、羽林将军戴可师为司令，向各道军队下达动员令。康承训向沙陀族、吐谷浑、鞑靼、契苾等部族首领建议派兵参加讨伐，都得到他们的同意。这些少数民族擅长骑马作战，勇敢威猛，相当多移居在唐朝称为内地的地方。

如此一来，庞勋也竭尽全力应战。尤其是泗州的攻守战极其酷烈。不过，庞勋对节度使位置还是恋恋不舍。战斗起先对庞勋有利，这一年的岁暮，令狐绹派人对庞勋说“我可以努力帮助你被任命为节度使”。庞勋一听，觉得还有希望，命令停止战斗。

政府军赢得时机，开始调动大军集中于宋州。此时徐州才意识到事态的严重性，也急忙调集兵力，准备迎战。不仅需要集中兵力，还需要集中物资，因此也需要军费。

这个时刻完全暴露出徐州军队的弱点，尽管带有民乱的性质，但基本上还是兵乱。兵乱的骨干是臭名昭著的骄兵。骄兵举兵的目的是追求过去那样的特权，所以与民众的要求相去甚远。

面对步步紧逼的政府军，徐州也集结大量的兵力，不过征集兵员的方式十分野蛮。

乃使其党散入乡村，驱人为兵。

这简直就是强行抓走。靠这种方法集结了数万兵力，但还要解决军粮问题，于是对富豪、商人强行征收。

什取其七八。

几乎是彻底的掠夺，还规定隐匿财产者杀一族。据说受到处罚的多达数百家。

从桂林北归的八百人的品质最为恶劣，他们已经失去了初期那种贡献个人财产购买武器、旗帜的精神。北归的这些人一心只想着拥有特权、爬上高位。他们抢劫掠夺，拐骗妇女，无恶不作，连庞勋也无法制止。

郑镒、李衮这样的豪族参加叛乱，大概是对崔彦曾的苛政的反抗，但同时也有相信庞勋的自我宣传、期望他被任命为节度使的因素。看到庞勋如此惨无人道的征集兵员，富豪、商人开始感觉他还不如崔彦曾。徐州城里的豪族、商人首先开始叛离，投降政府军。这样的反水需要立功表现，李衮杀掉徐州城的守将，作为投降政府军的见面礼。

康承训采取接受投降的策略，这样兵不血刃就接连消灭徐州的军队。庞勋陷入四面楚歌。

庞勋忧懑不知所为，但祷神饭僧而已。

他求神拜佛，布施僧侣，试图以此摆脱困境，已经到了穷途末路。

咸通十年（869 年）九月，庞勋率兵两万出石山往西，康承训率领步骑八万追击。庞勋曾一度攻陷宋州的南城，但随后放弃，渡过汴河，被沙陀族军队包围。欲渡过济水逃命，却被原先归从他的豪族李衮切断桥梁，庞勋进退两难。

就在此时，政府军杀将过来。据说这一战被杀者近一万，多有溺死者，投降者不过千人。一片混战之中，不知庞勋去向，几天后才在战场上确认他的尸首。

从桂林北归至庞勋被杀，历时一年两个月，后来濠州的吴迥也被政府军剿灭，此次大乱终于结束。

天下大乱

康全泰、裘甫、庞勋的叛乱，其规模逐渐扩大，但是与后来的大乱相比，可以说还只是前奏曲。后来的大乱一般称为“黄巢之乱”。

在黄巢之前，先有王仙芝领导的叛乱，黄巢举兵响应。王仙芝战死，黄巢继续领导，一般称为“黄巢之乱”。

平定庞勋之乱四年之后，咸通十四年（873 年）七月，唐懿宗死，享年四十一岁。第五子李俨由宦官拥戴即位，为唐僖宗，时年刚刚十二岁。这一年，旱灾水灾频繁，气候异常。据文献记载，小麦的收成只有平年的一半。第二年还是气候反常。

占国民人口大多数的农民极度贫困，而地方官依然只关心自己的政绩评定。商州（陕西）刺史王枢为了提高自己的“业绩”，无理降低粮食收购价，为此农民就要多缴纳相应的部分。李叔汶为首的农民团实在忍无可忍，冲进州衙门，殴杀两个官吏。朝廷撤王枢职，任命李诰为新刺史，抓捕李叔汶等三十人处死。

仔细想来，其实李叔汶等正因为打算缴纳租税，才对粮食的不合理定价感到愤慨，冲击衙门。当时到处都有不交税的流民，他们成群结伙，抢劫作恶。但是，这样的流民即使在自己的管辖地区内胡作非为，地方官也不会向朝廷汇报，因为担心评定政绩时受到负面的影响。

例如发生蝗灾，地方官也是极力掩盖真相，瞒报谎报。长安附近的地方，大群的蝗虫遮天蔽日飞来，从宫殿里也能看得见。但是京兆尹杨知至这样报告说：

蝗入京畿，不食稼，皆抱荆棘而死。

真实情况是，蝗虫过处，青叶无存，赤地千里。朝廷接到杨知至的谎报后，宰相们互相庆贺。真实信息进入朝廷的渠道已经完全被堵塞。

因为如此，连王仙芝举兵的具体日期也不明确。按照官方记录的《旧唐书》本纪在“僖宗”的乾符二年（875年）项中这样写道：

五月，濮州贼首王仙芝聚于长垣县，其众三千，剽掠闾井，进陷濮州，俘丁壮万人。郓州节度使李种出兵击之，为贼所败。

这是最早的正式记述，其实王仙芝也许更早就已经开始造反活动。《资治通鉴》在乾符元年的项中这样写道：

是岁，濮州人王仙芝始聚众数千，起于长垣。

黄巢听到王仙芝举兵的消息后，大概立即响应。据说黄巢是冤句县人。《资治通鉴》说：

巢少与仙芝皆以贩私盐为事。

这样的写法令人感觉他们早就相识。曹州与濮州相邻，都位于山东西端，靠近河南。郓州在濮州以东大约四十公里的地方，再往东北方向大约四十公里处就是梁山。这一带是无法无天之徒出没活跃之地，也是世人熟悉的《水浒传》的舞台。《旧唐书》把黄巢和王仙芝写得如同是同乡人。同乡还是邻州，不得而知，但同样都贩卖私盐，举兵之前就互相认识应该很正常。

安史之乱以后，唐朝实行政府专卖食盐的制度。因为国家财政不如人意，这是增加税收的一种方法。茶叶也是政府专卖，但是食盐是生活必需品，问题更加严重。

唐玄宗时代之前，盐价是一斗十钱。唐代的一斗约合五点九升，大约是现在的一斗的三分之一。开始实行专卖制度的时候，一斗的税收增加一百钱，这样一般民众以前花十钱就能买到一斗盐，现在必须花一百一十钱。唐德宗时代，盐价甚至涨到一斗三百七十钱。国家岁入的一半都是依靠食盐的课税。

可以说宫廷的费用、军费、官吏的薪水主要都是依靠盐税。当时中国的主要产盐地是江淮地区。从这个意义上说，江淮地区是唐王朝的心脏。

政府贪图暴利，一手掌管盐业，赚取的利润多了以后，就开始进行黑市买卖。不经政府经营的盐称为“私盐”，这样的买卖自然是非法的。

盐业的专卖制度一旦崩溃，唐王朝也就随之崩溃，所以对私盐的取缔非常严厉，曾规定贩卖私盐一石以上者死刑，一斗以上者杖刑。

取缔严厉，私盐贩卖者也进行反抗。为了击退官府的袭击，他们成立必要的武装集团。因为是性命攸关之事，拥有一定的武装也是理所当然的。另外，私盐贩卖者必须尽快获得官府出动的情报，各地之间就建立起互相联络的关系。黄巢和王仙芝都是私盐贩卖者，举兵之前即使未曾谋面，也肯定有所联系。

私盐贩卖者本来就是武装集团，所以举兵无须从头开始，各地的同业者之间的联系也十分频繁，只要一处举兵，各地肯定都会有人响应。

王仙芝举兵时自称是天补平均大将军兼海内诸豪都统。

招募兵员并不困难，连年的水旱蝗灾等造成许许多多的人背井离乡，流离失所。即使留在故乡，租税赋役负担沉重，无法缴纳者就被抓捕入狱。既然如此，不如逃跑。只要有人接收，逃亡者都会踊跃参加。

黄巢举兵的时候只有八个亲戚参加，一旦发出呼吁，立即集结数千之众，在骚扰河南十五个州的过程中，兵力增加到数万人。

地方官尽量不向朝廷汇报地方发生叛乱的消息，所以年幼的唐僖宗还满心以为天下太平。不过，隐瞒是有限度的，总有一天隐瞒不下去。

王仙芝和黄巢都不是创建一个根据地，然后四面出击，他们的军队不停运动，是在移动中作战，这样对方就难以捕捉。

黄巢的军队接连不断地侵扰十五个州，已经无法继续对朝廷隐瞒下去。朝廷命令郓州（山东）的节度使宋威讨伐草贼。“草”是野草茂密之处，意为远离中央的偏僻之地。所以所谓“草贼”，就是在地方蠢动的小盗贼。另外，当时相对于城内的市场，城外的集市叫作“草市”，相对热闹繁盛。袭击集市的盗贼也叫作“草贼”。其实王仙芝也把自己的军队称为“草军”。

平庐节度使在还只有十个节度使的天宝年间就已经是藩镇，可谓名门。三国时代，归属曹操的青州黄巾军以强悍勇敢著称，平庐藩镇的军队就是黄巾军的末代后裔。据说现在的山东人也都身材魁梧、臂力过人。

平庐离发生叛乱的地方很近，平庐军队又是精锐之师，然而节度使宋威已经年老，不是一个优秀的军事指挥员。他率领各道的部队在沂州（山东临沂）城下与王仙芝作战，大破之。

王仙芝没有根据地，遇到强敌，只能移动回避。然而，宋威向长安汇报说王仙芝已死，结果百官上朝向皇帝表示庆贺。可是三天以后，王仙芝又率队出来活动。这一年是乾符三年（876年）七月。宋威已经下令解散各道的军队。把已经解散的部队再次集中起来极为困难。他遵照诏书再次发布动员令，但士兵人心已散，心不在战场。

沂州的败战似乎是王仙芝的计谋。宋威向朝廷报告王仙芝已经死去，应该有他的根据，而这个根据也许恰恰就是草军方面故意散布的王仙芝的死讯。

有人认为，宋威手下留情，故意放走王仙芝。讨伐作战中大获全胜的将军会成为宰相、廷臣、宦官嫉妒的焦点。平定庞勋之乱的康承训也以作战方法有问题和贪图战利品为由被贬到偏远的恩州（广东）担任司马。

这个时期，唐王朝的高官中不少人已经预感到这个王朝的灭亡为期不远了。假如王仙芝取得天下，大概会记得在讨伐的时候对他手下留情的功绩吧。也许这种看法过于势利，但《旧唐书·黄巢传》中就是这样记载的。

王仙芝攻陷阳翟，九月，继续向东攻陷汝州，抓俘刺史王镣。汝州在洛阳东南面约八十公里，它的失陷无疑震撼了洛阳。

王仙芝的草军依然没有根据地，不在一个固定的地方停留，攻打申州、光州、庐州、寿州、舒州后，很快撤军转移离开。王仙芝攻打蕲州的时候，刺史是裴偓。在汝州被草军俘虏的王镣，他的哥哥王铎担任考试官的时候，这个裴偓考上了进士。不仅仅在唐朝，直至废除科举制度的清末，进士都把自己及第那一年的考试官尊为师。于是王镣向王仙芝提出，自己可以利用这层关系，通过裴偓说服朝廷，封给王仙芝一个官爵。

王仙芝自称大将军，当然这是自封的，世间看他不过是一个草贼头目。因为政府取缔私盐贩卖过于严厉，他才举兵叛乱，根本就没有造反的理念。王仙芝对王镣的建议很感兴趣。

裴偓把这件事报告给朝廷，朝廷出现赞成与反对两派意见，大多数廷臣主张拒绝授予官爵。

先帝不赦庞勋，期年卒诛之。今仙芝小贼，非庞勋之比，赦罪除官，益长奸宄。

这是宰相的反对论。其实王仙芝、黄巢的造反势力远比庞勋危险。庞勋之乱起先是兵乱，至末期才出现民乱的样子。从造反者的家庭身世来看，更具有兵乱的性质。然而，朝廷过于看重庞勋曾是武宁藩镇这个背景，根本不把没有地位、没有官位的草贼王仙芝等放在眼里。朝廷大臣的脑子里顽固地充满官尊民卑的思想。他们认为，连庞勋都不能得到赦免，一个草贼还想得到官爵，简直是胡思乱想，不自量力。

但是，经过王铎的力争，朝廷终于决定授予王仙芝“左神策军押牙兼监察御史”的官爵。押牙是藩镇的军人，这个职务经常可以出任节度使。不过，监察御史是正八品官，所以并非重要的官爵。

没有当过官的草莽之人王仙芝对自己被封这个官爵满心喜悦。然而，这惹起黄巢的不满。史书记述道：

黄巢以官不及己，大怒。

然而，黄巢之所以大怒，大概不是因为自己没有被封官，而是认为王仙芝胸无大志的缘故。

据说黄巢的家族世代经营盐业，家境殷实。他善击剑骑射，也有学问，喜欢收留供养亡命之徒，具有侠肝义胆。他对仅仅得到正八品官位就心满意足、忘乎所以的王仙芝实在看不下去，不由得怒火中烧。

始者共立大誓，横行天下，今独取官赴左军，使此五千余众安所归乎！

黄巢当场殴打王仙芝，王仙芝还受了伤。其实仔细一想，黄巢也是言之有理，当官的就王仙芝一人，他把部下扔在一边单独去赴任，被抛弃不管的部下自然会生气不满。假如他跑到长安去贪图享乐，身后不再有足以令朝廷畏惧的大军。一个失去威胁、不足为惧的草贼，不知道将会遭遇到什么样的下场。王仙芝也终于意识到这一点，决定不受官爵。草军攻占蕲州城，大肆抢掠，刺史裴偓、前来授予官爵的钦差大臣分别逃亡鄂州、襄州。

后来，草军一分为二，王仙芝率领三千多人，黄巢率领两千多人。举兵之后，曾聚众数万，如今只剩下五千人。是因为还有很多支队分散各地，还是因为原本是乌合之众，多有离去的缘故呢？然而，一旦草军开始移动，人数又扩充到数万。

第二年，乾符四年（877 年）正月，王仙芝攻陷鄂州，黄巢攻陷郓州，杀节度使薛崇。王仙芝的部将柳彦璋在江西扰乱，他们的作战时分时合，灵活机动。王仙芝与黄巢并没有因为受封官爵事件而分道扬镳。这一年的七月，他们联合包围宋州，但由于左威卫上将军张自勉赶来救援，草军才解围撤兵。

后来，王仙芝攻陷随州，进入湖北；黄巢则攻陷匡城、濮州。

天下动乱，造反的不只是王仙芝和黄巢。浙西狼山镇将官王郢因对论功行赏不满，举兵造反，聚众近一万，攻打苏州、常州，抢掠浙江各地，甚至进入南面的福建。他通过温州刺史要求朝廷封他为望海镇使，遭到拒绝，只任命他为右率府率。率府是皇太子所属的军队，唐朝设有十个率府，其长官“率”是正四品官，位阶很高，却是仪仗队的长官，没有实权。王郢不满意，抓俘温州刺史，在浙江西部大肆骚扰。镇海节度使裴璩以金吾将军（从三品）的官职作为诱饵收买王郢的部将朱实，导致王郢军队四分五裂。王郢在明州被筒箭射杀。

天下大乱始于兵乱，因对论功行赏不满的六十九个官兵起来造反，很快就聚集近一万之众。兵乱立即与民乱结合在一起，为生活所逼的穷苦人民也想造反。

乾符四年，在陕州、盐州、河中等地区也发生兵乱，赶走节度使和刺史，而朝廷采取对既成事实认可的态度。陕州观察使崔碣、盐州刺史王承颜分别被贬职为怀州司马、象州司户，其实他们不仅没有失政过错，还是颇有才能的官员。

承颜及崔碣素有政声，以严肃为骄卒所逐，朝廷与贪暴致乱者同贬，时人惜之。

地方长官一般都讨好巴结骄兵，这两个人纪律严明、刚直不阿，为此被贬职，这不能不说是朝廷的赏罚失当。

安史之乱以后，投降的叛军部将有的被任命为节度使，所以王仙芝打算投降朝廷换取高官的想法也很正常。当被朝廷任命为监察御史的时候，遭到黄巢的殴打，他改变了主意。但是一年之后，当招讨副都监杨复光诱使他的时候，他派自己信赖的部下尚长君前去与杨复光谈判。可是，尚长君在路途上被那个平庐节度使宋威抓走，向朝廷报告说在颍州西南面与尚长君军队交战，抓俘尚长君。另一方面，副都监、宦官杨复光的奏折也送到朝廷，指出这是自己的招安策略，尚长君已经同意接受条件。朝廷派侍御史归仁绍前去调查，其结论是“不明”。归仁绍的想法大概是谁也不得罪，对谁都要给面子吧。

可怜的是尚长君，虽然结论不明，可是他草贼领导人的身份分明无误，于是在狗背岭被处斩。

王仙芝大怒，大肆骚扰荆南（湖北南部）地区。第二年，乾符五年（878 年），在江陵烧杀抢掠。江陵城的三十万户居民被杀者甚至多达三四成。极度的愤怒使王仙芝失去理智。当他听说勇猛的沙陀族骑兵即将来临的时候，下令烧毁江陵，殃及无辜。

招讨副使曾元裕在申州以东大破王仙芝，据说杀一万、俘一万。王仙芝率军从申州往东南方向败逃，至黄梅。湖北省的最东端、靠近源湖的地方现在还有一个黄梅县。此地成为王仙芝的坟墓。

唐王朝此时提拔曾元裕为招讨使，以替代老病体弱的宋威。曾元裕在黄梅给予王仙芝军队最后的打击。王仙芝的五万军队在此被灭，本人被斩，首级送往长安。

王仙芝的军队从起兵于河南到崩溃于湖北，在各地强制征兵，《旧唐书》说其众号称三十万。所谓“号称”，实际人数可视为一半。即使如此，也有十五万大军。在申州和黄梅共计丧失大约七万，应该还剩下近十万的军队。

尚长君的弟弟尚让率领王仙芝的残余部队与包围亳州的黄巢军队会合。黄巢在这里被推戴为盟主，自称“冲天大将军”，并改元为“王霸”。他没有使用皇帝的称号，大概是因为觉得还有归顺后获得高官厚禄的可能性。如果称帝，朝廷就难以接受他的归顺。

黄巢继续向西前进，打算攻打洛阳。洛阳不愧是王朝的副都，防备严实牢固，而且各路援军疾驰而来，黄巢决定改变计划，掉头向浙江方向前进。

据文献记载，黄巢此时给天平节度使张杨送去表示归顺意愿的书函。根据不同史料，有的说是在攻打洛阳之前，有的说是在其后。

朝廷任命黄巢为右卫将军（从三品官），但要派人去郓州解除他的武装。黄巢表示不能接受。他凭借武力横行天下，朝廷才对他另眼相看，但如果被解除武装，黄巢就成为俎上之肉，任人宰割。

《资治通鉴》记载，黄巢得知朝廷的意图后，才攻打洛阳。而《新唐书·黄巢传》说，黄巢攻打洛阳失败，在浙江又损失得力干将后，意气沮丧消沉，才考虑归顺。两书所记述的先后顺序不同。

黄巢决定放弃攻打洛阳，然后南下，渡过长江，一路攻打虔州、吉州、饶州、信州等江西各地。他的归顺意图是通过天平节度使传递给朝廷的，天平节度使管辖郓州、齐州、曹州、棣州，只要一过长江，从山东至河南这个地区的联络就十分困难。所以黄巢提出归顺应该是在攻打洛阳之前比较合理。

黄巢终于进入江南地区。江南地区一直都是安定之地，没有设置节度使。当时江南多是设置藩镇，但没有强有力的藩镇，各地兵力十分有限。

这一年（878年）三月，黄巢军队渡过长江。八月，攻打宣州，但这里的观察使王凝坚守城池，黄巢久攻不下。宣州是康全泰发动兵乱之地，深刻总结教训后，军队纪律变得严明。黄巢军队是移动的军团，掠地占城不是首要目的，既然宣州攻不下，那就继续往前走。

从江西转向浙东，大概使用人海战术，在山上修通七百里的道路，攻进福建。十二月，攻陷福州，观察使韦岫弃城逃跑。

第二年，乾符六年（879年）六月，黄巢写信给岭南东道节度使李迢和浙东观察使崔璆，要求任命他为天平节度使。天平藩镇也管辖黄巢的故乡曹州。他大概是想衣锦还乡吧。然而，朝廷拒绝他的要求。

安史之乱以后，朝廷也任命投降的将军为节度使，但都是派遣到远离长安的偏远之地河北。黄巢心想大概因为天平地处中原，朝廷不会同意，于是他提出要求担任广州节度使，就是岭南东道节度使。然而，这个要求也遭到朝廷的拒绝。宰相于琮提出反对意见：

广州市舶宝货所聚，岂可令贼得之！

当时的东西贸易发达，丝绸之路的西域非常著名，众所周知，其实海上贸易也繁荣昌盛。很多阿拉伯人、波斯人在广州从事贸易活动。一百多年前，鉴真和尚东渡失败漂流到海南岛的时候，也路过此地。《唐大和上东征传》这样描写当时广州的景象：

江中有婆罗门、波斯、昆仑来船，不知其数。并载香药珍宝，积载如山。其船深六七丈。师子国、大石国、骨唐国、白蛮、赤蛮等往来居住，种类极多。

即使在唐朝控制西域的时候，海上贸易也还是如此繁荣。何况西域摆脱唐朝的控制，丝绸之路在吐蕃、回纥等武装集团的巡逻监视下充满危险的时期，广州的海上贸易更是兴盛荣昌的景象。

不能把这一片重要的土地交给叛军的降将，如果他们在这里积蓄财力，充实军费，还会制造第二次、第三次叛乱。朝廷拒绝这样的要求理所当然。

朝廷还是想授予率府的率这个礼仪性的官职。黄巢勃然大怒，攻打广州，当天攻陷，抓俘节度使李迢，接着在岭南各县大肆扰乱抢劫。

但是，黄巢军队的士兵多为北方人，在岭南水土不服，病死者接连不断，军心动摇，出现恐慌状态。据说死于地方病的人数十有三四。于是，黄巢听从部下的建议，决定回到北方去。

北还以图大事。

所谓“图大事”，指的并非受封节度使，而是建立新政权。于是黄巢开始北伐。

据阿拉伯人阿卜·赛义德的著作记载，黄巢在攻陷广州以后，杀死居住在广州的外国人十二万。阿卜·赛义德本人没来过中国，他的记述全部都是传闻，把黄巢写成“Huang Chao”，事件的发生时间按回历是264年。换算成阴历，是乾符四年八月二日至乾符五年八月一日。桑原骘藏以此为依据，推测广州失陷时间比一般所说的早一年。

正史记载的年代受到质疑是因为唐朝末期的记录多毁于战火，所记述的事件中矛盾不少。当然，阿卜·赛义德根据传闻的记述也不能全信，尤其是十二万外国人被杀的记述无疑是夸大其词。

按照中国的正统史观，黄巢是一个大坏蛋。《新唐书》把他归到《逆臣传》，只要是关于他的坏话，无论巨细，全部记载。如果屠杀十二万外国人是事实的话，对黄巢恨得咬牙切齿的当时的史学家绝对不会漏过。战争要杀人，也许黄巢有过分野蛮之处，但应该没有发生阿卜·赛义德所说的那样大规模的屠杀。

即使尽量贬损黄巢的《新唐书》的史学家们也记载说，黄巢的军队中流传一首歌谣，歌中唱道：遇到儒生不可杀，否则全军要覆灭。并且付诸实施。为了教育来自四面八方的士兵，大概是某个领导创作这首歌，让士兵们歌唱吧。

因为要“图大事”，所以必须军纪严明。北伐军制作大竹筏，从桂林进入湘江，过永州、衡州，破潭州。这条路线与千年之后太平天国军队的路线基本相同。消灭十万政府军正是这个时候，据说尸体堆积成山，河流为之堵塞。《新唐书》这样记述政府军的残暴行为：

官军乘乱纵掠，会雨雪，人多死沟壑。

渡过长江、淮河的时候，黄巢自称“率土大将军”。《新唐书》记述道：

整众不剽掠，所过惟取丁壮益兵。

与政府军相比，黄巢的北伐军似乎具有解放民众的性质。

其实政府军并不是没有追击黄巢、予以重创的机会。然而正如山南道节度使刘巨容所言：

国家喜负人，有急则抚有将士，不爱官赏。事宁则弃之，或更得罪，不若留敌以为富贵之资。

只要有贼寇存在，军队官兵就会受到朝廷的重视，获得赏赐，所以不要把贼寇消灭干净，留着作为自己挣钱、升官的工具。

各地藩镇的军队都已经出动，但是淮南节度使高骈为独吞功劳，向朝廷谎报贼乱已平定，于是朝廷命令在各地等候军令的其他藩镇军队全部撤回。

这无疑帮了黄巢一个大忙。黄巢的主要敌人，与其说是唐朝的政府军，不如说是瘟疫。

唐僖宗广明元年（880 年）十一月丁卯日，黄巢终于攻陷固若金汤的洛阳。东都留守刘允章率百官出迎黄巢。

洛阳市民早就听说黄巢军队纪律严明，秋毫无犯。据说黄巢军队进入洛阳的时候，城内平稳宁静。

大唐的灭亡

占领洛阳以后，黄巢军队于十二月向潼关进发，号称六十万大军。一百二十四年前，安禄山以十五万的兵力号称二十万举兵，由于要留下部分军队在洛阳等占领地区守卫，攻打潼关的时候只有五万士兵。从兵力上说，黄巢之乱比安禄山之乱对唐王朝的威胁更为严峻。安禄山的时候，唐玄宗调拨十五万军队给哥舒翰守卫潼关，却依然没有守住。

现在面对六十万的黄巢军队，长安派去的援军只有两千多人的神策军。潼关的守军也就一万左右。所谓神策军，应该是禁军核心的精锐部队，然而洛阳市民对他们的出征抱着怀疑的态度。市民的担心不是没有道理，因为开往潼关的神策军多半是老弱病人。

神策军是唐代宗在安史之乱后新设立的禁卫军，当时宦官的势力十分强大，神策军也掌握在宦官手里。只要一当上神策军的士兵，就会得到各种各样的特权，税金自然免除，有时还能获得皇室的下赐品。长安的富家子弟经常贿赂宦官，取得神策军的军籍。宣歙藩镇之乱的时候，也有巨商豪农加入军籍，以捞取油水。首都长安的神策军都是有钱人的子弟，只知道“华衣怒马”，根本不接受军事训练。身穿华丽的衣服，骑马挥鞭在街上疾驰。市民见之，纷纷躲避。神策军的任务是保卫皇室，认为自己不会被征调上战场。如今奔赴前线的命令下达，他们心神不安，就和家人商量，找别人替代自己出征。

长安有悲田养病坊，收容那些患病的无依无靠的乞丐等人。当然他们过着最低水平的生活。只要多给一点钱，他们什么事都可以做。具有神策军军籍的有钱人家的子弟就从中挑选看着过得去的人代替自己出征。在病房中看着过得去，可是在一般人眼里，尽是老弱病号。长安市民对这种毫无用处的神策军出征自然态度冷漠。当时人们一定感觉到长安已经保不住了。

这支神策军起到把黄巢的军队从潼关引导到长安的作用。当残兵败将回到长安的时候，唐僖宗终于逃出长安，因为知道黄巢军队紧接着就要进来。十二月甲申日，在宦官田令孜指挥的五百人神策军士兵的保护下，唐僖宗一行少数人日夜兼程向西逃去。

午后，黄巢的前锋将领柴存进入长安。金吾大将军张直方率文武官员数十人在灞水岸边迎接黄巢。

黄巢杀死留在长安的唐王朝皇族全部成员。十二月壬辰日，在含元殿举行即位仪式，国号大齐，改元金统。唐朝的元号是广明元年，黄巢方面将“唐”字拆开，留下“广（家）”，下面加入“黄”字，成为“廣”；再把“明”字拆成“日月”，这样，“广明”就可以解释为“黄家日月”。

黄巢称帝的大齐辞退唐朝三品以上的官员，留用四品以下的官员。造反的一路上可以征募众多士兵，却无法征募官吏，只能留用他们。

著名的晚唐诗人皮日休当时是从七品官太常博士，黄巢看中他的才华，任命为翰林学士。

前面说过，晚唐的历史记录多有不确切之处。有关皮日休的命运，也有不同的说法。一般认为，他作为翰林学士侍奉于黄巢身边，但因所写的文章有不逊的表现，被杀。黄巢生于盐商之家，生活富裕，受过教育。据说曾多次参加进士考试，均落第。即使如此，他原本就具有一定的文化素养，还是能看穿文章中所隐含的作者的真实心态。

也有人认为黄巢失败、唐朝收复长安以后，因为皮日休侍奉过贼寇，被唐朝杀死。

根据皮日休的曾孙皮子良的墓志铭记载，皮日休为避广明之乱，移居会稽，仕于当地的地方政权钱氏。

皮日休对现实社会的矛盾持有强烈的批判精神，也许他很有可能侍奉于主张社会改革的黄巢。他私淑社会派诗人白居易，创作相对于白居易“新乐府”的称为“正乐府”的诗歌。

下面是皮日休《正乐府十篇》中的《哀陇民》。陇指的是长安西面至甘肃的地区。似乎陇民有义务要给朝廷进贡鹦鹉，为此付出巨大的牺牲。这首诗无疑是对朝廷的奢侈的批判。

陇山千万仞，鹦鹉巢其巅。
穷危又极崄，其山犹不全。
蚩蚩陇之民，悬度如登天。
空中觇其巢，堕者争纷然。
百禽不得一，十人九死焉。
陇川有戍卒，戍卒亦不闲。
将命提雕笼，直到金台前。
彼毛不自珍，彼舌不自言。
胡为轻人命，奉此玩好端。
吾闻古圣王，珍禽皆舍旃。
今此陇民属，每岁啼涟涟。

在宦官统治的社会，奢侈是一种享受。对于被剥夺了其他享受的他们来说，奢侈的享受就是人生的价值。这是对皇帝和廷臣的诱惑。出现财政困难，就不断地增加盐税，终于引起黄巢等武装私盐集团的造反，而增税的部分完全被他们奢侈挥霍。

黄巢高举反对宦官专横跋扈、反对徇私人事、反对贪污的旗帜，社会派诗人皮日休对黄巢产生共鸣是理所当然的。

据说黄巢刚刚进入长安的时候，对穷人施舍行善，但几天以后开始掠夺财物，烧毁商店，疯狂杀人。尤其对官吏恨之入骨，军队官兵屠杀官员、差役，连黄巢都无法制止。

他们对贫民穷人表示同情，但是对官府之人、商店主怀着本能的仇恨。

唐僖宗逃到四川，以成都作为临时国都。唐玄宗的时候也是这样，四川易守难攻，大军难以进来，是非常理想的流亡政权的根据地。

黄巢守住长安只有两年四个月。因为整个集团是急剧膨胀形成的，许多人有自己的想法，发生内讧是不可避免的。

黄巢军队一直都是处于运动之中。南下之时，遇到宣歙藩镇的顽强抵抗，立即放弃攻打，撤兵而去。他们没有在一个固定据点长期坚守的经验。唐王朝对这样到处游动的军队难以捕捉，但定都长安、建立新政权的黄巢处于容易受人攻击的状态。

黄巢军团不擅长处理国家的行政事务，虽然发布公告，继续留用唐朝四品官以下的官员，但响应者寥寥无几，为此甚至需要找上门去请他们出马。

就在黄巢为这些棘手的行政事务弄得叫苦不迭、焦头烂额的时候，唐王朝方面逐渐恢复过来。毕竟是瘦死的骆驼比马大吧，长期运转的国家机构在流亡政权中也慢慢开始启动。

如果是近代的中央集权国家，只要控制住首都，可以说控制住一半的国家命脉。然而，当时的唐朝并没有完全控制地方的藩镇。河北的藩镇表面上把唐王室奉为宗主，实际上可以说就是一个独立国。

黄巢取得长安，他所得到的不过就是一个长安，并没有原封不动地继承唐王朝的遗产。地方的藩镇根本不打算承认黄巢的宗主权，依然承认唐王朝是自己的宗主。既然如此，地方的藩镇本应该攻打黄巢，有的藩镇的确也摆出这样的架势，实际上也发生过战斗。然而，他们首先考虑的还是尽量保存实力以对付即将来临的弱肉强食的时代。

黄巢对长安的占领，使得各地藩镇越发深刻认识到——唐王朝靠不住。唐王朝失去国力，藩镇只能依靠自己的力量来保卫自己。黄巢之乱似乎成为促使藩镇独立的契机。

转移到成都的唐僖宗终于到了二十岁。

上日夕专与宦官同处，议天下事，待外臣殊疏薄。

另外，皇帝的下赐品都给予从长安跟随而来的军队，当地的蜀军没有得到，蜀军领导郭淇为此不满，举兵叛乱，烧毁成都的坊市。

长安的黄巢也同样是问题堆积如山。号称六十万大军，大部分是在洛阳一带征募入伍的，他们多只是参加过最后阶段的战斗，已经不是风雨同舟共患难时代的军队。军队领导人的思想也是五花八门。

黄巢之乱与千年之后的太平天国之乱有点相似。黄巢是进士落第的书生出身，太平天国的洪秀全也是科举落第的书生出身。太平天国从武昌进军，攻陷南京的时候，拥有百万大军，其中武昌入伍的军人非常多，这也与黄巢之乱相似。

太平天国败于内讧，黄巢之乱也是如此。黄巢的得力干将朱温的叛变给予黄巢致命的打击。

朱温是五代之一后梁的太祖。据《旧五代史·梁书·太祖纪》记载，朱温归顺唐朝是因为他受到唐朝河中节度使王重荣攻打的时候，曾要求黄巢救援，却被黄巢的左军使孟楷置之不理，为此心怀不满。

又闻巢军势蹙，诸校离心，帝知其必败。九月，帝遂与左右定计，斩伪监军使严实，举郡降于重荣。

就是说，朱温对黄巢的前途已经完全失望。唐王朝对朱温的反水兴奋异常，不仅立即封他为左金吾卫大将军、河中行营副招讨使，还赐名全忠。此后朱温就名叫朱全忠。

逼迫黄巢走投无路的不仅仅是朱温的背叛，还有雁门节度使李克用不遗余力地讨伐。他在所有藩镇中是最竭尽全力的，这有他不得不如此的理由。

李克用这个名字像是汉人，其实他是沙陀族的首领，本姓朱邪，父亲朱邪赤心在平定庞勋之乱时立下大功，受赐唐朝国姓李，名叫李国昌。

黄巢之乱，天下动荡不安的时候，李克用被云州沙陀族官兵拥立为首领，袭击唐朝的朔州，失败后逃到偏远的草原深处。唐朝想借来勇猛的沙陀骑兵镇压黄巢，所以唐朝宽恕他的袭击朔州的行为。然而，李克用觉得自己曾经背叛过唐朝，要立大功才能将功折罪。

李克用的军队全部身着黑衣，人称“鸦军”。李克用身材魁梧，一只眼睛极小，人称“独眼龙”，感觉是一个面目可憎、令人恐惧的人。

当时，尚让（尚长君的弟弟）率领的十五万黄巢军队驻扎在梁田陂。李克用击败他们后，继续向长安前进。梁田陂作战两个月以后的中和三年（883 年）四月，黄巢军队撤出长安。撤退的时候，沿途撒满珍珠财宝，政府军忙着拾取，忘记了追赶敌人。政府军不仅拾取财宝，还趁机大肆抢劫。官方史料这样记述：

官军暴掠，无异于贼，长安室屋及民所存无几。

所以，唐朝能够收复长安，依靠的是反水的朱温（朱全忠）和被赦免无罪的李克用的力量。

朱全忠被任命为宣武节度使，李克用被任命为河东节度使。当时李克用二十八岁。

黄巢撤出长安以后，还在各地与唐朝军队作战，坚持一年多。战争极为惨烈，因为当时发生大饥荒。“木皮草根皆尽”，还算是好的，史书记载，“乃以人为粮”。

朱全忠和李克用把黄巢逼回自己的故乡。黄巢在泰山东南面的狼虎山自刎，他的外甥林言割其首。

中和五年（公元 885 年。三月改元光启）正月，在四川避难的唐僖宗离开成都开始返回长安。然而，社会并不因为黄巢的死去就平稳下来。黄巢离开长安东进的时候，守卫蔡州的节度使秦宗权与黄巢勾结发动叛乱。黄巢灭亡以后，秦宗权依然实行地方割据，在唐僖宗回到长安的时候，他还即位称帝。

令人感觉讽刺意味的是，平定这个先前的唐朝节度使秦宗权的正是先前的黄巢手下大将朱全忠。

朱全忠与沙陀族的李克用关系不好，李克用在酒席上喝醉，说了一些得罪朱全忠的话。朱全忠大怒，要杀他，虽然李克用逃脱一条命，但两个人从此结下冤仇。

在收复长安中立功的河中节度使王重荣在宦官田令孜的活动下调任泰宁节度使。然而，王重荣未去赴任，因为河中是盐的产地，自己离开这里，就意味着这个丰饶的地方被宦官夺走。于是他向李克用求援，李克用回答说："待吾先灭全忠，还扫鼠辈如落叶耳。"王重荣说："待公自关东还，吾为虏矣。不若先除君侧之恶，退擒全忠易矣。"劝他先剿除田令孜。

李克用终于发兵逼近长安。田令孜奉拥唐僖宗逃到凤翔避难。李克用和王重荣联名请求唐僖宗回到长安，并处置田令孜。但是，田令孜紧紧围绕在僖宗身边，寸步不离，又奉拥着僖宗前往宝鸡。

这个时期，各种纷争频仍，从大的来说，可以分为三个系列。

第一，军阀之间的争斗。即李克用与朱全忠的反目。

第二，朝臣与军阀之间的争斗。

第三，军阀、朝臣与宦官之间的争斗。

唐朝末期的这些争斗互相纠缠，犬牙交错，极其错综复杂，恐怕没有必要在这里一一加以说明。

在唐僖宗被田令孜带到汉中期间，朱玫等拥立皇族的成员、襄王李煴为帝，但被王重荣所杀。

文德元年（888 年），唐僖宗终于回到长安，但是他离开凤翔的时候似乎就已染病，二月回到长安，三月死去，享年二十七岁。

唐僖宗的弟弟寿王李杰继位，即唐昭宗。唐昭宗远比他的哥哥唐僖宗英明睿智，但是在扭曲变形的宫廷关系中充分发挥自己的聪明才智极为困难。

唐僖宗的身边人宦官田令孜以治病为由留在四川。拥立唐昭宗的有功之臣、十军观军容使杨复恭成为头号宦官。唐昭宗将自己的名字"杰"改为"敏"。

朱全忠与李克用的争斗，朱全忠占据优势。因为朱全忠紧紧依靠朝廷，势力大增，而李克用擅自退到太原，使自己变成"朝敌"。

不过，这个时期，谁也不怕自己被视为"朝敌"。昭宗大顺元年（890 年），变成朝敌的李克用击退前来讨伐的政府军。第二年，在李克用的强硬要求下，朝廷不仅对他官复原职，还加封中书令的称号。这似乎变成了靠实力说话的时代。

唐昭宗的岳父王瓌想当节度使，昭宗就把这件事告诉掌管人事的宦官杨复恭，但得到的回答是“不行”。如今杨复恭接替留在四川的田令孜，成为宦官的最高首领。他的所有“假子”都当上节度使或者刺史。所谓“假子”，顾名思义，不是真正的儿子，而是义子。宦官无子，就收养这样的假子。杨复恭随随便便地把节度使的职位给予自己的假子，却不给皇帝的岳父。

但是，王瓌频繁进入宫中活动求情，杨复恭只好推荐他担任黔南节度使，然而在王瓌赴任的途中，命令山南西道节度使杨守亮把王瓌一行全部杀死。杨守亮也是杨复恭的假子。唐昭宗大怒，任命杨复恭为凤翔监军，要把他驱逐出朝廷。杨复恭称病不去，唐昭宗也就以他有病为由，罢免官职。

唐昭宗是杨复恭拥立即位的。唐僖宗的弟弟之中，作为继承者，口碑最好的是吉王李保。杨复恭排斥李保，拥立昭宗，这样就以为自己是皇帝的恩人。可是，唐昭宗毫不犹豫地将他罢免。

这与其说是唐昭宗的英明，不如说表明宦官的势力开始衰弱。那个风靡一世的田令孜也不得不躲在四川。宦官收养很多假子也可以说是宦官力量衰弱的一个证据。拥有很多假子是为了预防万一。杨复恭逃到汉中，与朝廷对抗。

凤翔节度使李茂贞因为要讨伐杨复恭，兼任山南西道招讨使。他攻陷汉中，杨复恭逃到内地，事情基本告一段落以后，唐昭宗打算解除他兼任的职务。因为权力过于集中在他手中。但是李茂贞拒不服从。

竭尽全力恢复皇室权威的唐昭宗决心讨伐李茂贞。当时唐昭宗最信任的宰相是杜让能，同样是宰相的崔昭纬是他的政敌。崔昭纬为了搞掉杜让能，就秘密告诉李茂贞说，是杜让能向皇帝建议讨伐他的。

朝廷派遣的皇族将军被李茂贞打得落花流水，李茂贞追击败退的“讨伐军”，一直逼到长安。他以这样利刃架在脖子上的方式逼迫皇帝诛杀杜让能。

讨伐李茂贞是皇帝的主意，其实杜让能还劝阻过，但是李茂贞听到的却是另一种说法。唐昭宗舍不得杜让能，就把接替杨复恭成为宦官首领的西门君遂等三人处斩，然后告诉李茂贞说：

惑朕举兵者，三人也，非让能之罪。

但是李茂贞根本不买这个账。唐昭宗被逼无奈，不得不杀掉最信任的宰相杜让能。

唐昭宗采取各种措施，试图重新树立皇室的威信，结果威信不但没有提高，反而降低。唐昭宗努力防止权力过分集中在一个人手里，结果李茂贞反而兼任凤翔、西道、武定、天雄这四镇的节度使。

不过，从这起事件可以看出，宦官正逐渐离开权力斗争的舞台。这是一个凭力量说话的时代，这个力量不仅仅是权力，而是以武力为靠山的实力。面对强大的实力，连皇帝也不得不杀掉自己的宠臣。宦官得心应手玩弄的那一套阴谋诡计已经不再奏效。也许可以说进入了以实力对话、碰撞来决定事情的时代。

这是一个实力的时代，意味着自南北朝以来的贵族社会的崩溃瓦解。重视门阀的时代肯定已经过去。盛唐以后，没有门阀背景的人，只要进士及第，就可以进入政界。但由于反对者情绪激烈，才引发牛李党争。进士的考试很难，能顺利及格，除少有的例外，都是富裕家庭出身的人。正如唐朝初期建国元勋中群盗出身者迅速贵族化一样，进士出身的高官也出现贵族化的倾向。然而，唐朝末期则是实实在在的实力主义时代。所谓实力，就是武力，所以也可以说是“军阀时代”。

李克用曾是沙陀族的首领，朱全忠曾是黄巢的得力干将。李茂贞在这两大军阀之间迅速扩展自己的实力，从一名士兵一跃成为将军。李茂贞的实力稍逊于李克用和朱全忠，但是他充分利用凤翔这个靠近长安的地利条件，不断扩充势力范围。

只有唐昭宗一个人在长安焦急万分，他千方百计地力图恢复唐王朝的威信，但每一次措施都适得其反，反而降低自己的威信。

这三个实力派人物都把自己的亲信送到朝廷当宰相，最大限度地谋取各自的利益。宦官也分派，耍阴谋玩诡计，不过已经没有实力。唐昭宗把军队的指挥权交给皇族。只相信亲戚，这也是末期政权的症状。20世纪初期，清朝灭亡之前，也出现“亲贵内阁”的政权。依靠皇族巩固政权，但也阻挡不了王朝的灭亡。

回光返照，火焰熄灭之前都会有短暂的燃烧亮光。唐朝宦官在覆灭之前也有短暂的气焰嚣张的时期。

有一个宰相名叫崔四入，本名崔胤，出身名门。因为四次入宫担任宰相，所以绰号叫作“四入”。这个人失势后又出山，几起几落，他能够东山再起的秘密，就是背后有朱全忠的支持。

崔胤的父亲崔慎由是唐宣宗时代的宰相。崔胤与过去的黄巢部下朱全忠联手不过是权宜之计。他的理想应该是恢复过去贵族社会的美好日子，为此首先要铲除将历代皇帝玩弄于股掌之上的宦官势力。他请求凤翔的李茂贞派三千士兵进驻长安，其目的是遏制当时还掌控在宦官韩全诲、张彦弘手里的长安神策军。然而，韩全诲曾经当过凤翔监军使，与李茂贞关系颇深。崔胤的如意算盘完全落空，从凤翔进驻长安的三千士兵反而增强了宦官的力量。

受宦官欺负最厉害的莫过于皇帝，唐昭宗对宦官恨之入骨。崔胤与唐昭宗密谋诛灭宦官，却被宦官探知。宦官得到凤翔来的三千士兵的支援，犹如熄灭前的火焰一样，突然间猛烈燃烧起来。崔胤得知自己与皇帝密谋之事泄露出去，感到性命危险，向朱全忠求救。

宦官们听到朱全忠开始调兵的消息，立即把皇帝带到凤翔。天复元年（901年），当朱全忠的军队进入长安的时候，唐昭宗已经不在长安，只剩下崔胤等一帮官吏。朱全忠把这些官吏全部转移到自己的势力范围华州。

第二年，天复二年（902年），朱全忠猛烈攻打凤翔。凤翔的李茂贞抵挡不住朱全忠的军队，终于投降。朱全忠接受李茂贞投降的条件是归还唐昭宗，诛灭宦官。

李茂贞统治十道二十州，拥天子以令天下，打算即将通过禅让自己登基称帝。他的野心被朱全忠击得粉碎。

称为“四贵”的韩全诲、张彦弘、袁易简、周敬容宦官，以及李继筠等十六个领导层宦官被杀，首级送到朱全忠那里。朱全忠和崔胤进入凤翔，又杀掉七十多个宦官，留在长安的宦官也被杀。派到各地军队中担任监军的宦官也几乎全部被杀。

中唐以后在朝廷政治上投下浓厚阴影的宦官问题得以一举解决。皇帝、贵族、藩镇都非常憎恨宦官。也许由于这个缘故，在诛灭宦官这个问题上，没有发生什么阻碍，进行得很顺利。

贵族崔胤实现了他的第一个目标。本应是皇帝家奴的宦官却凌驾于贵族之上作威作福，这是崔胤无法忍受的。崔胤下一步考虑如何扩大自己的势力。这是一个依靠实力说话的时代，所以必须拥有自己的武装力量，他打算创建自己的军队。

凤翔战斗结束以后，朱全忠回到自己的大本营大梁，留下侄子朱友伦驻守长安。天复三年（903年）十月，朱友伦在打马球的时候坠马而死。朱全忠闻之大怒，把和朱友伦一起打马球的十几个人全部杀死。这简直是飞来横祸。朱全忠还怀疑侄子之死是被人陷害，而这个人正是宰相崔胤。

此时崔胤以六军（左右龙武、羽林、神策）名不副实为由，招募新兵六千六百人，进行训练。朱全忠让自己的部属也去应征，混进新军里探听虚实。

朱全忠一心考虑通过禅让自己取代唐王朝称帝，所以必须尽早铲除反对派。他认为，崔胤虽然表面上附和自己，其实他的目的是恢复昔日的盛唐景象，他是反对禅让的最大势力，从训练新军这一点就看得清清楚楚。

天复四年（公元904年。四月改元天祐）正月，朱全忠终于派兵包围崔胤的住宅，杀其一族。

然后，朱全忠将唐昭宗以及官员、居民等强行迁往洛阳。眼看着即将上演禅让的闹剧，唐昭宗在前往洛阳的途中向各藩镇发出求救的密诏。

凤翔的李茂贞、河东的李克用、淮南的杨行密、西川（四川）的王建以及赵匡凝、杨崇本等重要节度使在接到密诏后，不断发出讨伐朱全忠的呼声。然而，各地藩镇只有声音，不见行动，他们都担心一旦出兵，自己的后方大本营可能会被人袭击夺取。各地藩镇对唐王朝不再是忠心耿耿。

节度使杨崇本又名李继徽，因为他是李茂贞的假子。不仅宦官收养假子，藩镇的军人为了保证部下对自己的忠诚，也与部下结为假子关系。

只有贵族始终不收养假子，因为他们过于重视血统。如果收养假子，担心自己的门阀家族血统就不再纯粹。

各地发出讨伐的声音，其实给唐昭宗造成不幸。朱全忠见事情闹大，索性杀掉唐昭宗，昭宗享年三十八岁。也许朱全忠认为幼帝的禅让更加合适。

十三岁的辉王李祚即位，改名柷。他就是称为昭宣帝的唐朝末代皇帝。因为没有子嗣，所以没有历代皇帝那样的宗庙号。昭宣帝即位是在天祐元年（904 年）四月。

三年以后的天祐四年（907 年），昭宣帝将帝位禅让给朱全忠，唐王朝就此灭亡。其实在最后几年里，就已经不是唐王朝了。

黄巢之乱以后，可以说唐王朝实际上已经失去了天下。它的威信号令只限于长安周边地区，无异于一个地方政权。

各地藩镇在黄巢之乱中趁机不断加强自己的独立性。

唐王朝灭亡后，朱全忠登基称帝，号大梁，但是他的政权也未能囊括天下，不过是一个地方政权。

史学家将朱全忠的王朝称为“后梁”。与他实力相当的其他藩镇也在各地割据独立，并不承认朱全忠的王朝。

被盛赞为世界帝国的唐王朝多么不堪一击，就这样土崩瓦解了！自唐高祖李渊接受禅让以来，唐王朝历经二百九十年而灭亡。朱全忠接受禅让的时候，为他进行策划、筹备的所有的人恰恰都是唐朝的家臣，只有一个人痛骂朱全忠的即位，这个人就是朱全忠的胞兄。

把国家让给别人的唐朝昭宣帝被封为济阴王，但第二年在曹州被毒杀，年仅十七岁。他的九个兄弟此前全部被杀，尸体扔进九曲池里。

菅原道真请求废止遣唐使是在宽平六年（894 年），十三年后唐朝灭亡，这令人感觉日本获得唐朝的信息相当详细。

五代一瞥

唐朝灭亡以后至宋朝统一中国的大约半个世纪一般称为“五代”，但正确的称呼应该是“五代十国”。

五个王朝在中原地区令人眼花缭乱地交替产生，这五个王朝都未能成为全国性的政权。而中原以外的地区，主要是唐末的节度使割据成立的国家，数量大约十个。这是中原地区的“五代”与地方“十国”并存的时代。

五代的第一个国家无疑是后梁。其实这个“后”字是后来的史学家为了不与南北朝的“梁”混淆起来而加上去的。后梁的太祖是曾参加黄巢的叛乱、后来被唐朝任命为宣武节度使的朱全忠。全忠是唐朝皇帝的赐名，原名温，当上皇帝以后改名晃。

朱全忠出身于砀山（安徽北部）的贫农家庭，早年丧父，在豪族家里当佃农，后来跑出来参加黄巢之乱，可是他后来又背叛黄巢归顺唐朝，可以说是一个典型的乱世英雄。不过，要埋葬如此悠久的贵族社会的体制，非他莫属。

唐朝如此棘手的宦官问题，朱全忠轻而易举地将其全部歼灭。也许因为他没有适应旧体制，才会这样快刀斩乱麻地一举解决。有一个名叫李振的幕僚建议把唐朝高官统统扔进黄河里，朱全忠觉得这个提议很有意思，立即实行。李振这个人考取进士，数次落榜，进士及第以后，对那些志满意得的唐朝高官充满仇恨。高官把宦官贬为浊流，自称清流。李振就是要把这些傲气十足自诩清流的家伙扔进浊流里。当时，被杀死后扔进黄河浊流里的有唐朝宰相裴枢、崔远、独孤损这样的高官显爵。这种粗野鲁莽可以说是朱全忠的典型性格。

后梁以汴州为东都，以洛阳为西都。汴州就是现在的开封市。朱全忠即位后，势力最鼎盛时期据说统治七十多州。一般说全国有四百多州（实际上大约是三百五十州），后梁只统治其中的五分之一，但因为控制了黄河中游的所谓中原地区，所以给人中央政府的感觉。

尽管是接受昭宣帝的禅让，但没有人承认他的政权。他的宿敌沙陀族的李克用更是将后梁视为眼中钉。凤翔的李茂贞曾经被朱全忠从他手里抢走过唐昭宗，自然不会承认后梁政权，而且李茂贞自立为王，国号为岐。

李克用在朱全忠即位的第二年死去，当时他已经自称晋王，其子李存勖继位，坚持抵御后梁的猛烈进攻。朱全忠刚当上皇帝不久，气势强盛，打仗也势头勇猛，但很快就暴露出弱点。他过于鲁莽，缺少细致周到的思虑。信赏必罚固然需要，但对打败仗、政策失误者的处罚过于严厉苛刻。他的身边没有一个好参谋。

例如出兵淮南，导致当地势力与凤翔的李茂贞联手；又如攻打赵的王镕，也导致他投向自己的宿敌晋，这些显然都犯了战略性的错误。朱全忠做事情不是三思而行，思前顾后，而是一味鲁莽，有勇无谋。

当时的节度使与宦官一样，也收养很多假子。后梁的太祖朱全忠也有很多假子，其中最信任朱友文，让他一手掌握财政大权。这倒没什么，问题是朱全忠好色放荡，对假子的妻子也不放过，口碑极坏。

朱全忠攻打王镕，反而被晋的沙陀骑兵打得疲惫不堪，弄得自己意气消沉，心情沮丧，回到洛阳后，便一病不起。他当时已年过六十，必须考虑继承者的问题，流露出选择假子朱友文作为继承者的意思。据说这是因为朱友文的妻子俘虏了朱全忠的心。总之，病榻上的朱全忠打算把身在东都的朱友文召回来。朱全忠的次子朱友珪（长子早死）得知此事后，自然十分不满，于是朱全忠决定把朱友珪支使到莱州担任刺史。

朱全忠经常把家臣贬职后杀死。朱友珪曾经挨过父亲的鞭打，不被疼爱。被逼得走投无路的朱友珪终于杀死病榻上的父亲，并且嫁祸于朱友文，杀之，然后自己即位。

朱友珪之所以被父亲讨厌，因为他是一个品质恶劣的人。他即位以后，立即过起荒淫无耻的生活，引起公愤，成为众矢之的。于是，朱全忠的三子朱友贞气愤不过，杀之，自己称帝。

在后梁这样混乱不堪的时候，李克用的儿子李存勖在北方不断地发展充实势力，成功地将战斗勇敢的沙陀骑兵有系统地组织起来。

李存勖接连不断地侵占后梁的领土。鼎盛时期的后梁曾经统治七十多个州，被李存勖不断蚕食，最后只剩下二十多个州。

李存勖不仅侵犯南面的后梁，还出兵东面的燕国。923 年，他即位称帝，国号“唐”。后梁于这一年灭亡。史学家将李存勖创建的唐称为“后唐”。后梁只存在十六年，当然，从不同的角度看问题，也可以说竟然坚持了十六年。

后梁的朱全忠脾气暴躁粗鲁，因为出身贫农家庭，对宦官、高官毫不留情，但据说对农民怀有怜悯之心。

李存勖在后唐王朝称为庄宗。他的父亲李克用受封于晋地，以常识来看，国号应该是晋，但是李存勖选择唐为国号，说明他对唐朝心存仰慕之情。

李存勖把朱全忠打得粉碎的唐朝末期的腐烂货色一个个像宝贝一样重新捡起来，恢复宦官制度，模仿唐玄宗的梨园，恢复帝室的演戏，皇帝甚至给自己取艺名“李天下”参加演出。

即位之前的李存勖有凛然威严之气，当上皇帝以后变得一无是处。

他模仿唐朝的做法，把宦官派到战功卓著的司令那里担任监军，勇猛强悍的沙陀族将军受制于宦官，自然十分不满。

要是国力充实富裕，当然也可以像唐朝那样享受奢华，可是连士兵的军饷都捉襟见肘。

不过，庄宗李存勖被讨伐四川的胜利冲昏了头脑。庄宗的长子李继岌担任远征四川的都统，但实际的指挥官是都招讨使郭崇韬。然而，庄宗听信宦官的谗言，杀死了郭崇韬。

不满的情绪在各地蔓延开来，在庄宗即位之地魏州也发生叛乱。庄宗派李嗣源镇压邺都的叛乱，此时李嗣源已经六十多岁，但他曾是李克用的假子。对庄宗绝望的部下以及邺都的叛乱军队拥戴李嗣源，攻打庄宗所在的洛阳。洛阳的部队也不想为庄宗卖命，便杀死庄宗，投降李嗣源。

因为李嗣源是李克用的假子，所以有资格成为后唐的皇帝。他被拥立即位，是为明宗，五代中的明君之一。

明宗接连不断地颠覆庄宗的所作所为，首先将宰相孔谦处死。为了满足庄宗荒淫奢侈无度的宫廷生活，孔谦千方百计不顾一切地剥削榨取人民的血汗。《旧五代史》这样记述道：

峻法以剥下，厚敛以奉上。

人民已经极度贫困疲惫，但为了庄宗享受唐朝皇帝那样的奢靡生活，被榨干最后一滴血。庄宗对孔谦变魔术一样向百姓征税的方法和能力十分佩服，授予他“丰财赡国功臣”的称号。这个“国”，不包括一般人民。人民被剥夺财产，在涂炭之苦中呻吟挣扎。这显赫华丽的称号无疑是建立在人民的憎恶之上。明宗李嗣源出身于沙陀族的平民家庭，与底层庶民十分接近，所以深知人民的爱恨。他一掌握实权，就首先除掉孔谦，废除他制定的严规酷法。

接着，明宗命令诛灭庄宗时代派到各地军队中的宦官监军。这些监军狐假虎威，凭借庄宗的威力，与节度使争权夺利，为官兵所痛恨。

然后，明宗又大刀阔斧地改革模仿唐朝的宫廷制度，精简机构，大幅度削减宫中人数的定员，规定宫女一百人、杂用宦官三十人、教坊乐人一百人、鹰坊鹰匠二十人、御厨厨师五十人。

明宗没有受过正规的教育，不识字，奏文由枢密使安重诲阅读。当时的奏文使用四六骈俪体，文辞过度修饰。明宗听不太明白，连安重诲也经常读不顺溜，不知所云，于是需要能够深入浅出、明确无误解读奏文的人，决定设置端明殿学士。被选中的是宰相冯道。冯道是历史名人，我将在后面详述。

后唐的明宗是五代政权中的好君主，但缺少作为明君的深度。他出身贫民，从普通一兵开始发迹，性格率直质朴。正因为如此，他才轻易听信安重诲的谗言，杀掉宰相任圜，后来又怀疑安重诲，也杀掉他。出于疑心而杀人，这是率直性格走向反面。不过，明宗在位七年间，少有战争，连年丰收。

令人遗憾的是，明宗即位时间太晚，他六十岁才即帝位。如果再年轻一点，大概会创建另外国号的政权。他即位的时候，就议论过是否改立新国号的问题，但最后还是选择成为后唐的第二代皇帝。他意识到如果另起炉灶，新建国家，自己的年龄太大，难以胜任。

晚年，每当患病，就经常赏赐军队官兵。这是他吸取了庄宗吝啬军饷引起兵乱的教训。然而，他的做法导致军队变得狂妄傲慢起来。

皇帝身患重病，自然产生继承者之间的争斗。后唐还遗留着浓厚的以实力争夺首领继承者地位的游牧国家的习惯。

明宗的次子李从荣似乎有点迫不及待，长子李从璟已死，按照顺序排列，他最为有利。可是他在探望父亲的时候，因为父亲没有说话，又听见宫中传来哭声，就以为父亲已死，便率兵闯进宫中，打算掌握皇位继承权。可是明宗还活着，李从荣就成为叛徒，被诛杀。

在这混乱骚动之中，明宗死去，三子李从厚即位，即闵帝。

后唐第三代皇帝闵帝的地位不太稳定。他有两个可怕的对手，一个是凤翔节度使李从珂。他是明宗的假子，极有才能。明宗本身就是李克用的假子，所以假子成为皇位继承者在后唐已经得到事实上的认可。另一个对手是明宗的女婿、河东节度使石敬瑭。

闵帝调任李从珂为河东节度使、石敬瑭为成德节度使，让他们离开自己的根据地。但是，他们感觉事情并不是仅仅调离自己的根据地那么简单，很有可能半路上遇害。

李从珂在凤翔举兵反叛，闵帝自然派兵讨伐。然而，后唐的军队已经变成“骄兵”。晚年的明宗对军队过于娇惯也是造成“骄兵”的原因之一。

讨伐军来到凤翔，不但不讨伐，反而接受赏金，投降李从珂。李从珂集中凤翔城内所有的财物分给他们。这个买卖比打仗合算，对于官兵们来说，只要投降，就能挣钱。

李从珂得到这一支投降的部队，反过来从凤翔向洛阳进攻。闵帝不惜钱财犒赏军队，派兵出去抵御，然而这支部队在途中也投降李从珂，这样无非可以得到双份赏金。

就这样，闵帝在即位的第二年就被李从珂取而代之，连性命也没保住。

据说李从珂本姓王，镇州平山人，母亲魏氏。当时明宗还是李克用的骑兵将领，在平山一带作战，夺取魏氏作为偏房。据说魏氏有一个十多岁的儿子，他就是李从珂。所以与其说李从珂是明宗的假子，不如说是继子。《旧五代史》称李从珂是“末帝”，《新五代史》称他为废帝。本书称之为末帝。

末帝李从珂进入洛阳以后，发现国库空空荡荡。闵帝在洛阳干的事与他在凤翔干的事一样。李从珂对投降的后唐部队承诺给予赏金，本打算利用洛阳国库的钱财充当赏金，现在一看国库空空如也，所以必须想办法弄到赏金的钱财，于是就进行苛敛诛求。

末帝害怕的对手也就是闵帝害怕的那个石敬瑭。

据说石敬瑭与后唐之祖李克用一样，也是西突厥人。关于西突厥的一个分支沙陀，诸说纷纭。有的认为是西突厥的处月种，有的认为不是部族的名字，而是泛指居住在沙坨碛的突厥人。石敬瑭的父亲名叫臬捩鸡，很像是突厥人的姓名。臬捩鸡跟从李克用立有战功，官至洺州刺史，可以说是沙陀族中的名门。其子为何姓石，史书皆说“不知得其姓之始”。五胡十六国时代的后赵创始者石勒是匈奴羌渠部族首领之子。关于他的姓氏，有人认为与中亚的石国（塔什干）有关。也许石敬瑭景仰在华北地区创建大帝国的、游牧民族出身的石勒，特地取其姓为己姓的吧。

末帝所做的事情与闵帝如出一辙，调任身居晋阳（山西太原）的河东节度使石敬瑭为太平节度使。其样板正是末帝李从珂本人，要么叛乱，要么被杀，如果二者必择其一，自然选择前者。石敬瑭拒绝赴任，这无疑就是叛乱。

后唐的势力还相当强大。石敬瑭被后唐军队包围，失去信心，感觉难以抵御。谋臣桑维翰建议向契丹族求援。

契丹族是蒙古种族的一个分支，从 4 世纪开始，就在内蒙古草原上过着游牧生活，不同时期分别从属于突厥、回纥、高句丽、唐朝等。他们在居住地区也从事农耕，契丹族的国家具有二元性。武则天时代，试图脱离唐朝，寻求独立，失败。但是，当南方的唐朝开始衰弱，北方还没有出现强敌的时候，契丹族首领耶律阿保机终于实现独立的夙愿。耶律阿保机的手下多有汉族的家臣，他既是游牧民部族联合的首领，同时也具有农耕社会的皇帝的性格。大概正处在民族兴盛时期，契丹族逐渐强大起来，攻打西面的党项族、吐谷浑族，又消灭东面的渤海国。

石敬瑭求救的时候，契丹正处在没有内忧外患、专心致志地加强军队的状态。耶律阿保机于926年死后，其子耶律德光成为第二代皇帝，继承政权，依然具有强大的实力。

石敬瑭得到契丹援军的代价是，承诺称呼契丹的首领为“父”，自己称臣，并且割让卢龙一道以及雁门以北的各州。

契丹派出五万骑兵，号称三十万，一路南下。包围晋阳的末帝派遣的张敬达军队备受契丹骑兵的摧残，最终官兵杀死张敬达，投降契丹。后唐军队已经习惯于投降。

契丹将军迪离毕率领五千骑兵以及后唐的降军从晋阳奔袭洛阳，石敬瑭的军队紧随其后。

后唐末帝登上洛阳宫殿的玄武楼自焚而死。皇太后、皇后也同归于尽。刘皇后打算烧毁宫殿，被皇子李重美劝阻。新天子不能没有宫殿，否则肯定要重新修建，人民又会被征调差役，遭受苦难，这样自己死后还要被人民所痛恨诅咒。皇后听从了皇子的劝谏。

末帝李从珂享年五十一岁。后唐十四年而亡，石敬瑭即帝位，国号晋。史学家称之为后晋。这一年（936 年），后晋定元号为天福。

天福二年（937年），后晋从洛阳迁都开封。同年，契丹改国号为辽。

五代各国中，除定都洛阳的后唐以外，其他国家都定都开封（汴州）。洛阳是历史悠久的古都，但开封的水陆运输远比洛阳优越，人们也多居住在开封。

后晋是在辽的保护下勉强建立起来的弱小王朝。按照承诺，每年送给辽国三十万匹丝帛，将所谓的燕云十六州割让给辽国，失去了包括现在的北京地区在内的广大土地。

天福七年（942 年），后晋的石敬瑭五十一岁时死去。其子石重睿尚幼。天平节度使景延广以国家多难之秋、幼主难以执政为由，主张拥立高祖之兄石敬儒之子齐王石重贵，得到大家的赞同。石敬瑭的意思是将自己的左膀右臂河东节度使刘知远召入宫中辅政，但石重贵根本无视这样的诏书。

按照这种拥立闹剧的规矩，掌握实权的自然是景延广，在给辽国的告知即位的文书中，不称臣而自称“孙”（石敬瑭对辽国自称儿皇帝）。这显然是违反承诺。这一切都是景延广的意见。

辽国的回复满含愤怒，质问后晋为什么不商量就匆匆忙忙地即位？不是石敬瑭的儿子，而是侄子，这也是一个问题。

辽国的卢龙节度使赵延寿早就企图在中原称帝，于是建议借后晋国书的口实攻打后晋。而且后晋对前去质问的辽国使者的回答，又是按照景延广的意见，使用傲慢不逊的词语。

没有必要恪守屈辱性的承诺。也许这也是一种观点。但主张采取更稳妥对策的李崧的话也不是毫无道理。

屈身以为社稷，何耻之有！

不仅仅李崧，当年谈判承诺条件的桑维翰等也请求对辽国采取低姿态，但是新帝——史书称出帝或少帝，有时称齐王——对景延广一切都言听计从。

不久，辽国出兵南下，后晋虽然顽强抵抗，但领土逐日被侵占，最后国都沦陷。这是出帝石重贵人生中最耻辱的日子。辽国皇帝耶律德光亲自进入开封，俘虏石重贵，在河南各地烧杀抢掠，无恶不作。

后晋的灭亡是在开运三年（946 年），这个王朝的寿命仅有十一年。

后晋灭亡的一个原因可以说是重臣们的不忠。当辽军南下的时候，河东节度使刘知远根本就不打算阻止。他知道石敬瑭死去的时候，曾下诏书委托自己辅佐新政，但是被齐王扣押。既然如此，那就随他去吧。后晋灭亡后，刘知远在晋阳即帝位，国号“汉”。这就是后汉。这个五代的后汉是五个短命王朝中寿命最短的，前后不过四年。中国将前后持续四百年的汉朝一般称为西汉、东汉。

五代的后汉的历史作用就是迫使赖在开封的辽国撤回北地。辽国听到后汉高祖刘知远从晋阳南下奔袭开封的消息，立即撤出开封。刘知远进入开封的第二年，改元乾祐元年（948 年）后死去，享年五十四岁。

次子刘承祐即位，成为后汉的第二代皇帝，称隐帝。内讧严重，政局不稳，隐帝害怕手握兵权的武将们，与亲信密谋如何剿灭他们。

护国节度使李守贞发动叛乱，被枢密使郭威平定，但不久隐帝打算剿灭郭威。郭威兼任邺都留守、天雄节度使，当他知道隐帝的意图时，渡过黄河，进兵开封。在郭威的军队抵达开封之前，隐帝就被家臣郭允明所杀，年仅二十岁。

郭威进入开封后，决定拥立武宁节度使刘赟（刘知远的侄子），便命太师冯道去徐州迎接。恰好此时接到辽军正在南下的消息，郭威率军来到澶州的时候，被部下拥立，回到开封即位称帝。

郭威是五代最后一个王朝后周的太祖。多余的刘赟在宋州被杀掉。刘赟的父亲刘崇在晋阳自立为帝，建立起一个小王朝。刘崇是刘知远的弟弟，但这个小朝称为北汉，不算是五代的国家，一般算在十国里。

显德元年（954 年）正月，后周太祖郭威死去，其养子柴荣即位，即后周的世宗。

后周世宗柴荣是太祖的皇后柴氏的哥哥之子，自幼在太祖家里生活，太祖深爱他的才能。

太祖担任后汉的枢密使的时候，世宗任左监门卫大将军；太祖担任天雄节度使的时候，世宗任贵州刺史；太祖即位后，世宗被封为晋王，是公认的继承者。

在五代的各个皇帝中，世宗是著名的明君。在五代各帝中，大概只有这个后周的世宗真正致力于内政，积极实行开垦荒地、治理水利、整肃纲纪、改革行政、充实军队等各项措施。世宗在历史上是著名的佛教镇压者。佛教界所谓的“三武一宗法难”的“一宗”，指的就是世宗。他的废佛令强制那些为逃税、逃脱兵役而出家的僧尼还俗，让他们从事生产性劳动，此外还没收寺院的土地，回收佛像、梵钟等铸造铜钱，具有相当的经济效益。

北汉的刘崇得知太祖死去，以为是消灭后周的绝好时机，在辽国军队的支援下进攻过来。世宗果敢亲征，起先形势对后周不利，世宗亲自阵前指挥，殿前军赵匡胤英勇奋战，终于战局逆转，甚至包围了北汉的首都晋阳。

那一次世宗虽然没有剿灭北汉，但是他很快就制订了统一中国的计划。五代的战争多是一城一地的争夺战，而世宗着眼大局，实行有计划的战争。

凡攻取之道，必先其易者。

世宗采纳郎中王朴的建议，按照这个原则，先攻后蜀，夺取其领土秦州、凤州，然后南进南唐，把江北收入囊中。显德六年（959年），北征攻辽（契丹），取益津关夺霸州，取瓦桥关夺雄州，再进兵取瀛洲。这是后晋的石敬瑭割让给契丹的燕云十六州的一部分。

北征途中，世宗患病，宏伟计划遭到挫折。同年六月，世宗三十九岁离世。

世宗有七个儿子，上面的三个都为后汉所杀，所以第四子最年长。虽说最年长，也只有七岁，即位，称为恭帝。

五代是节度使当皇帝的时代，而且北方藩镇的传统多采取军队拥立节度使的形式。

北方的游牧民族原则上挑选具有统率力的部族民担任首领。他们过着集体移动的生活，处于容易遭受敌人袭击的状态，选择领导人，能力比血统更重要。他们拥立首领的规矩也许很自然地传到北方的藩镇。另外，安史之乱以后，投降唐朝的叛军中应该有不少是北方游牧民。由于唐朝采取怀柔政策，任命叛军领导人为节度使，但从那时开始，这些就是被“拥立”的人。

后周的世宗柴荣死后，七岁的恭帝即位，但军队内部要求强有力领导人的呼声很高。恭帝即位的第二年（960年），辽军再次开始南侵，归德节度使赵匡胤率大军迎战，但在开封城外的陈桥驿宿营的时候，赵匡胤被军队将领拥立为帝。

赵匡胤担任节度使的归德藩镇是以“宋襄之仁”而著称的、春秋时代的宋国之地。赵匡胤即位后，定国号为宋。

宋是北宋、南宋加起来延续三百多年的长期政权。一个新时代从此开始。

以上简单地讲述了后梁、后唐、后晋、后汉、后周的五代情况。从后梁太祖朱全忠的开平元年（907年），即唐朝灭亡时，至宋朝建国（960年），前后大约五十四年。在这半个世纪里，中原产生五个王朝，此生彼灭，令人眼花缭乱。这五个王朝的君主，除了最早的后梁和最后的后周是汉族外，其他都是沙陀突厥人。

这是一个杂乱无章的时代，很多人在舞台上露一下脸就立即下去，没有主角出现。如果勉强寻找一个五代的主角，大概就是前面稍微提到的那个冯道吧。

冯道是瀛洲景城（河北）人，生于唐僖宗中和二年（882年），唐末时就已经在幽州节度使属下担任胥吏。五代初期，声名鹊起。据说契丹闻其名声，还计划把他强行拉过去。

前面说过，后唐的明宗因为不懂四六骈俪体的奏文，起用冯道进行解释。庄宗时代，他就已经是翰林学士了。

从后唐开始，冯道仕于后晋、后汉、后周，辽国太宗（耶律德光）南下又请他入朝，此人在五个朝廷担任宰相。依照不同的统计方法，可能略有差别，但他侍奉过五朝八姓十一君，实在是前无古人的记录。

自古以来冯道就是一个充满争议的人物，毁誉褒贬落差之大，也是前所未有的吧。五代是一个滥刑的时代，视人命如草芥，动不动就杀人。尤其在政治舞台上，宰相是核心人物，改朝换代不仅没有被杀，还能担任新王朝的宰相，这几乎可以说是奇迹。编撰《新五代史》的欧阳修严厉批判冯道：

其可谓无廉耻者矣。

冯道晚年自称“长乐老”，写有《长乐老自叙》一文。全文收在《旧五代史·冯道传》里。该文从自己的世家、宗族写起，历数在各个王朝所任命的官职、官爵、称号等，其中也有契丹所授予的官职，即“又授戎太傅”。这样的语句显然带着炫耀的语气。上面所引欧阳修的话正是他阅读《长乐老自叙》后的感慨。侍奉这么多的王朝，本应该感觉羞耻，尽量不留给后世知道，然而此人不以为耻反以为荣，居然如此恬不知耻地炫耀记述，欧阳修对此深感气愤。

后人对冯道的一般评价是此人没有气节操守，但是在当时反而对他能在不同朝代保持高官的本领表示赞赏。宋朝薛居正在《旧五代史》中这样评述道：

（冯）道之履行，郁有古人之风；道之宇量，深得大臣之礼。然而事四朝，相六帝，可得为忠乎！

无论如何，改朝换代之际，旧王朝的宰相出来迎接新帝，再被新帝任命为宰相，我们总会感到怪异。不过，可以说五代本身就是怪异的时代。清朝赵翼在《廿二史札记》中一方面这样评述道：

冯道历事四姓十君，视丧君亡国，未尝屑意，方自称长乐老，叙己所得阶勋官爵以为荣。二人皆可谓不知人间有羞耻事者矣。

另一方面又说道：

历事数姓，有玷臣节，则五代之仕宦者，皆习见以为固然，无足怪。

他认为，在五代那样的特殊时代，谁都觉得冯道的做法很正常，不足为怪。

后人为冯道辩护最为热心的是明末的李卓吾，他在《藏书》的最后一章这样评论冯道：

孟子曰："社稷为重，君为轻。"信斯言也，（冯）道知之矣。夫社者，所以安民也；稷者，所以养民也。民得安养而后君臣之责始塞。

李卓吾认为，君臣关系，以民得安养为先。这是最根本的，其他都是次要的。在五代时代那样的君主无法安养民生的时候，臣子就有责任去做。此时，臣子的最大义务是安养民生，对主君尽忠尽节是次要的。他评价说正是由于冯道的作用，才使得政权交替时没有产生更大的混乱，得以避免战争。

改朝换代的时候，旧王朝的臣子如果进行顽强的抵抗，人民就会被卷入战祸；如果旧王朝的宰相毕恭毕敬地迎接新皇帝，就可以避免混乱。但是，李卓吾也还是叮嘱道，这是因为在五代这个沦陷的时代，才能予以这样的肯定。

辽太宗耶律德光占领开封的时候，出现大屠杀的气氛，冯道上前说道：

此时百姓，佛再出救不得，唯皇帝救得。

他对辽的首领说你比佛更有力量。冯道的这句话也受到批判。不过，他说的是实话，绝不是阿谀奉承，能够阻止大屠杀的除了耶律德光外，没有别人。据说冯道的这句话制止了契丹的暴行。

备受列强侵略之苦的中国不允许对冯道予以正面评价，近代中国自然对冯道的评价极低，抗日战争期间尤其如此。

词花绚丽

冯道自称长乐老，功成名就，心满意足。《长乐老自叙》虽有这样的记述，但也不是十全十美。自叙的末尾这样写道：

不能为大君致一统、定八方，诚有愧于历职历官，何以答乾坤之施。

再次统一分裂的国土是当时中国人的宏愿，被后世痛骂为没有廉耻之心的卖国贼冯道也希望中国得到统一。

三国时代、南北朝时期的分裂是辽阔的国土一分为二或者一分为三，而唐朝灭亡以后的半个世纪则是国土分裂成小块。

中原地区的政权比较大，五次更迭，称为五代。上一章对这些国家的兴亡作了简略介绍。现在来看看同一时期中原以外的其他地方的情况。

唐朝的财政主要依靠江淮地区的税收，江淮地区的经济得到飞跃性的发展，另外，蜀地（四川）也以土地肥沃而著称于世。

五代最后的王朝——后周的世宗柴荣胸怀统一天下的大志，他首先是夺取蜀地和江北地区，然后打算以南方的经济基础为靠山，准备北伐。

所谓十国，一般指吴、南唐、前蜀、后蜀、南汉、楚、吴越、闽、南平、北汉。其中北汉在前一章略为提及。这十国并非完全并存于中原之外的地区，也有吴灭，南唐取代之；前蜀灭，后蜀接续之这样的关系。

他们在各地割据，或称皇帝或称王，与五代一样，主要是节度使。例如吴是淮南节度使杨行密统治的地区，杨行密至死奉唐朝的正朔，虽然唐朝的力量对此鞭长莫及，但是他从来没有立国号、定元号的打算。

杨行密被唐王朝封为吴王，但是兵权不知不觉地掌握在部将徐温、张璟手里。杨行密死后，他的弟弟们成为傀儡。实权者徐温杀掉竞争对手张璟，完成独裁体制。他不停地劝说吴王称帝，其目的是杨氏一旦称帝后，他就打算接受皇帝的禅让。吴王称帝是在五代的后唐明宗的天成二年，即公元927年。吴的皇帝是年幼的杨溥。然而，策划、导演吴王称帝的实权派大宰相徐温却在吴王即将称帝前死去。

十年之后，公元937年，徐温的养子徐知诰接受吴睿帝杨溥的禅让，即位成为南唐皇帝。

南唐自然是史学家的命名，徐知诰却以大唐的继承者自居，成为徐温的养子之前，他的姓与唐朝一样，姓李。一当上南唐皇帝，他就改回原来的姓，名叫李昪。

南唐位于先前的大唐帝国的财源——江淮地区，所以在五代十国中具有最强的经济实力，它的弱点只是北有中原王朝，南有浙江的吴越，西有楚、南平，南有闽、南汉，周边与众多政权接壤。

李昪以“唐”为国号，胸怀收复中原、统一天下的抱负。南唐建国时候，中原王朝是石敬瑭的后晋。南唐的对中原政策是与北方的辽国（契丹）结为友好关系，共同施加压力。

南唐第二代皇帝李璟时代，邻国闽、楚发生内乱，于是趁机侵入扩大疆土，国势更加强盛。但是，北方的后周出现英杰世宗柴荣，频繁南征，南唐形势大变，陷入困境。

南唐具有比较强大的经济实力，后周等国不能与之相比，可是打起仗来，南唐总是一败涂地，大概是生活养尊处优，缺少锻炼的缘故吧。后周的世宗经常亲征，显德五年（958年），甚至还来到扬州。这一年，南唐将江北十四州献给后周，皇帝李璟废除帝号，只称国主，这才获得安宁生活的环境，而且还要忍受着使用后周元号的屈辱。

第二年，后周的世宗死去，赵匡胤接受禅让，建立宋朝。南唐当然还要继续向后周的下一代王朝宋朝进贡。

宋太祖赵匡胤即位的第二年，南唐国主李璟死去，太子李煜继国主之位。李煜被称为“南唐后主”，在位期间，宋朝以旭日东升之势灭南平，亡后蜀，吞南汉。

宋朝与东面浙江的吴越国联合攻打南唐，开宝八年（975年），攻陷南唐国都金陵（南京）。南唐后主李煜降宋，被带到宋首都开封，三年后，在幽禁中死去。他死去这一年，吴越王钱俶也把江山献给宋。

宋太祖继承后周世宗的雄宏伟业，坚实地朝着统一天下的目标迈进。这既是宋兴隆昌盛的历史，同时也是南唐灭亡的历史。

南唐皇帝李璟与李煜都是杰出的诗人，世人称他们为“南唐二主”。

元宗李璟仁慈之心过于宽厚，作为皇帝，似乎无法进行冷静理智的判断。他这个人更适合过隐居生活，而不适合当皇帝。

南唐二主擅长的不是诗，而是词，其作品在音乐旋律的伴奏下，呈现柔和优雅、娇艳妩媚的特色。其题名词牌不是表现内容，而是曲名。下面这一首词是李璟的《应天长》：

一钩初月临妆镜，
蝉鬓凤钗慵不整。
重帘静，
层楼迥，
惆怅落花风不定。

柳堤芳草径，
梦断辘轳金井。
昨夜更阑酒醒，
春愁过却病。

“蝉鬓”是对鬓角头发如蝉翼般淡薄而蓬松的发型的形容。这样的发型化妆肯定需要很长时间的修饰。

富庶的南唐最终屈服于北方的宋，大概是因为南方过于文弱纤柔的气息无法与北方尚武粗犷的风气相抗衡的缘故吧。

李璟郁郁而终，他看到了国家的衰微，但没有看到亡国的结局。其子李煜恰在亡国之际继位，被带到北方，幽禁而死，命运悲惨。作为词人，李煜比父亲更加出色，可以说是这个领域的第一人。

下面这首《临江仙》据说是李煜作于被围困的金陵城内。

樱桃落尽春归去，
蝶翻金粉双飞。
子规啼月小楼西，
画帘珠箔，
惆怅卷金泥。

门巷寂寥人散后，
望残烟草低迷。
炉香闲袅凤凰儿。
空持罗带，
回首恨依依。

金陵即将沦陷，后主李煜大概站在凤凰形状的香炉前面陷入沉思吧。

宋军终于攻陷金陵，将后主俘掠，送往北方。《破阵子》这首词作于李煜被带往开封之时。

四十年来家国，
三千里地山河。
凤阁龙楼连霄汉，

琼枝玉树作烟萝。
几曾识干戈？

一旦归为臣虏，
沈腰潘鬓消磨。
最是仓皇辞庙日，
教坊犹奏别离歌。
垂泪对宫娥。

据说南北朝的沈约因病腰瘦，潘岳年少鬓白。亡国之主李煜上路离开国都的时候，一步三回首，恋恋不舍。

南唐建国三十八年而亡，其国都形容为凤阁龙楼也毫不为过，到处可见金碧辉煌的壮丽宫殿以及豪宅，街道上绿树成荫。这样景象万千的金陵从来不识干戈，如今却遭到敌国士兵铁蹄的蹂躏。

辞别祖宗庙堂，即将匆匆离去的时候，教坊还在演奏离别的曲子，宫女们列队送行，李煜对她们垂泪离别。

父子两代都是词雄，世人往往会认为李氏家族大概具有文学的悠久传统，然而，李煜的祖父李昪是徐温的养子，其身世不明。他自称是唐玄宗皇帝第六子永王李璘的末裔，却没有任何证据。其实他是被抛弃在战场上的孤儿，徐温觉得他可爱聪明，就收为养子。本姓是否李，也令人怀疑。不过，应该是后天的教育比先天的门第更重要。

李煜不仅才藻艳逸，也精通书画，而且据说一表人才，风仪秀整，但与父亲一样，缺少政治才干。《新五代史·南唐世家》有这样的话：

煜尝怏怏以国蹙为忧，日与臣下酣宴，愁思悲歌不已。

煜性骄侈，好声色，又喜浮图，为高谈，不恤政事。

骄侈，南唐宫廷的奢侈浮华的程度是我们无法想象的。曾经供养天下政权的江淮地区的财富都集中在一个地方政权手里，自然可以随心所欲地挥霍浪费。

李煜投入过多的钱财制作质地优良的笔墨纸砚等文具用品，其目的自然是满足他个人的兴趣爱好，但客观上推动了中国文具用品质量的飞跃性发展。不惜工本、巨额投资，应该会制造出第一流的东西。

南唐的内苑有一座澄心堂，这里是李煜的文艺沙龙。他耗费大量金钱制作出来的纸张，取这座建筑物的名字，命名为“澄心堂纸”。细薄而光润，一张价值百金。歙州的墨匠李廷珪以及其父李超、其弟李廷宽等在李煜的资助下，制作名墨。他们制作的墨作为国宝，备受珍爱。

旧中国有女子缠足的恶习，据说始作俑者就是李煜，他让宫女缠足。为了自己的享乐，可谓绞尽脑汁，千方百计。有一则有名的故事：占领金陵的宋军将领把南唐宫女叫到房间里来，宫女说房间里的油灯呛人，换成蜡烛，宫女还说呛人，于是问她们南唐宫殿怎么照明，她们说吊挂巨大的珍珠照亮房间。宋军将领无不大吃一惊。

有这么多浪费于奢侈享受的金钱，要是用来加强国防力量那该多好，但这不适合李煜的胃口。

李煜幽禁在开封期间，继续创作充满哀怨的词。

春花秋月何时了，
往事知多少。
小楼昨夜又东风，
故国不堪回首月明中。

雕栏玉砌应犹在，
只是朱颜改。
问君能有几多愁，
恰似一江春水向东流。

传说这首《虞美人》触怒宋太宗，为此李煜遭毒杀。愁的背后是恨，满腔仇恨如东流的一江春水绵延不绝。不过，不能想象宋太宗会因为一首词就怒生杀意，如果真的是毒杀了李煜，那大概是出于政治判断的措施。

与以金陵为中心的南唐文化可以媲美的大概就是长江上游的蜀地文化。

唐朝节度使王建在唐朝灭亡这一年独立称帝，定国号为蜀，定都成都。史学家称之为前蜀。

前蜀这个小王朝实在无可救药，它将晚唐的腐败风气原封不动地搬到四川。王建此人原先是个无赖文盲，据说卖过肉，贩过私盐，却喜欢和文士交往，谈天说地。为躲避战乱，大批文士移居到四川，王建给予这些逃亡而来的文士优厚的待遇。

晚唐著名诗人韦庄就是其中之一。其实他并不是流亡到蜀地的，而是因为王建发动叛乱，韦庄奉唐朝廷之命前去宣抚，就留居下来，而且还参与王建建立王朝的计划，官至宰相。《唐诗选》收有韦庄的一首七绝《古别离》：

晴烟漠漠柳毵毵，不那离情酒半酣。
更把玉鞭云外指，断肠春色在江南。

不过，韦庄的著名还是因为那一首长篇叙事诗《秦妇吟》，为此他被称为“秦妇吟秀才”。《秦妇吟》是通过一个从长安到洛阳避难的妇女讲述的形式描写唐王朝在黄巢之乱中走向崩溃的情景。《秦妇吟》是这样开头的：

中和癸卯春三月，洛阳城外花如雪。
东西南北路人绝，绿杨悄悄香尘灭。

这首 238 行的长诗可以说是唐王朝的挽歌，为许多人所喜欢，咏之催人泪下。然而，他没有把这首名篇收在自己的文集里，以至于后来亡佚。人们只知道《秦妇吟》这个题目，却未能知道其内容。20 世纪初叶，从甘肃省敦煌那个被密封的石窟里发现数量庞大的古代文献，其中就有韦庄的《秦妇吟》的八个写本。其中一个写本被带到日本。这可以说是敦煌的奇迹。

韦庄在成都期间，据说修复杜甫草堂，居住在其中一间屋子里。

王建死后，其子王衍即帝位。他与父亲不同，学问精湛，文藻优美，据说尤擅“浮艳之辞”。与南唐二主一样，富有文才，却缺少政治能力。他过着荒淫的生活，把政治完全交给宦官宋光嗣处理。

925年，后唐的庄宗李存勖出兵灭掉前蜀。从王建建国到王衍投降，这个王朝的寿命只有三十五年。

孟知祥作为后唐的节度使进入这个地方，934年，独立称帝，国号同样是蜀，但史学家称之为后蜀。后蜀存在大约四十年。

在前蜀、后蜀这两个地方政权统治时期，少有战乱，局势基本稳定，但据说和南唐一样，生活极其奢侈腐化，神魂颠倒地沉迷于创作艳词，有词就有音乐，就有舞蹈，一味歌舞升平。在君主身边献媚邀宠的文士对两蜀的灭亡也有一定的责任，其中侍奉于两蜀的毛文锡就是其中一人。他的作品《巫山一段云》在当时广为流传。

雨霁巫山上，
云轻映碧天。
远风吹散又相连，
十二晚峰前。

暗湿啼猿树，
高笼过客船。
朝朝暮暮楚江边，
几度降神仙。

状似述景，其实是描写太古之王在巫山与神女幽会的传说。神女说自己旦为朝云，暮为行雨。中国说巫山云雨，其意是男女交媾。所以这一首无疑也是艳词。

官至后蜀宰相的欧阳炯对亡国也负有责任。下面是他的《南乡子》之一。

嫩草如烟，
石榴花发海南天。
日暮江亭春影渌，
鸳鸯浴，
水远山长看不足。

后蜀降宋以后，欧阳炯也归顺宋朝，任左散骑常侍。后蜀赵崇祚编撰《花间集》，收入唐至五代的词五百首，由欧阳炯作序。

五代十国中，政权寿命最长的当数吴越国。钱镠于唐昭宗的景福二年（893 年）担任镇海节度使以来，钱氏政权在浙江的统治长达八十六年。吴越国不是强国，邻居有吴国，还有后来取而代之的南唐，所以对北方的中原王朝称臣，作为自己的后盾。

吴越国如同屏息凝神一样，极其低调地与中原王朝保持适当的关系，汲汲固守十三州的小国疆土。

就吴越国的秉性而言，还有对强者卑躬屈膝、对弱者鄙视欺侮的欺软怕硬这可憎的一面。对鸡鸭鱼蛋这些小东西也都要征税，那里的居民肯定日子不好过。

但是，吴越国善于表面形式的装饰，所以中原的人们盛赞这里是“人间天堂”。钱镠对来这里游玩的文人墨客热情接待，服务周到。虽说主要是为了门面好看，但例如改建钱塘江的石堤，要说业绩也可以算是业绩吧。对吴越国的总体评价是：

重敛其民，以事奢僭。

吴越国先是盲从宋朝，跟着出兵南唐，可是南唐灭亡以后，本国就变得与宋朝接壤，感觉到自己命运的危险，便投降了宋朝。

十国之中最独具一格的恐怕是以广州为国都的南汉。南汉起先称为“大越”，后改称“大汉”。南汉的皇帝刘氏据说原先是从福建来广东的生意人，至刘谦这一代，成为广州的牙将，其子刘隐当上节度使，最后脱离中央，建立独立政权。按照藤田丰八[①]的观点，南汉的刘氏是阿拉伯人。广州居住着为数众多的阿拉伯、伊朗的商人。认为南汉的刘氏是阿拉伯人的说法也并非无中生有。

唐朝由于党争等各种原因经常有高官被贬职、流放到岭南，即广东。还有不少官吏赴任广东，然后就连同家族定居此地。另外，还有更多的人为避战乱来到广东寻求和平的生活环境。

刘隐把这些人集结在一起，建立独立的政权。刘隐的弟弟刘岩任命各州的长官遵循一条原则：只用文官，不用武将。唐末、五代时期，除黄巢之乱外，广东地区少有战乱，据说这也是原因之一。

917 年，刘岩称帝。这个王朝的皇帝每一代都是暴君。

通过南海贸易，积累巨大的财富，南汉的财政极其富裕，其奢侈程度绝不亚于南唐。

末代皇帝刘𬬮只顾与波斯宫女淫戏，把国事全部交给女巫樊胡子，实在荒唐至极。政权末期的国家大权几乎都掌握在宦官手里，由他们为所欲为。宋太祖开宝四年（971 年），南汉降宋。

当过木匠、行伍出身的马殷在湖南潭州（长沙）建立政权，国号楚。但是楚国的历代君主都不称帝。这个国家可以说是商业国，其特产茶叶远销北方的中原各国，如果称帝的话，就会发生外交纠纷，影响贸易。

马殷有二十多个儿子，他死后，发生激烈的内讧，被南唐攻打，深入到腹地。

十国中最小的国家是南平，也称为荆南、北楚。其疆土只有荆州、归州、峡州这三州，位于湖北南部的长江流域。这个国家的历代君主

---

① 藤田丰八（1869—1929 年）：东方史学家。从清末至民国曾在中国生活十七年，创办上海东文学社、苏州寻常师范学堂等，积极推动开展中国的教育和农业的近代化。1919 年回国后历任早稻田大学、东京大学等校教授。著述甚丰，多达六十四部，代表作有《东西交涉史的研究》等。——译注

也不称帝。

建立这个政权的高季兴是商人的学徒出身，受到朱全忠的赏识，建业立功，被任命为荆南节度使。南平是在列强夹缝中生存的小国，在各国之间寻求平衡以保存国家。由于生产大量的茶叶，茶叶贸易成为维持国家运转的基础。一个弱小的国家通过贸易立国得以维持五十七年，应该给予高度的评价。

群盗出身的王审知被唐朝任命为威武节度使，居住福州。此后开始地方割据，维持地方政权闽国大约五十年，945 年为南唐所灭，其间称王三十六年，称帝十二年。闽国以对外贸易为主干，推行振兴政策，落后地区福建在这个时期得到显著的发展。

以金陵为中心的南唐故地以及四川的蜀地是主要的词花绚丽盛开之地，这主要是因为有《南唐二主集》、《花间集》的作品留存于世，才给人这样的印象，其实其他地方也有诗歌，很有可能因为没有记录而消失。前面说过，在当时那么著名的《秦妇吟》都曾长期亡佚。现在未能留存下来的，不能说根本就没有存在过。

五代时期，中原并非无词。东平（山东）人和凝在中原王朝任职，也是一个优秀的词人。他十九岁进士及第，在后梁、后唐、后晋、后汉、后周这五代所有的王朝都当过官，其中在后晋担任宰相，可以说是“小冯道”。

据说他创作很多词，送给朋友，然后再索要回来，统统烧毁。还传说他把自己的艳词集题名为《香奁集》，可是后来不知道什么缘故，作者的名字变成了韩偓。也许因为自己在仕途逐渐飞黄腾达，担心创作艳词会影响前途的缘故吧。那个时代，还是以诗为正统，词尚未得到认可。诗讲求平仄、对仗等，格律相当严格，相比之下，词律就比较宽松。词是合音乐而歌，所以格律没那么严格。

如果说诗属于士大夫，那么可以说词属于市民。和凝这样的士大夫也创作词，但后来烧毁，从这则故事中可以知道，他本人也认为词只是余技。不过，那个时代，词已经相当流行，西域的异国情调的音乐流传到唐朝是一个原因，但同时与“自由市民”这个阶层的迅速兴起有着深刻的关系。

当一个强大的政权实行严厉统治的时候，其威势深入到各个角落，一般民众感觉受到相当的约束管制。唐末、五代时期，政权脆弱，统制的力度无法渗透到民众的生活中去，没有束缚，人民的活力处于容易自由发挥的状态。

黄巢之乱无疑是贩卖私盐的集团的叛乱，国家禁止贩卖私盐，商人置之不理，武装造反。商业活动方兴未艾，充满活力，都敢于对予以压制的政府进行反抗。

历史的着眼点在于王朝的兴旺，从这个角度来看，唐末五代是一个衰弱的时代。但如果从往往难以写进史书的民众活动的情况来看，人民的活力在这个时代迸发出相当巨大的能量。

楚、南平通过茶叶贸易奠定商业立国的基础，南汉、闽致力于对外贸易，位于浙江的吴越则积极发展陶瓷产业。这个时期，越州窑取得显著的发展，当然这得益于吴越国的鼓励与保护的政策。越州自古就烧窑，此地可以说是陶瓷的著名产地，后来出现一段时间的停滞期，至五代时期得到复兴。以梳子刻画花纹以及斜刀浮雕的技法开拓出前所未有的技术。陶瓷业的发展不仅仅需要政府的鼓励和保护的政策，更需要这个产业的工匠们倾注火热的心灵。

唐末五代完全没落的是贵族社会。文献所记载的历史都是贵族以及组成贵族社会的人们的活动。贵族与非贵族之间有一条粗犷的分界线，非贵族写进历史是十分罕见的。然而，随着贵族社会的崩溃，这条分界线也消失了。

不过，这条分界线依然残留在人们的脑子里，和凝烧毁艳词正是这种浓厚意识的表现，但也有像南唐国主这样的人堂堂正正地填词。

诗用以阅读，词用以歌唱。那个时代的人们随口而歌，也许可以这样说，过去那个钳口的时代已经失去了力量。

词的主题主要是恋爱，这也意味着过去禁忌的东西已经被解除。市民的率直性取代贵族的粉饰性渲染着时代的气氛。

有一个仕于前蜀、后蜀的人，名叫顾敻，其身世不详，但官至三公之一的太尉。他的《醉公子》和《诉衷情》是风靡一世的艳词。

漠漠秋云澹，
红藕香侵槛。
枕倚小山屏，
金铺向晚扃。

睡起横波慢，
独望情何限。
衰柳数声蝉，
魂销似去年。

这是《醉公子》，《诉衷情》被清朝的王渔洋盛赞为绝唱。

永夜抛人何处去，
绝来音。
香阁掩，
眉敛，
月将沉。

争忍不相寻，
怨孤衾。
换我心，
为你心，
始知相忆深。

依曲而唱，令人共鸣。不仅仅富有文化教养的士大夫可以理解其中的况味，宫中也唱，街头巷尾的人们，酒落愁肠，也低声咏唱。

宋敞开大门迎接这个时代的浪潮。

五代十国时代王朝表（＊表示五代十国以外的国家）

民族	王朝	（存续年）	创建者	国都
五代	后梁	（907—923）	朱全忠	东都开封府（大梁）
	后唐	（923—936）	李存勖（突厥）	东都（洛阳）
	后晋	（936—947）	石敬瑭（突厥）	东京开封府（大梁）
	后汉	（947—950）	刘知远（突厥）	东京开封府（大梁）
	后周	（951—960）	郭威	东京开封府（大梁）
十国	前蜀	（907—925）	王建	成都府
	后蜀	（934—965）	孟知祥	成都府
	吴 （淮南）	（902—937）	杨行密	江都府（扬州）
	南唐	（937—975）	李昪	西都江陵府（金陵•南京）
	荆南 （南平）	（907—963）	高季兴	江陵府
	吴越	（907—978）	钱镠	西府（杭州）
	闽	（909—945）	王审知	长乐府（福州）
	楚	（907—951）	马殷	长沙府（潭州）
	南汉	（909—971）	刘隐	兴王府（广州）
	北汉 （东汉）	（951—979）	刘崇	太原府
	＊辽 （契丹）	（916—1125）	耶律阿保机 （契丹）	上京临潢府、中京大定府、东京辽阳府、西京大同府、南京析津府

宋朝的创业

宋太祖赵匡胤嗜酒，性格豪放磊落，也为部下所敬仰。

太祖之父赵弘殷也是军人，曾仕于后周。太祖生于洛阳的夹马营。他生于军营，长于军营，作为一名军人，在后周的军队里拥有广泛的人脉。

那个时代，军队驱逐中央任命的节度使，拥戴自己的节度使称帝的事情时有发生。节度使既管军事，也管民政，就是一个小皇帝。五代的皇帝几乎都是节度使出身。所以军队拥立皇帝绝非异常。

以明君著称的后周世宗柴荣之子崇训，年仅七岁。军队对这位幼主深感不安，恐怕也是理所当然的。因为世宗本人是太祖郭威的养子，郭威曾是天平节度使，被拥立为帝的。后周没有世袭的家臣。

说到拥立，中唐以后的皇帝都是由宦官立起来的。前面说过，拥立是一种功绩。宦官通过多次的拥立以扩充自己的势力。因此，少有自动继承帝位的情况。

拥立宋太祖的是太祖的弟弟赵匡义以及赵普这样一些人。当然，光靠这几个人决定不了如此重要的国家大事。他们肯定事先要和很多人私底下沟通。私下沟通固然需要，最重要的还是被拥戴者具有声望。太祖赵匡胤应该是一个豁达大度、深孚众望的武将。军队在优秀的指挥官率领下，才能打胜仗，建功立业。驰骋沙场的将士最了解自己的杰出将领。无论多么声势浩大的拥立活动，都必须得到军队的支持。太祖充分具备这样的条件。

建隆元年（960 年）正月，辽和北汉联合犯边，北周向禁军颁布了动员令。三十九岁就去世的世宗留下的一笔遗产就是加强了禁军，即中央近卫军的力量。

五代的政权之所以不稳定，重要原因就是唐朝遗留的节度使制度具有强大的自主性和独立性。五代王朝的皇帝都是节度使出身，从某种程度上说，这是体制的结构性问题。世宗以极大的勇气予以改革。他认为与其削弱地方势力，不如加强中央力量，于是着手增强中央的军力。其中一个重要措施，就是从地方选拔优秀人才充实中央的军队。

中央军队中，有一部分称为殿前军。在宫殿前面担任警卫任务，自然是近卫军。负责重建中央军队的正是赵匡胤。他被任命为殿前军点检，一手掌握选拔、训练的全部工作。尤其是殿前军中的军官，全部都和他有着密切的私人关系。

殿前军从国都开封出发，开赴北方国境前线。殿前军点检赵匡胤自然是总司令。他还是归德军的节度使，另外还挂着检校太尉的官衔。虽然这个职称没有实权，只是一种名誉，但可以享受与之相当的待遇。如果其官位比现任太尉高的话，就称为“检校”。太尉掌管一国的军事，乃三公之一，地位很高。

赵匡胤成为后周最大的实力派。曾任五朝宰相的冯道已于六年前的显德元年（954 年）七十三岁时病逝。病逝时与孔子同岁，似乎受人称道。但他在晚年担任山陵史，负责建造后周太祖郭威的陵墓。虽也是身居要职，却被置于远离政治权力中心的偏远地区。因为他反对世宗柴荣的北伐政策，世宗不能接受冯道的苟安思想。世宗的积极进取政策的辅佐者是赵匡胤。

显德七年（960 年）正月三日，赵匡胤出开封。经一日行军，宿于一个名叫陈桥的地方。数万军队分别宿于附近。这天夜里，赵匡胤和往常一样，饮酒就寝。据史书记载，当晚军队密谋拥立赵匡胤，其弟赵匡义和谋臣赵普认为不可操之过急，待出征凯旋以后举事为妥，予以制止，但军队未予采纳。在官兵们的催促下，赵匡义来到其哥哥的住处，告以拥立之事。赵匡胤坚决不同意。这时，只见将校们手执白刃，列于庭中，逼迫道：

诸军无主，愿策太尉为天子。

赵匡胤还没来得及回答，有人就将一件黄袍披在他身上，黄袍是皇帝穿的衣服，众将士列队高呼“万岁”。这就是拥立赵匡胤为帝的过程。

赵匡胤既为殿前军的都点检，如果掌握军心，就一定能觉察到军中拥立自己的动静。客观地看待当时的政治，既然王朝不存在世袭制度，如果拥立七岁的孩子当幼帝，军队自然也可以拥立自己的代表。那个时代，曾在五个王朝担任宰相的冯道都可以受到与孔子相提并论的称誉，对改朝换代恐怕也不会有很大的抵触。

喝得醉醺醺的赵匡胤就这样稀里糊涂地黄袍加身当上了皇帝。如果当作故事来听，很有意思，但作为史实，缺少说服力。明朝的李卓吾也不无讽刺地问道：“这黄袍何处得来？”其实这并非官兵们一时冲动所为。黄袍为天子专用的服装，在陈桥一代的店铺里根本买不到。连黄袍都已经准备好，可见这场拥立行动早就密谋策划、周密部署，而与军队关系如此密切的赵匡胤事先不可能不知道。

他应该是对一切都了如指掌，却佯作不知，顺水推舟，顺势而上。宋王朝就这样诞生了。

那个时代，上演过数不清的拥立戏剧。从这个意义上说，宋太祖赵匡胤被拥立为帝并不是特别引人注目的大事，不过是“又换了一个……”的感觉。

宋王朝的诞生过程很一般，但宋朝绝非一般的王朝。五代各国的平均寿命不过十几年，宋王朝南北两代合起来长达三百多年。仅仅从这个漫长的时间来看，至少宋朝绝对不是和五代各国同样水平的一般王朝。

据说华山隐士陈抟听到赵匡胤取代后周即位的消息，如此预言道：

天下自此定矣！

五代各国也都试图努力安定天下，却未能如愿完成。宋朝得以完成，所以绝非一般之王朝。

为什么宋朝能完成五代各国未能如愿的安定天下的大业呢？

五代各国中，最具有平定天下的强烈意识并付诸实施的是后周世宗柴荣。赵匡胤是实现这个伟业的最强有力的辅佐者。已经制订出根据王朴建议的时间表，然而，由于柴荣中途患病，无法继续实施这个计划。

宋太祖赵匡胤即位后，只要继承后周重臣所推行的事业就行了。这项事业已经取得了一些成果，例如加强中央军队的力量。而具体负责这项工作的恰恰是赵匡胤，无论在数量上还是质量上，都把殿前军训练成一支出色勇猛的军队。这就相对削弱了地方节度使的军队。

要安定天下，必须加强中央集权制。换句话说，就是削弱节度使的势力。宋王朝诞生的时候，已经具备了这个条件。太祖赵匡胤只要按照预定的方针实施即可。

节度使的割据也曾经是唐朝头疼的问题。一度采取缩短中央任命期限的方法基本上抑制了割据的现象，但并没有在全国范围内实行。北方的军阀以“河北旧事”作为挡箭牌，依然固执地进行割据。这种割据成为五代王朝的母体。不论机构如何改革，只要中央政权不强大，地方割据就依然故我。于是，宋太祖专心致志地加强中央的力量。手中握有殿前军这支核心军队，实行起来就不会太难。

在拥立赵匡胤这件事上，我推测他们事先进行过耐心的密谋，对太祖的性格特点也似乎有过商议。经过反复的磋商后，才付诸实施。这是他的做事方法。事成之后对有关人员的精心照顾也是太祖的特点。

经过耐心的说服磋商，太祖成功地分散了禁军的指挥权。为抑制地方势力，加强了中央禁军的力量，而太祖正是依靠中央军队的强大指挥权登上皇帝的宝座。为了避免发生类似的事情，太祖废除了自己曾担任过的殿前都点检和副都点检这两项官职。这样，殿前军的最高领导就是都指挥使。这有点类似废除大将和中将的官职，剩下的少将成为最高军官。少将只能指挥到旅，没有了中将、大将，少将的上面就是皇帝。换言之，皇帝兼任中将和大将。

宋太祖不是迫不及待地立即废除节度使，而是一点点地削减他们的权限。也不是采取直接指令的方式，而是和他们商量。他把节度使军队中的优秀人才抽调到中央，地方军队的素质也就随之下降。地方军队称为厢军，感觉就是辅助性的军队，而且多派给杂事，这就更不像是军队了。节度使在各地派遣镇将，以防备对付盗贼。这种警察事务原本是县尉的工作。于是太祖从中央直接派遣县尉，代替镇将。节度使又失去了手中的一个权力。

接着，太祖频繁调任节度使，不让他们长期待在一个地方。每次调动，太祖都要把节度使叫到开封，亲自做说服工作。有的节度使对调动不满，但碍于皇帝亲自托付的面子，也就同意了。这种既成事实的积累对太祖越发有利。不知不觉之间，节度使的幕僚都变成由中央任命、贯彻中央政策的人。中央派往各州的通判，掌管钱粮，掌握了经济命脉，使得节度使的权限越来越小。尤其是设置转运使，负责征收先前由节度使管辖的租税、盐税等，从而加快了节度使的瓦解。

节度使是武将，武将兼任民政长官，这是不正常的。这与后来的殖民地总督很相似。可以说，宋太祖把这个“不正常”正常化了。他将被武将不正常管辖的民政收回来，交给文官管理，而且削弱地方军队，使节度使逐渐变成一种摆设。最后，宋朝的节度使成为军官的名誉职称，授予退役军人节度使的光荣称号，给予即将退役的军官“我终于也当上了节度使”的心理满足。节度使这个职称，有着沉甸甸的历史分量，作为名誉的称号，依然残留着相应的光辉。

从节度使这个例子也可以看出，太祖对没用的东西也不会立即废除，而是让其名存实亡。在中央的官厅设置上，他保留了唐朝的中书、门下、尚书三省以及六部九制的名称，只作为设定官吏的排序、俸禄高低的大致标准。

在创建新体制的时候，并非全盘否定旧体制的一切，这表现出太祖性格的复杂性。例如接待外国来宾，唐朝由鸿胪寺具体负责，宋朝只是保留这个名称，却另设“客省司”衙门承担实际工作。真正实质性地继承唐朝体制的只有负责审判的“大理寺”、负责皇族事务的“宗正寺”和相当于国立大学的“国子监”。

如果彻底废除，那就无可挽回，但如果保留名称，就留有以后重新评估的余地。实际上，在宋朝新体制出现分歧摩擦的时候，有一阵子就是通过恢复唐朝体制进行调整的。

宋朝初期官府体制上一个独特之处就是设置了管辖财政的衙门“三司”。三司是节度使时代的藩镇制度的扩大，由于无法适应国政的实际情况，在元丰三年（1080年）开始的改革中被废除，实质上恢复了唐朝的财政管理制度。

将五代的武家政治转变为文官政治是宋朝追求的目标。上面所说的将警察事务由节度使的镇将改由中央派遣的县尉担任，也是以文官代替武官的一个例子。

为实现这个改革，就需要大量的文官。始于隋朝的科举制度，从宋朝才开始真正发挥出其巨大的力量。唐朝虽然也有科举及第的进士进入政坛，但门阀出身的官吏对他们竭力排斥，为此才会发生牛李党争，削弱了整个唐朝的活力。

宋朝不存在阻止科举合格的官吏进入政坛的势力，贵族已经没落，经济活动十分活跃，工商业者中出现富裕的阶层，他们挑战科举的行动已经十分平常。诗人苏东坡官至阁僚级，但他的父亲是四川的绸缎商，祖父还是文盲，毫无门阀的背景。这样出身的官吏升迁到阁僚级，在唐朝根本无法想象。即使与贵族争权夺利的唐朝进士，其门第应该也是地方豪族或者准贵族。

宋朝是一个市民兴盛的时代，也是一个工商业者阶层终于为社会所认可的时代。因此宋朝的经济活动获得比唐朝更加飞跃的发展。

作为国家的中心，并不选择中国人熟悉的洛阳，而是选择新兴的城市开封作为国都，所看中的正是它的经济力量。各地物产通过运河集中到开封，工商业者云集此地，自然就成为国家的中心。可以说，开封是通过自己的经济实力夺得国都这个宝座的。

有一本书《东京梦华录》描写北宋开封的全盛时代，是金亡北宋后从开封南逃的北宋遗民孟元老撰写的回忆录。其中记述“诸酒肆瓦市，不以风雨寒暑，白昼通夜，骈阗如此”的热闹景象。

瓦市，就是热闹的街市。所谓瓦，集合起来可以铺屋顶，叫作“瓦合”，散开来就是“瓦解”，所以将这种人来人往的集散地叫作“瓦子”或“瓦市”。茶楼酒肆、勾栏瓦舍，彻夜兴隆。这也是唐朝所无法比拟的。同为国都，开封和长安的巨大差异正在于此，可以说这是宋朝和唐朝的分水岭。

人们以“花开长安”等词句赞美唐朝的繁荣，然而，一百十坊一到日落，就随着鼓声关门闭户。入夜以后，人们就被封闭在这一百十个小部落里。坊的四周土墙环绕，墙壁里面还有一层围墙。除了正月十五元宵节（上元），长安实行宵禁。

开封既没有封闭市民的小部落，也没有宵禁，所以街市通宵热闹。

唐朝的长安，买卖只限于东、西两市。巨大的“市”里，商店鳞次栉比，当然营业时间也被限制在日落之前。一到日暮时分，两市的商店纷纷关门，人们都急急忙忙回家去。另外，两市以外的地方不允许开店。

宋朝的开封，城里任何地方都可以开店，到处都可以做买卖，而且没有限制营业时间，一天到晚都充满生机。瓦子里有五十多家称为“勾栏”的剧场，其中莲花棚、牡丹棚、夜叉棚、象棚等剧场可以容纳数千人。日本称戏剧小剧场为“座”，宋朝开封则称为“棚”。勾栏是栏杆的意思，大概观众倚在栏杆上站着看吧。我想，一排排的栏杆看上去像“棚”，所以才将剧场称为“棚”。

北京的故宫博物院里收藏有《清明上河图》画卷，描绘春分后第十五天清明节的开封热闹景象，为北宋末期张择端所绘。唐朝以前的绘画，现存的实物极少，从摹本或者永泰公主、章怀太子墓的壁画来看，其题材以贵族社会的生活为主。据说出自阎立本之手的《帝王图卷》，不过是描画历代帝王的形象。也许是平民生活不能引发画家的创作欲望，或者没有这方面的需要，描绘平民生活的绘画似乎很少。到了宋朝，如《清明上河图》那样，平民生活被描绘得栩栩如生。画家的审美意识大为扩展，从平民生活中发现新的题材。从另一面来说，平民力量的强大足以吸引画家的审美意识。

现在日本所说的传统艺术，大抵起源于室町时代[①]，具有浓厚生动的时代气息。同样，现代中国也是如此，感觉宋朝的作品比唐朝更具有强烈的时代气息。例如菜肴，现在的中国菜和《东京梦华录》所描写的菜谱没有多大的差别。还有陶瓷，宋瓷让人感觉是真正中国的东西，而唐三彩的感觉具有异国情调。犹如对日本人来说，室町时代以前，例如王朝时代（平安时代）[②]，那只是画卷的世界，现实上与自己融为一体的感觉十分薄弱。

中国人对宋朝的感觉大概如同日本人对室町时代的感觉吧。在这个时代才真实感受到血管里流淌的东西。充满活力的平民登上宋朝、室町时代的舞台。在此前的画卷里，即使有平民登场，至少不是主角，可以说所感觉的亲切度自然也不同。

建立文官政治的是宋朝。此前的五代是武家政治，五代之前的唐朝、南北朝是贵族政治。宋朝开始，科举及第的秀才们作为文官形成政治的主流。这个体制一直延续到20世纪的清朝末期，而且流韵至今。可以说，宋朝的气息，历经千年，在这片山河中弥漫不息。

我们对宋朝感觉亲切的另一个原因是，宋朝的开国少有血腥味。推翻旧王朝、建立新王朝，一般都伴随着可怕惨烈的流血事件，宋朝却意外地平稳。喝得醉醺醺地被推上皇帝的宝座，听起来有点夸张，不过可以知道宋太祖这个人的确不喜欢使用粗暴的手段。清人赵翼这样评论道：

角力而灭其国，角材而臣其人，未有不猜防疑忌而至于杀戮者。独宋初不然。

---

① 室町时代：日本足利氏在京都室町开设幕府，掌握政权的时代，自1336年至足利义昭被织田信长流放的1573年。其前期称为南北朝时代，从1467年应仁之乱后称为战国时代。——译注

② 平安时代：日本自794年桓武天皇迁都平安京至1192年源赖朝建立镰仓幕府的约四百年间。——译注

在“陈桥兵变”中被拥立为帝的太祖赵匡胤立即返回开封。反对他即位的势力主要是昭义节度使李筠和淮南节度使李重进。太祖使用武力镇压了这两股势力，造成流血事件，但是他把伤亡控制在最低的限度内。对李筠的檄文，响应者之所以寥寥无几，一方面固然由于太祖的人格魅力，同时也与他极力防止流血事件扩大的努力有关。

太祖封禅让的北周恭帝柴宗训为郑王。朱全忠逼唐昭宣帝让位后，将其杀死。太祖给予废帝柴宗训优厚的待遇，而且不仅仅限于太祖这一代和郑王柴宗训这一代，宋朝被金侵犯南迁以后，依然立其子孙，祭祀不绝。将国家禅让给太祖的柴氏家族在三百年间得以延续繁衍，应该说是历史的拯救。

北宋年间，皇帝即位后，都要在内宫举行一种秘密仪式，就是拜阅安置在皇宫内殿的太祖赵匡胤为后代子孙留下的石刻遗训，大概相当于日本的传授三种神器[①]的重要仪式吧。皇帝一个人阅读石刻遗训，铭记心中，连宰相也不知道遗训的内容。

据说靖康二年（1127年）金军蹂躏开封的时候，宫殿被毁，石刻遗训的内容始见于天日，其中有永远照顾后周王室柴氏后人、不可因言论而杀士大夫等内容。

不言而喻，历代皇帝都严格恪守石刻遗训。柴氏后人能三百年香火不绝；新法旧法的政治斗争无论多么激烈，失败者或左迁或流放，但都没有被杀，这些都是因为彻底执行太祖遗训的缘故。

虽然无人知晓遗训的内容，但通过朝廷的做法，也都明白不会因为言论被杀的。因此，宋朝的论战十分活跃，产生很多辩士论客。当然也会有很多的制约，但比起以前的时代，宋朝还算是很自由的。不管怎么说，在贵族社会被视为蝼蚁的平民过上了人的生活。

宋朝一个接一个地消灭地方政权，但对投降的君主家族以及重臣从不清洗。南唐后主李煜被疑毒死，却无确证。李煜被宋朝封为陇西公，死后追赠太师，封吴王，以王礼葬于洛阳北邙山。可以说，宋朝对他直至最后也是以礼相待。

---

① 三种神器：日本作为皇位象征的世代相传的三种宝物：八尺镜、草薙剑、八尺琼曲玉。——译注

献出国土的吴越王钱俶被封为南阳国王，其子被任命为节度使。虽然那时候的节度使只是名誉职称，但对他的后代一直予以很好的照顾。南平（荆南）王高继冲仅是两州之主，降宋后还让他继续管理当地的政治，后来被封为武宁军节度使。后蜀王孟昶被封为秦国公，允许他住在开封。最后被收服的北汉刘继元被封为彭城郡公。北汉经常和契丹联合，让宋朝苦不堪言。不过，北汉是在太祖之后的太宗时代投降的。

清人赵翼这样热烈赞赏北宋初期所采取的宽容政策：

诸降王及诸降臣，无一不保全者。此等僭伪窃据之徒，归降本非素志，况新造之邦，民志未定，国势易摇，岂能一无顾虑，乃其主皆赐第京师，居肘腋之地，其子弟臣僚又皆分职州郡，掌兵民之权。而庙堂之上不闻操切猜防。入仕新朝者亦帖然各各效其勤，无反侧不靖之意。于此可见宋太祖、太宗并包天下之大度，震服一世之神威，非诈力从事者所可及也。

宋太祖赵匡胤是中国历史上屈指可数的明君之一，就其英明而言，我觉得对他的评价可以超过唐太宗李世民吧。

至少唐太宗有在玄武门之变中弑兄杀弟的阴影，这影响了我们对他景仰的心情。都说不冷酷无以成明君，不太冷酷的明君赵匡胤的确是令人难忘的特例。如果说削除节度使的权限、最后将拥立他的谋臣赵普罢官算是宋太祖冷酷一面的话，大概可以说是最低限度的必要吧，我们对此并没有感觉什么不愉快。

尽管对宋太祖醉里当皇帝的传说难以相信，却感觉他身上的阴暗面比较少。

开宝九年（976 年）十月，太祖五十岁时遽然去世，留下两个业已成年的皇子德昭和德芳，但太祖的弟弟赵匡义成为第二代皇帝，就是太宗。哥哥即位以后，他把名字中与哥哥的名字一样的“匡”字改为“光”。为什么亲生儿子没有即位，而是由弟弟即位呢？大概还是实力使然吧。据说太祖临终时把弟弟叫到身边，把后事托付给他。但是，自古以来人们对此多有怀疑，也有人推测是太宗毒死了哥哥。这是“千古疑案”，现在也不可能发现弄清这个问题的新资料。

太宗又把“光义”这个名字改为“炅”。当年十二月，太宗也把元号改为太平兴国 ，这是自武则天以来四个字的元号。太平兴国元年，即开宝九年，相当于公元 976 年。

太祖之子赵德昭任永兴军节度使，赵德芳任西山南路节度使。太平兴国二年（977 年）八月，赵德昭被迫自杀，说是曾密谋拥立。太平兴国六年（981 年）三月，赵德芳也死去。他的死也有疑点。

与太祖相比，太宗的阴暗东西不少。《宋史》举出太宗在太祖死后还不到一年就改元、德昭自杀等例子，评述太宗：

后世不能无议。

但是，太宗忠实地继承太祖的政策，使天下稳定更加牢固可靠，这个功绩是必须肯定的。

太宗在位二十二年，于至道三年（997 年）五十九岁时死去。第三代皇帝真宗是他的三子赵恒。

澶渊之盟

宋初，太祖和太宗治世的三十多年是新王朝的创业时代，幸运的是，这个时期北方的契丹族辽王朝由于内讧而陷入混乱，无暇顾及南方，没有给宋朝造成压力。

Khitay，复数为Kitan，汉字写契丹，属于蒙古族的一支，但是从语言来看，有人认为恐怕也混杂着通古斯族。这样的游牧民族一旦产生卓越的领袖，即使其基础民族的人口很少，也会建立起极其强有力的政权。古有匈奴之例，后来有蒙古族和满族的兴盛。在北方的草原上，生活着许许多多的游牧民族。如果跟随强悍的首领，安全就有保障，也能得到利益的分配。在各个部落的争斗中，能迅速发展壮大，成为强大的势力。契丹族产生耶律阿保机这样的英雄，给契丹注入可怕的力量。

契丹定国号为辽是在耶律德光时代，追尊他的父亲耶律阿保机为太祖。他吞并西面的党项、吐谷浑，东面的与日本关系密切的渤海国，建立起一个强大的帝国。

沙陀突厥出身的后晋高祖石敬瑭为了消灭后唐，向契丹执臣礼，以割让燕云十六州和岁贡为条件，请求出兵。契丹利用这次机会，进入南方，越发强盛，之后定国号为辽。

辽太宗耶律德光于947年死后，辽发生内讧。这时正是宋朝的创业时期，宋太祖和宋太宗没有感觉到北面辽的压力，可以专心致志于建国事业。

辽结束内讧，重新崛起是在从阿保机算起的第六代皇帝圣宗耶律隆绪时代。圣宗于982年即位，正是宋太宗时代。

圣宗即位的时候，东面还不太平，渤海国的残余势力建立一个安定国，盘踞在鸭绿江一带，联合高丽，抗拒辽国。

安定国和高丽与宋通好，对于宋朝来说，这也是征讨宿敌辽的大好时机。但是，西北的党项族臣属辽国，宋朝担心自己的后背受敌。

宋和辽双方都没有做好充分的准备，因此久久未能真正较量。打破这个僵局是辽国，它首先消除了不稳定的因素。宋太宗末年之时，辽国征服安定国，接着以高压成功逼迫高丽降服。

统和十七年(999年)七月，辽圣宗给各道颁布伐宋的诏书。这一年，是宋真宗即位第三年的咸平二年。

此时的辽，不仅具有游牧民族联合体的特征，还具有拥有大量汉族居民的中原国家的特征。官府体制依照唐朝，衣冠服饰等也采用汉人形式。无论是政治结构还是制度，都具有游牧民统治和定居民统治的双重性。

辽的目标是成为中原国家，有欲南下统一天下的倾向。虽然获得后晋的石敬瑭所奉献的燕云十六州，但其中的瓦桥关、益津关以南地区被后周的世宗夺回。对于辽来说，关南之地意味着必须收回的“失地”。

对于宋朝来说，燕云十六州自然全部都是“失地”。被十国弄得四分五裂的国土基本得以收复。宋本来就是中原国家，统一天下的欲望更加强烈。

如此看来，宋和辽是一对天生的宿敌。虽然辽圣宗颁布了伐宋诏书，举兵进犯，但开头几年的战争还只限于国境争端。至统和二十二年（1004年），圣宗才发布总动员令，大举南征。

为避免混乱，依然使用“辽”这个国号，其实圣宗即位的时候（982年），就将国号恢复为契丹。而在道宗的咸雍二年（1066年），又将国号改为辽。辽国历来存在游牧式的国粹派和热心于汉化的国际派，两派斗争异常激烈。这就是具有双重特征的政权无法回避的命运吧。国号的修改和恢复都与此相关。

伐宋诏书颁布后，辽圣宗就进入南京。辽把国都定于上京（今内蒙古自治区），此外还把辽阳定为东京，辽西的大定定为中京，大同定为西京，现在的北京定为南京。从辽的版图来看，应该是这样的。为征讨南面的宋朝，圣宗摆出亲征的架势。

大概是按照契丹的习俗，这一年的闰九月甲子日，杀青牛白马祭祀天地，号称二十万大军浩浩荡荡出发征宋。

宋朝大为震惊。由于辽国内讧，宋朝在建国初期可以享受到太平日子，一直推行着以文官补充节度使缺员的文治政策，尚武的风气逐渐淡薄。太祖时期，进士的数量还不是很多，至太宗时期，大量进士及第。要想飞黄腾达，及第进士成为先决条件。由于武将的地位相对降低，没有多少人愿意当军人。在这种时代风气中，宋朝军队逐渐衰弱。

朝廷里也潜藏着一种害怕战争的情绪。真宗接到契丹军队大举南下的消息后，召集群臣商议，询问对策，结果竟然是迁都避战的意见占上风。参知政事王钦若请求皇帝行幸金陵，陈尧叟则请求皇帝行幸成都。

坚决反对迁都、请求皇帝亲征的是宰相寇准。

寇准乃陕西华州人，太平兴国五年（980 年）十九岁及第进士。有“神童”之美誉，参加科举时，因年龄太小，有人给他出主意虚报年龄。他深为太宗所喜爱，据说太宗说过，得寇准犹如唐太宗得魏徵。他曾任参知政事参与国事，但性格刚直不阿，缺少合作精神，自以为正确的主张，就顽固坚持，不仅对同事和上司，甚至对皇上也敢抗逆，绝不相让。因此，太宗末年被贬到地方任知州。真宗即位后，重返中央，从三司使升到宰相。

寇准也是文采超群，其文笔不似刚直之性格，颇具淡泊之清韵。

寇准反对王钦若和陈尧叟的意见，毫不留情地责难道：

谁为陛下画此策者，罪可诛也。今陛下神武，将臣协和，若大驾亲征，贼自当遁去。

他这种不留情面的激烈言辞以及绝不妥协退让的作风给自己树敌太多。但这一次真宗采纳了他的意见，决定御驾亲征。

真宗进军澶州，听从寇准的建议，渡过黄河。宋军将士见皇帝亲临前线，皆呼万岁，士气大振，契丹军似乎也被这种威武的阵势所震慑。

宋辽两军在澶州对峙，但两国的使者来往频繁。通过外交谈判解决纷争的动作也十分活跃。

辽国没有彻底击败皇帝亲征的宋军的信心，似乎考虑利用军事威胁取得外交谈判的有利地位。辽虽然大军南下，似乎没有想到宋朝皇帝会御驾亲征。如果宋朝皇帝跑到金陵或成都避难，辽必然会对宋提出更加苛刻的条件。

从宋朝的角度来说，党项族在西北逐渐得势，宋军力量衰弱，对战争的结果深感不安。真宗也不愿意再次让生灵涂炭、百姓受难，因此打算如果通过外交谈判能够解决的话，即使一些对自己不利的条件，也可以闭着眼睛接受。

与辽国谈判的使节名叫曹利用。曹利用把辽国要求归还关南之地的希望转报给皇帝。割让领土，事关宋朝的面子，这个要求无法接受。真宗考虑，如果领土维持现状，可以参照汉朝赐予匈奴玉帛的先例，也给予辽一定的货币财物。

寇准一直坚持强硬的政策，不仅不能割让关南，反而要求辽割让幽州、蓟州，向宋称臣。他慷慨陈词：

如此，则可保百年无事。不然，数十年后，敌且生心矣。

然而，真宗的内心已经倾向于讲和。

数十年后，当有捍御之者，吾不忍生灵重困，姑听其和可也。

这才是真宗的真实心态。寇准慷慨激昂地号召抗战，但很快就有人毁谤他企图利用战争扩大自己的势力。最终连寇准也不得不同意媾和。使节曹利用出发前往辽国之际，真宗敕命他“必不得已，虽百万（货财）亦可”。寇准听说后，叫来曹利用，严命道：

虽有敕旨，汝所许毋过三十万。过三十万，吾斩汝矣。

曹利用和辽最终达成的协议是：领土维持现状，宋赠予辽每年绢二十万匹、银十万两，宋、辽结为兄弟关系。

宋朝虽然未能让辽称臣，但自己当上了哥哥，总算勉强保住了面子。《辽史》记载，宋称辽国皇太后为叔母。

这就是历史上称为“澶渊之盟”的媾和条约。这个条约使两国关系在此后的约四十年间保持了稳定。

但是，由于请求皇帝避难而被寇准痛斥为“罪可诛”的王钦若反过来攻击寇准，认为澶渊之盟是屈辱外交。

寇准这个人，以其锋锐的舌尖得罪了很多人。他又把辅弼皇太子的丁谓和钱惟演二人参了一本，说他们是“佞人”，“不可辅少主”。这事被丁谓知道后，对他进谗。当时真宗病重，政事多由皇后裁决。寇准被贬为道州司马，真宗死后，立即被流放到雷州（广东南部）任司户参军，后死于该地。

还有这么一则小故事：政敌丁谓不久也失宠，被流放到崖州（海南岛），身居雷州的寇准给他送去蒸羊羔。

丁谓还陷害寇准过去的政敌王钦若。王钦若左迁，但真宗死后，仁宗一即位，又恢复他的宰相职位，但他不过两年后就死去了。好像仁宗也不太喜欢王钦若。

经常毁谤陷害政敌的恶人丁谓退出政坛以后，隐居河南光州，过着诗文会友的悠闲生活。下面这首《凤栖梧》词是他的作品，已经毫无过去那个政坛怪物的影子，飘逸着道教的气息。

朱阙玉城通阆苑。
月桂星榆，春色无深浅。
潇瑟簇笙仙客宴。

蟠桃花满蓬莱殿。

九色明霞裁羽扇。
云雾为车，鸾鹤骖雕辇。
路指瑶池归去晚。
壶中日月如天远。

道教故事说壶中日月长，别有洞天。向往如此淡泊境界的人，在宫中居然迷恋于阴谋诡计。

寇准的诗境清雅淡然。以下是他的《书河上亭壁》：

暮天寥落冻云垂，一望危亭欲下迟。
临水数村谁画得，浅山寒雪未消时。

宋代的政治家几乎都擅长诗文。

寇准、王钦若、丁谓等人的政治斗争从真宗到仁宗时代激烈展开。任何时代都有政治斗争，后来北宋发生了著名的新法、旧法之争。

现在来看看澶渊之盟后辽的情况。这次媾和，宋朝的好处是维持了和辽国的稳定关系。然而，辽得到的好处更大，每年绢二十万匹、银十万两的收入成为充实国力的重要财源。宋朝的岁币使得辽可以对近邻各国施加压力。辽对高丽产生更大的影响，也迫使西面党项族的西夏国臣服。

辽的势力范围从中亚一直到西亚，于是西边的人们就认为契丹就是中国。至今俄罗斯等周边国家依然认为“Cathay”这个词就是“中国”的意思。

澶渊之盟的媾和发生在1004年。辽获得宋的岁币增强了国力，换句话说，也进一步汉化了。辽的制度逐渐汉化。契丹族说进步，就意味着接受汉族文化。

但是，契丹族是一个骄傲的民族，一度把国号改为汉族风格的“辽”，后来又恢复为契丹。国号的取消、恢复之事在《辽史》里没有记载。奇怪的是，契丹人原本并不喜欢详细记录史实，随着汉化风潮的影响，才开始注重历史记录，但其史书多有遗漏，这也是被公认的。

契丹族原先没有文字，只好使用汉字记录。但是他们性情骄傲，对使用汉字怀有抵触情绪。于是，在太祖耶律阿保机时代，就创造了自己的文字。对契丹文字的构造，虽然有所了解，但至今尚未完全解读。从不是原封不动地使用汉字这一点来看，说明契丹族具有极其强烈的民族自觉性。

对岁币导致急速汉化的现象表示抵制的国粹派开始掀起反对运动。于是，澶渊之盟后，辽国的派阀斗争日益激烈，这实在是令人感到讽刺的现象。

辽的疆土辽阔，包括现在中国的东北地区都属于它的势力范围。东北地区的北面是森林地带，那里居住着称为女真的民族。女真族和在《三国志》以及其他史书中所出现的挹娄、肃慎、靺鞨这些民族同属于通古斯族，虽然以狩猎农耕为主，但似乎还处在极其原始的状态。在辽的统治下，开化的女真人被称为“熟女真”，未开化的被称为“生女真”。

女真人将采集的人参、毛皮、砂金等卖给辽和高丽，再买回生活用品和武器等。契丹族对女真族的剥削相当残酷。女真族只好忍受，悄悄地积蓄力量。和契丹族的崛起一样，女真族的崛起也是因为杰出领袖的诞生。居住在哈尔滨东南面的按出虎水（今阿什河）流域的女真完颜部族接连产生几个优秀的首领，逐渐将女真族凝聚在一起。契丹族将女真族视为未开化的民族，对他们的变化不大注意。他们大概做梦也没有想到，在澶渊之盟的一个世纪以后，契丹族会受到女真族的压迫而最终亡国。

宋朝的岁币使得辽的统治阶级生活奢侈起来，虽然派阀斗争削弱了国力，但统治者越发骄奢淫逸。他们最喜欢的娱乐是鹰猎，但好鹰的产地在女真人居住区。辽为了获得好鹰，就派遣捕鹰使者前往女真人居住地。这些捕鹰使者横征暴敛，干尽坏事，因此发生过被女真人杀死的事件。

野性尚存的生女真通过人参、毛皮的交易在和辽、高丽接触的过程中，逐渐觉悟起来。捕鹰使者蛮不讲理的胡作非为，使他们对辽燃烧起强烈的憎恨情绪，但是在澶渊之盟之后的几十年里，这种情绪都没有流露出来。

现在再将目光转向西面。令宋担心害怕的党项族势力在西面扩张。宋之所以未能贯彻寇准的强硬派政策，一个重要的原因是害怕党项族从背后袭击。

党项是藏族的分支，自古居住在四川省北部至青海省一带。唐朝安史之乱后，受到吐蕃的压迫，逐渐东迁到宁夏、甘肃、陕西。

黄巢之乱时，党项族的首领拓跋思恭支援唐朝，在收复长安中立下功绩，被封为夏国公，赐李姓。从此以后，党项族首领自称姓李，而且还世袭定难军的节度使，管辖夏、银、绥、宥、静五州，因位于丝绸之路至长安的沿途一带，通过中转贸易获得巨大的经济实力。

宋初，党项和宋的关系还是很好的。尤其是在宋降服北汉之前，为了给北汉造成压力，宋加强了和党项的团结。宋太宗攻打北汉的时候，党项还出兵支援宋朝。

后来，由于党项内部的原因，其首领曾将定难军节度使的版图献给宋朝。那是在宋太宗的太平兴国七年（982 年）。当时党项的首领是李继捧。实际上，在党项内部，存在一股反对李继捧的势力，对他于其兄死后继承首领的地位表示不满。因此李继捧试图采取对宋一边倒的政策以保证自己的人身安全。李继捧家族移居内地，其反对势力在党项地区拥立年轻的李继迁。这意味着从宋朝独立出来，自然也就是在战略上和宋朝的宿敌契丹联合起来。

李继迁娶辽的义成公主为妃子，被封为辽的夏国王。他还频繁出兵，不仅收复党项的旧地，也夺取了宋的军事基地灵州。于是，宋朝也和凉州的吐蕃、回纥联合，共同和党项作战。李继迁在和吐蕃军的作战中战死。这是澶渊之盟前一年（1003 年）的事。宋真宗的亲征澶州，正是国家处在西部和党项打仗的动荡之中。即使寇准极力主张推行强硬政策，但真宗恐怕已经心乱如麻了。

澶渊之盟是宋与党项和解的诱因。党项也在与宋及其同盟军吐蕃、回纥的作战中深感疲惫。气盛好强的李继迁战死以后，其子李德明掌权。因为党项的同盟国辽与宋媾和，党项觉得也可以与宋和睦相处。说是和睦相处，从力量关系来看，实质上是党项向宋称臣。澶渊之盟两年之后，经过谈判，党项首领李德明被封为宋的定难军节度使。

党项被辽封为夏国王，又被宋封为西平王。获得双重王位，党项成为两个国家的属国。臣属于两个大国使党项处于极其复杂的境地。但是，党项和这两个大国保持和平，顺利进行交易，获得巨大利润。

党项形式上臣属于两个国家，实际上是独立的。首领李德明对这种状态感到满足。但是，他的儿子李元昊具有极其强烈的民族自尊心，一直追求完全的独立。父子之间的想法并不一致。

李元昊性格刚毅坚强，雄才大略，据说还擅长丹青，而且具有创新能力。他对佛教也很感兴趣，习学通晓蕃文、汉文，实在是一个杰出的人才。还是皇太子时，曾规谏父母亲不能臣服宋朝。父亲回答道：

吾久用兵疲矣，吾族三十年衣年锦绮，此宋恩也，不可负！

李元昊反驳道：

衣皮毛，事畜牧，蕃性所便，英雄之生，当王霸耳，何锦绮为？

身穿绸缎有何用？我们这个民族本来就是从事畜牧业，穿皮毛更加方便。生而为人，与其臣服他国，不是更应该自己称王称霸吗？

李德明死后，李元昊继任首领，立即准备开始解除对宋朝的臣属关系，宣布独立。按照他的想法，自然是要这样做。

李元昊娶辽的兴平公主为妃，但夫妻关系不太和睦。兴平公主去世时，辽还派遣耶律庶成为诘问使前去询问。但是，李元昊为了国家独立，必须避免和辽、宋两国同时作战，他的目标锁定宋，于是和辽继续保持友好关系。

李元昊整顿完善国家体制，增强军备。他继任首领那一年，是宋仁宗的天圣九年（1031 年）。第二年，宋改元明道。李元昊认为这个元号触及他的父亲德明的讳，在文件中将宋的元号写为“显道”，显示出他的独立性。两年后，公元 1034 年，李元昊制定元号开运。亲自制定元号，越发明确凸显他的独立性。当然，当他知道开运这个元号和五代后晋出帝灭亡时的元号一样时，第二年立即改元为广运。

党项从黄河拐弯出的鄂尔多斯地区进入河西地区，并将汉武帝所设的河西四郡——武威（凉州）、张掖（甘州）、酒泉（肃州）、敦煌（沙州）收入自己的版图。1038年，李元昊终于称帝，国号大夏。

古代中国曾有圣人禹创立的夏王朝。在李元昊看来，占领夏州，自己又被辽封为夏国王，所以使用这个国号是理所当然的。但是，宋对党项族的僭“夏”号十分反感。中国史学家总是把这个国家称为“西夏”。

自称大夏皇帝的李元昊使用“天授礼法延祚”这个元号。北魏、武则天、宋太宗的时候，曾有过四个字的元号，六个字大概是史无前例的。从这件事也可以看出李元昊是多么喜欢标新立异。大约三十年以后，西夏又使用“天赐礼盛国庆”的六个字元号。

李元昊自称皇帝，宋自然不能听之任之，便削去他的赐姓官爵。原来李元昊的姓是唐赐予的，宋朝也赐予他宋的国姓，在宋看来，他实际上是“赵元昊”。既然自称皇帝，说明他并不珍惜宋所赐予的西平王的官爵和赵姓。李元昊实现了独立的夙愿，于是亲自制定文字，这就是西夏文。

西夏文字十分复杂，记忆、使用恐怕都相当困难。但是，西夏强迫使用这种文字。西夏延续十代一百九十年后为蒙古所灭，在亡国（1227年）之后，西夏文字依然继续使用。居庸关的刻文是1345年，其中也有西夏文字。

李元昊的独立精神绵延持续不断。金世宗在位（1161—1189年）时，高丽和西夏同样对金称臣，但金朝使臣去高丽时和高丽王行抗礼（对等的礼仪），而去西夏时则向西夏王行拜礼。金世宗就此事询问臣子，大臣回答说：西夏和辽是甥舅之国的关系（辽的公主屡嫁西夏），辽的使臣去西夏，向西夏王行拜礼。金和西夏建交的时候，双方约定随从辽的礼仪，所以才会这样。

《金史》这样记述：

（张）汝弼曰，行之已数十年，不可改也。世宗从之。

从中可以看出西夏的民族意识极其强烈。

臣服之国居然不再臣服，宋如果不惩罚西夏，则面子扫地。西夏既然敢于宣布独立，意味着已经做好和宋打仗的思想准备。西夏虽然形式上臣服宋朝，实际上内政并未受到干涉，反而在贸易交易上获得巨大利益，其实保持这种臣服关系对西夏是有利的。然而，李元昊的自尊心所追求的是一个名副其实的独立国。

西夏实行全民皆兵，军队战斗力很强。宋军疲于苦战。李元昊口出狂言，要攻取长安。双方展开激战。

在宋朝处于困境时，辽乘虚而入，向宋提出澶渊之盟悬而未决的割让关南之地的要求。辽十分清楚宋朝绝对不会接受割地的条件，大概只是以此作为增加岁币的手段。宋仁宗的庆历二年（1042 年），宋朝决定向辽每年增加岁币绢十万匹、银十万两。

这个决定对西夏是一个打击。西夏皇帝李元昊敢于采取狂言攻占长安的强硬态势，就是利用宋和北面的辽关系紧张的因素。现在宋、辽两国通过增加岁币的方式缓和紧张关系，使得宋朝可以倾注全力一心对付西夏。

全民皆兵的西夏军队和软弱的宋军作战，虽然屡获局部性的胜利，却未能给予宋军决定性的打击。因为西夏国人口稀少，即使全民皆兵，可动员的兵力也很有限，宋朝则动员了五十万大军进入陕西战场。

西夏虽然对吐蕃、回纥实行遏制，但随着战局的发展变化，不知道他们什么时候会蠢蠢欲动。和宋朝的贸易交易长期中断，也削弱了西夏的国力。西夏强大到敢于宣布独立，正如李元昊的父亲李德明所说，得益于三十年的和平。李元昊一定反复咀嚼过亡父的这些话。

双方一直有使者往来，庆历四年（1044 年），宋和西夏签订和约。宋坚持要求西夏臣服，但民族自尊心极强的李元昊难以接受。最终西夏权衡利弊，还是选择舍名求实的方针。

这一年的十二月，以宋册封李元昊为夏国王的形式，双方媾和。西夏臣服宋朝，同时获得绢十三万匹、银五万两、茶叶两万斤的岁币。此外，在贺正、宋皇帝生日、西夏国王生日、仲冬（阴历十一月）时，还要赠送礼物。

虽然和平恢复，贸易重开，但两国的关系并不稳定，所以宋无法撤军。局部纷争不断，宋常备不懈。

新法之争

与汉唐相比，宋朝给人缺少意气风发的印象。汉朝、唐朝都进行大远征，跨越天山，以壮丽辉煌的举动装饰自己的历史。而宋朝在不同时期遭受辽、西夏、金、元的欺侮蹂躏，没有令人振奋的消息，总体上令人感觉沉滞低迷，缺少活力。

但是，如果仔细研究一下那个时代，就会知道宋朝在经济上的实力远胜于汉唐。我在比较长安与开封的时候说过，宋朝民众所具有的能量的强大是汉唐无法相比的。长安的夜晚，灯火熄灭，一片漆黑，而开封瓦子之夜，灯火辉煌，人潮涌动，洋溢着激情的活力。

宋是一个无与伦比的经济大国，甚至用金钱换取和平，每年都要向辽、西夏输纳巨额岁币。

无论多么强盛的经济大国，也经不起毫无节制的支出，发生财政危机是不可避免的。

向辽、西夏输纳岁币成为国库的巨大负担。这笔钱称为“和平款项”，但并不能绝对保证获得和平，在与辽、西夏的国境线上还配备大量的军队。这种军费开支占国家财政的很大部分。

以文官政治取代军阀政治的宋朝拥有大量的官吏，而且可以说没有一个王朝像宋朝这样给予官吏如此优越的待遇。明朝官员的薪俸最低，《明史·食货志》还特地记述道：

自古官俸之薄，未有若此者。

唐朝官员的薪俸算是比较好的，下面将唐、宋、明三个朝代的官员薪俸作一比较。当然因为有物价指数、生活质量等的差异，难以准确比较，但可以了解大致情况。

以官阶稍低于阁僚的从四品官为例，唐朝是秘书少监（阿倍仲麻吕担任的秘书监的次官）和京兆府少尹，宋朝是谏议大夫和国子祭酒，明朝是国子祭酒和布政使左右参议，这些官职离各省次官都只差一步。

唐朝是每年二百六十石大米、七顷职分田（卸任后归还）和十二顷永业田（无须归还）、月俸一万一千五百六十七文。

宋朝是每月五十石大米，一年就是六百石。月俸五万文，其他还有春季和冬季的衣料，每年绫两匹、绢十五匹、罗一匹、棉五十两。

明朝是只有月俸二十一石，一年就是二百五十二石大米。而且这只是名义上的薪俸，实际上其中的一部分还换算成金钱。从四品官真正能得到大米的只有其中的四五成，其他都以极低的换算率折合成钱支付。不同时期有所差异，有时候一石支付二三十钱，有时候只有十四五钱，不过是聊胜于无的程度。

从宋真宗开始，还设立祠禄制，对于卸任的官员授予道教寺院的使这个职务。首都开封的玉清昭应宫使这个职务的薪俸相当于宰相的一半。

宋代还有恩赏，大臣患病，可以得到银五千两的赏赐；死后可以得到香典的赏赐。寇准的政敌王钦若是宰相在任时死去，就得到银五千两的赏赐。立功的时候自不待言，不少人仅仅就任新职也能得到几十万钱的赏赐。魏震在温州献给皇帝瑞木的时候作赋表示祝贺，就得到银两千两的赏赐。另外，皇帝死去的时候，将很多贵重的物品分给大臣作为纪念。宋仁宗死去的时候，各个大臣都得到百多万的遗赠。当时司马光代表大臣提出，如果无论如何不得退还的话，请求捐献给营造陵墓，但未得到同意。

宋朝的官员人数实在太多。有一种恩荫制度，即有功之臣的子弟无条件地录用为官员。这个制度被滥用，例如王钦若死后不仅得到银五千两的赏赐，他的亲属乃至亲信有二十多人被录用为官。这样子官员的人数自然大为膨胀。

州县不广于前，而官五倍于旧。

官员人数是唐朝的一倍。史书记载，宋真宗咸平四年（1001年），有司这样说道：

减天下冗吏十九万五千余人。

所谓光拿钱不干事的官员将近二十万。如果按照别的方法计算，也许这个人数会更多。

尽管具有强大的经济实力，但坐吃山空，这种情况继续下去，国家财政就会破产。有识之士开始认真思考重建国家的问题，提出各种各样的改革方案，称之为“新法”。对此，有人表示反对，认为过激的改革只能导致国家混乱。相对于新法派，这些人被称为旧法派。北宋的政治斗争就是新法派与旧法派的斗争。新法派的代表人物就是王安石。

王安石于天禧五年（1021年）生于临江军（江西清江县），父亲王益是临江军的判官。所谓判官，就是地方行政长官的属吏。王氏家族中，王安石的父亲第一个当官，所以绝非名门。

王安石从小就跟随担任地方胥吏的父亲在各地生活，去过广东，也去过首都开封，父亲最后的官职是江宁（南京）通判。王安石十九岁时失怙，这一年是宋仁宗的宝元二年（1039年），是李元昊即位西夏皇帝的第二年。庆历二年（1042年），王安石进士及第，成绩优异，考取第四名，立即被任命为淮南的判官。后来，时常到中央任职，但四十岁之前多半在地方工作。也许这是王安石自身的要求，当时在地方任职可以得到特别津贴公用钱。家庭贫困的王安石出于经济的原因，大概希望在地方任职。

王安石进士及第两年以后，宋朝与西夏签订庆历和约，巨额的岁币支出和军费使得国家财政不堪重负。

国家财政依靠的是足以承负租税的健全的农民阶层，这个阶层正逐渐变得浅薄脆弱。这是因为土地兼并日益严重，很多自耕农沦为佃户的缘故。王安石认为重振财政的前提是救助农民。

治平四年（1067年），宋英宗死去，十九岁的神宗即位。年轻的宋神宗对政治改革充满热情，寻求改革的执行者。王安石从江宁知府被召到中央任翰林学士，提出改革的建议书，受到神宗的赏识，被任命为参知政事。

王安石所思考的重建国家的改革法称为“新法”。这个新法，简而言之，就是富国强兵的策略。

新法中最有名的是“青苗法”。农民在青黄不接的时候，缺乏资金，只好向地主借贷稻种、粮食以及钱等，收获时偿还，但利息高达六七成，甚至十成，根本无法改善农民的贫困现状。青苗法是国家向农民低息贷款的制度，以谷物偿还，但如果粮价较高，也可以交钱偿还。利息低于两成，这样对农民十分有利。

王安石把这个青苗法视为新法的根本。从债务深渊中摆脱出来，进入“健全的农民”阶层的农民越多，国家就越富强。虽然利息很低，但这利息也是国库的很大收入。另外，农民因为还债不得不卖掉土地的现象也会减少，可以制止土地的兼并，也能防止贫富差距的扩大。

但是，青苗法的实施使地主、豪族遭受巨大的打击，因为他们收入的很大部分就是依靠对贫农放高利贷。于是有人搬出道义论，认为国家向农民贷款简直是岂有此理。也有基本上赞成新法的人，只是因为无法接受青苗法离王安石而去。

募役法，或者称免役法，也是新法的重要组成部分。宋朝按照家产把农民分为五等。被定为一等、二等的农户必须履行政府派发的各种义务，例如接待前来出差的差役、运输和保管国家物资、押送犯人等，都要协助帮忙。干这些事自然都是无偿，但如果运输、保管的物资丢失，就必须赔偿。这种做法实在荒唐可笑，所以大家都说“当上一等户，几乎要破产”。新法的措施就是从一等、二等的农户那里收钱，雇人从事他们原本的义务劳动。这项措施既可以把农民从繁忙的杂役中解放出来，又可以提高他们的生产积极性，最终增加国家的税收。

一等、二等的农户称为“形势户”，借高利贷给贫苦农民的主要是这个阶层的农户。他们如此狠心盘剥，也有为自己随时都有可能在“职役”（政府派发的工作）中赔偿做预先准备的因素。进士及第登上仕途的主要也是形势户，一旦家里有人当上高级官吏，“形势户”就变成“官户”，职役也随之免除。这可以说是一个“官吏的天堂”，但科举及第其实具有深刻的含义。现在的日本，父母亲不断鞭策自己的孩子一定要考上第一流的学校。宋朝形势户的子弟一定承受着更大的压力，他们能否及第，事关一家的兴衰沉浮。能否免除职役，是形势户生死存亡的问题。

形势户出身的官吏们自然反对不利于自己家庭的青苗法。新法的实施、王安石的前途，面临着巨大的困难。

如果王安石是新法的代表人物，那么旧法的代表人物就是司马光。司马光生于天禧三年（1019年），比王安石大两岁。陕州（山西夏县）人，祖父和父亲皆为进士。司马光自幼就被誉为“神童”，以《小儿击瓮图》的主人公著称。小时候，与小朋友在院子里玩耍时，一个小朋友不小心掉进水缸里。其他人都战战兢兢，不知所措。司马光沉着冷静，拿起一块石头把水缸砸个窟窿，把水放出来，救出这个小朋友。司马光的这则故事被绘成图，编进少儿教材里，广为流传。

司马光二十岁进士及第，顺利进入政界，起用王安石的时候，他是翰林学士，参加重臣会议。他激烈反对新法。他的反对不是出于自己的利益，而是理念的不同。司马光出身名门，与平民百姓的生活相去甚远，对民众缺少亲近感，所以他的思想显得冷漠无情。

王安石的新法以救助贫困农民为目的，而司马光对贫苦农民缺少同情心。

夫民之贫富，由勤惰不同，惰者常乏。

国家没有必须救助那些懒惰的人，穷苦人向国家借钱，最后都是赖账不还逃跑。如果让有钱人做出牺牲填补这个窟窿，有钱人很快也就变成穷苦人。到那个时候，全国都是穷苦人。

司马光直接致函王安石，要求他废止新法。司马光也有他的危机感。

基于这种危机感，旧法派反对王安石的行动越来越激烈，甚至煽动农民袭击王安石的住宅，但是农民们在王安石的说服下解散而去，这就充分暴露出旧法派的阴谋。

前面说过，免役法规定，只要出钱就可以免除职役，而官户本来就没有职役的义务。从理论上说，既然没有义务，也就没有必要出钱。但是王安石认为这样不合理，也要他们为职役出钱，只是钱数为免役钱的一半，称为助役钱。以前一直不用出钱，现在却规定要出钱，所以新法对官户阶层，即官吏是很不利的。

新法不仅对高级官员，甚至对外戚等接近皇帝的人也很不利。宋仁宗的遗孀、皇太后高氏也对新法极为厌恶，因为她的娘家也受到新法的损害。

王安石明知会遭到极大的反对力量，却依然坚持实施新法，可谓壮怀激烈。既然是改革，在实施过程中出现暂时的混乱是不可避免的。可是旧法派利用、夸大这种混乱展开大规模的反对运动。

逼迫王安石辞职的是市易法的实施。青苗法是救助贫苦农民的政策，市易法是救助零售商人的政策。其内容包括低息贷款、收购滞销挤压的货物、调配物资时不通过巨商控制的行而直接向商人购买等措施。这个法律对官商是一个巨大的打击。官商与宦官、后宫勾结在一起，他们的反对行为更加卑鄙阴险。

当时恰好旱灾严重，加上与辽国的关系紧张，人心不稳，反对派就大肆攻击，把这一切嫁祸于王安石。于是，王安石被贬为江宁知府。

在王安石执政实施新法的时期，司马光辞职蛰居洛阳，埋头著述编年体的史书《资治通鉴》。

王安石于熙宁七年（1074 年）失势，但这并不意味着新法的废止。新法派的韩绛、吕惠卿还在朝廷里执政，坚持推行新法政策。

旧法派只是主张沿袭过去的做法，并没有提出比新法更好的政策。然而，正是因为过去的老一套做法已经走进了死胡同，才提出新法的。大家都知道，不改革，国家就没有出路。在王安石提出新法之前，据说司马光也在考虑如何改革国政。其实在新法实施的初期，司马光等旧法派的思路也被吸纳到政策里。

王安石失势后的第二年，又重新回到宰相的位置上。是因为没有王安石，政治就难以运行，还是因为宋神宗对他格外信任，神宗将王安石贬职南京，也许是为了暂时平息皇后、皇太后怨气不满的措施吧。

京口瓜洲一水间，钟山只隔数重山。
春风又绿江南岸，明月何时照我还?

这首题为“船泊瓜洲”的诗据说是王安石重返开封时候的作品。这个时候他已经想象到自己有朝一日还会回到南京的情景。王安石是现实的革新政治家，却也深深地皈依佛教。

寒时暖处坐，热时凉处行。
众生不异佛，佛即是众生。

这是他题写在南京半山寺墙壁上的五绝。

重返中央的王安石却失去了过去的那种霸气。因为新法派内部出现不团结现象。王安石失势以后，接替他推动新法的参知政事吕惠卿是一个权力欲极强又不善于沟通协调的人物，这让王安石感到失望。

回到中央的第二年，王安石失去他的爱子王雱。王雱进士及第后，任职经义局修撰，将来很有前途，可惜三十三岁就死去。王安石在两年前刚刚失去弟弟王安国。

王安石提出辞职，获准后在明月朗照下回到南京。此时他五十六岁。

元丰八年（1085 年），宋神宗死去，十岁的哲宗即位，祖母皇太后高氏摄政。高氏无比讨厌新法，接连废除，起用旧法派的司马光担任宰相。此时司马光已经六十七岁。

元祐元年（1086 年）四月，隐居江宁钟山的王安石死去。同年九月，重返宰相职位的司马光也死去。

王安石是新法的魁首，应该为摄政的高氏所憎恨，也许因为王安石十年的隐居生活缓和了她的心结，朝廷为王安石辍朝悼亡，追封为太傅。

宋神宗时代的新法、旧法之争作为王安石与司马光的政策论争是很激烈的，但还有温情的一面。王安石与司马光互通书信，各自阐述自己的观点。诗人苏东坡在政治上属于旧法派，可是他贬职赴任途中还拜访过隐居南京的王安石。这样的故事令人感觉温馨。

然而，宋哲宗之后，情况大不一样。摄政高氏在起用旧法派和排斥新法派的做法上带有强烈的感情色彩，使得两派的争论无果而终。

高氏摄政八年后死去，宋哲宗亲政，他反过来排斥旧法派，起用新法派的章惇等执政。哲宗死后，皇太后尚氏摄政，试图实现两派的融合。哲宗的弟弟徽宗亲政后，则是新法时代。宰相蔡京虽说是新法派，其实没有过去王安石那样的气魄。

政策论争演变成党派斗争，新法派的蔡京对高氏摄政时代受到重用的旧法派施加镇压，把他们的名字刻在石碑上，称为“元祐奸党碑”。作为“奸党”，名字刻在碑上的有司马光等一百二十人，连那些早就死去的人也被列为奸党。这块石碑竖立在开封的太学门外。

这种歇斯底里的做法只能说是毫无风度，也违背新法的精神。高氏逐步废除新法，宋哲宗亲政以后又逐步将其恢复。这样翻来覆去自然导致人心混乱。这也应该说是北宋灭亡的一大原因。

天下混乱不是新法实施的结果，而是废除、恢复这样反复无常——即党争所造成的。

中国历代史学家多将北宋的衰亡归咎于新法，王安石被视为反面人物。改革需要时间，王安石执政不过六年左右，新法的实施要产生效果还需要更长的时间，但是政局不允许以长远的眼光看待新法。

表面上另当别论，中国人的心底深藏顽固的老庄思想。老庄思想崇尚“无为”。过于干预性的政治不受人喜欢。新法对人民的生活干预过深，这种繁杂之处是令人厌烦。

新法标榜崇高的理想，但在实行新政策的初期，不可避免会出现一些混乱。其原因既有旧法派的故意捣乱，也有对政策的不理解。如果像以前的史学家那样，把一切罪过都推诿给王安石和新法，那是不公正的。

王安石是一个优秀的文人。清代有人说，不喜欢王安石其人，但喜欢他的诗文。王安石有一首题为“商鞅”的诗。战国时代，卫国人商鞅成为秦国的宰相，为秦国的强盛立有大功。他的政策深深介入到人民的生活中，以法律约束他们，因此被人憎恨，最后死于非命。这大概也是必然的吧。以“法”治强行取代“德”治，尤其受到儒家的责难。商鞅与后来的李斯一样，一般人的评价是有才但令人讨厌。可是，王安石这样吟咏商鞅：

自古驱民在信诚，一言为重百金轻。
今人未可非商鞅，商鞅能令政必行。

虽然对商鞅的评价不是很好，但是他作为政治家，言必行，一旦决定，就坚决实行。政治有“信诚”，才能发动民众。如今人们都在诽谤商鞅，可是有这样的资格吗？在诽谤他之前，应该先对他的一言九鼎的诚信予以评价。王安石为商鞅辩护，其实是表明自己作为政治家的立场态度。

王安石在青年时期写过一首题为“收盐”的长诗。盐在宋代属于国家专卖品，私盐被严厉取缔。王安石的诗的结句对此予以讽刺。

一民之生重天下，君子忍与争秋毫。

人们常说：民生大于天。11世纪的王安石就已经说出同样的话。“君子”，大概指的是政治家。政治家们，不应该与必须倍加呵护的人民争夺这一点点盐的专卖利益，睁一眼闭一眼放过他们吧。

这种态度看似与新法的魁首、商鞅辩护者的王安石个性有点矛盾，其实“与民争利”这句话正是旧法派对王安石的责难。

王安石作为政治家，为国争利的对手不是海边盐场上的私盐贩卖者，而是通过土地兼并而肥硕的地主、豪族，是操纵物价、独吞国家税收的大商人。如此看来，他在《收盐》中的态度与“君子”的立场始终如一。

文人谱系

编撰《新唐书》、《新五代史》给后代关心历史的人们带来巨大恩惠的欧阳修，于宋真宗景德四年（1007年）在吉州（江西吉安县）出生。以制作瓷器著称的江西景德镇也于景德年间设置镇，并以“景德”命名。

欧阳修年长王安石十四岁，二十四岁进士及第。王安石进士及第的时候，他就已经声名鹊起，在知谏院任职，身居推荐优秀青年人才的地位。由太学的知己曾巩介绍，认识王安石。王安石在政界崭露头角很大程度上得力于欧阳修的举荐。

胸怀理想信念的王安石尽管感激朋友的情谊，但不会因此改变自己的政治理念，因此他与朋友曾巩关系紧张，与恩人欧阳修也闹到对立的地步。

欧阳修四岁丧父，家境贫困，无钱买纸笔，他就以荻画地学写字。因为自己小时候吃过苦，所以十分热情地提携优秀晚辈。欧阳修结识王安石以后，极为欣赏他的才华，从各个方面予以关怀支持。

王安石提倡新法的时候，欧阳修不赞成。当王安石知道欧阳修反对新法的时候，以他特有的个性对这个前辈展开激烈的攻击。后人对王安石的评价不高，也出于这个原因。按照世间的常识判断，王安石是一个忘恩负义之徒，但在王安石看来，天下国家的事情要比私交关系更加重要。

欧阳修晚年自号“六一居士”。意为有六个“一”，即一万卷藏书、一千卷拓本、一张琴、一局棋、一壶酒，环围着一个居士。他兴趣广泛，对政界的地位并无眷恋之意，可以说是宋代文人的一个典型。

欧阳修生活的时代，正是日本的紫式部[①]创作完成《源氏物语》、藤原道长的鼎盛时期至前九年之役[②]的时期。从菅原道真废止向唐朝末期派遣遣唐使以后，日本与宋朝之间就没有正式的往来，但还有日本僧人入宋，两国的商船也互有贸易运输。当时日本向宋朝出口的货物主要是日本刀。欧阳修创作有一首题为“日本刀歌”的长诗。

昆夷道远不复通，世传切玉谁能穷。
宝刀近出日本国，越贾得之沧海东。
鱼皮装贴香木鞘，黄白闲杂鍮与铜。
百金传入好事手，佩服可以禳妖凶。
传闻其国居大岛，土壤沃饶风俗好。
其先徐福诈秦民，采药淹留丱童老。
百工五种与之居，至今器玩皆精巧。
前朝贡献屡往来，士人往往工词藻。
徐福行时书未焚，逸书百篇今尚存。
令严不许传中国，举世无人识古文。
先王大典藏夷貊，苍波浩荡无通津。
令人感激坐流涕，锈涩短刀何足云。

诗歌赞扬工艺品日本刀的优秀，叙述自己听说日本物产丰富、风俗良好。欧阳修大概是从越（浙江）的商人那里听到的吧。中国人相信徐福骗得秦始皇的巨额资金、带着数千童男童女来到日本的故事，并且说那些精巧美妙的器物玩件都是从中国过去的工匠的作品。这种

---

① 紫式部：日本平安中期的女作家、歌人。侍奉中宫彰子讲解《白氏文集》。著有《源氏物语》、《紫式部集》等。《源氏物语》共五十四帖，成书时间不详，公认为物语文学的巅峰，对后世的文学作品影响很大。——译注

② 前九年之役：日本平安末期，源赖义、源义家等平定安倍赖时、贞任、宗任的叛乱的战役。自 1051 年至 1062 年，历时十二年，与后三年之役一起，奠定了源氏在东国的势力基础。——译注

说法本身也流露出一种中华思想。

宋代文人对日本感兴趣的似乎是日本还保留着中国已经亡佚的古代书籍。这首诗也说，徐福去日本是在秦始皇焚书之前，所以想象应该带去许多各种各样的书籍，这些书籍都保存在日本。焚书是秦始皇三十四年（前213年），徐福请求去东海仙岛是在秦始皇二十八年（前219年），的确是在焚书之前。但是，仔细阅读《史记》就知道，徐福从秦始皇那里拿到钱财以后，没有立即动身。秦始皇三十七年（前210年），即秦始皇在焚书之后巡狩的时候，徐福还在琅邪一带，因为害怕受到秦始皇的谴责，就编造理由说大鲛鱼兴风作浪，无法出海。即使徐福出海前往日本，也是在焚书以后。

其实不必进行如此详细的考证，当时人们相信日本保存有中国焚书以前的中国古籍，而日本法律规定严禁外流。一想到中国先王的大典居然在夷貊，无法回到自己手里，心情是何等的激愤不平。与先王的大典相比，生锈的短刀不足道矣！

一说到日本，中国的知识分子就会立即联想到保存有很多在中国已经亡佚的古籍。的确如此，但并非欧阳修所想象的那样，是秦始皇焚书之前徐福带去的古籍。日本保存的其实不是秦始皇的焚书时候，而是历代的战乱、王朝更迭时遭受破坏而丢失的书籍。日本虽然也有过战争，但没有发生王朝的更迭，所以破坏不大。

在欧阳修出生二十多年前，宋太宗时代，日本僧人奝然入宋。《宋史·日本传》这样记述太宗雍熙元年（984年）奝然入朝的情况：

其国多有中国典籍。奝然之来，复得《孝经》一卷，越王《孝经新义》第十五一卷，皆金缕红罗褾，水晶为轴。《孝经》即郑氏注者。越王者，乃唐太宗子越王贞；《新义》者，记室参军任希古等撰也。

郑氏，指的是东汉的郑玄。郑玄注释的《孝经》当时在中国已经亡佚。宋朝学者对这部书来自日本一定感到惊讶吧。

中国亡佚郑注《孝经》大概是在唐玄宗的钦定注完成之后。唐玄宗的钦定注有开元十年（722年）的“始注”和天宝二载（743年）

的“重注”两种，其中“始注”在中国也已亡佚，却在日本发现。

不仅儒学的书籍，日本还发现在中国已经亡佚的佛典，对中国的佛典予以补充。例如宋真宗咸平三年（1000年），日本僧人寂昭入宋的时候，带去南岳禅师的《大乘止观》和《方等三昧行法》。这两部书在中国只有目录上的书名，实际上已经遗失。中国的天竺寺遵式以此为蓝本翻刻，遵式还为中国翻刻的《大乘止观》写有后记，其中有这样的话：

大矣哉斯法也，始自西传，犹月之生，今复东返，犹日之升，素影圆晖，终环回于我土也。

寂昭的故事被编写到谣曲《石桥》里，演员那一段“我乃名叫大江定基的寂昭法师也。我入唐渡天，拜谒佛教圣地，自育王山始，巡礼各地”的台词令日本观众感到亲切。[①]据说寂昭入宋以后没有回国，殁于杭州。

宋太宗至道元年（995年），杭州奉先寺的僧人源清给日本写信，希望得到智者大师撰写的《仁王般若经疏》。日本好像满足了他的要求，现在留存有大江匡衡[②]复函的记录。

当时宋朝的知识分子无疑知道日本保存有很多中国古籍，欧阳修的《日本刀歌》提到先王的大典，从中表现出对日本人的看法，令人深感兴趣。

顺便说一下，南北朝的梁朝（6世纪前半期）的皇侃著作《论语义疏》十分有名，为很多书籍所引用，但在中国也已经亡佚。江户时代，根本武夷在足利学校发现，翻刻后传到中国，令清朝学者大吃一惊，收入在《四库全书》里。

---

① 寂昭……感到亲切：谣曲，日本古典歌舞剧“能”的台本。能是室町时代在猿乐基础上经过改革而创造出来的综合性舞台艺术。谣曲的结构有固定层次，一般分为序、破、急三个阶段。重视台本的文学性和音乐性，常常是以叙事诗和抒情诗的形式来表达剧情的发展并刻画人物的性格，所以谣曲也可以说是剧诗。台词中的“唐”指的是中国，“天”指的是天竺，即印度，但实际上寂昭并没有去印度。——译注

② 大江匡衡（952—1012年）：日本平安时期的学者、歌人。曾任文章博士、东宫学士。著有《江吏部集》等。——译注

明治十年（1877 年）担任清国驻日本公使馆参赞的诗人黄遵宪在其诗集《日本杂事诗》中有这样一首：

论语皇疏久代薪，海神呵护尚如新。
孝经亦有康成注，合付编摩郑志人。

他把宋代与清代出现的郑注《孝经》与皇侃《论语义疏》作为在日本发现的中国亡佚古籍的代表。由于这个发现产生轰动性的影响，于是有人提出赝本的质疑。黄遵宪在这首诗的注解中特地指出：日本学者尚无伪造古籍欺世盗名之风，所以不是赝本。

以培养晚辈人才为己任的欧阳修除了对王安石格外赏识外，还有一个寄予厚望的就是苏东坡。

欧阳修对提倡新法的王安石感到失望，而王安石对欧阳修保守的政治态度予以抨击。在这一点上，可以说苏东坡是欧阳修忠诚的后辈。

苏轼生于四川眉山的纱谷行。这个地名意为丝绸商人街，所以他也许出身于商人家庭。苏轼家族第一个当官的是伯父苏涣，与父亲这一辈第一次有人当官的王安石基本一样的家庭境遇，至少在唐朝不是可以侍奉朝廷的身份。

宋仁宗嘉祐元年（1056 年），苏轼与弟弟苏辙一起同时举进士，第二年殿试也及第。举进士的时候，他二十一岁，弟弟小他三岁，可谓一对“秀才兄弟”。

当时的考官中有欧阳修、梅尧臣，还有同年进士及第的、三十九岁的曾巩。前面说过，正是这个曾巩将王安石介绍给欧阳修的。

虽然都是一样的考官，但欧阳修是知贡举，所以他是主考，由他的推荐，梅尧臣担任小试官。

评论宋朝诗人的时候，梅尧臣是一个不可忘记的人物。欧阳修、王安石、苏轼既是大诗人，同时又是宰相级的朝廷高官，而梅尧臣官运不济。当上科举的小试官三年后，五十九岁死去，最后的官职不过是正七品官尚书都官员外郎。

这大概与他不是进士出身也有关系，父亲梅询是正三品翰林学士，具有可以录用亲属为官的特权。梅尧臣通过这个特权走进仕途反而是他的不幸。当时已经是进士至上的时代，不再是唐朝那样依仗父辈庇荫的贵族社会。以梅尧臣的才华，通过诗文为主的科举考试应该不难。他进入政界后，一直在地方调动任职，那些进士出身的晚辈一个个都超越他飞黄腾达。就说欧阳修比他小五岁，已经当上了主考官，还是靠他的推荐，梅尧臣才当上小试官。

不过，政界不是唯一的人生舞台。梅尧臣最后还是胥吏，因此他没有卷进政治斗争的旋涡，也不会有遭受贬职之虞。虽然西面发生与西夏的战事，但宋仁宗时代，本土还是安稳平静。王安石开始提倡新法的时候，梅尧臣已经死去。梅尧臣地位虽低，诗名却很高，连身居要职的高官对他都要礼让三分。宰相王曙极力赞赏他的诗“二百年无此作”。就是说，杜甫之后二百年，没有一个诗人超过梅尧臣。欧阳修的官位比梅尧臣高，但作为诗人不能出其右，这是他本人也承认的。王安石、苏轼、黄庭坚这些北宋大诗人接踵而至，都是在梅尧臣死后之事。从另一种观点来看，也可以说没有一个诗人像梅尧臣这么幸运。

梅尧臣的诗歌题材主要来源于日常生活，尤其不喜欢铺张夸大的表现。宋朝初期的诗坛主流是继承晚唐风格的所谓“西昆体”，辞藻修饰华丽，脱离现实，晦涩难懂。梅尧臣的诗追求“平淡”，文人从来不会作为题材的猫、狗、鸡等家畜乃至蚊子、充盈、虱子都成为他吟咏的对象。有一个词语叫“私小说”，我想把他的诗歌称为“私诗”。

梅尧臣四十三岁丧妻谢氏，两年后再婚。他在诗歌中反复吟咏对谢氏的思念之情。再婚时写的一首题为“新婚”的诗，其中有这样一句：

惯呼犹口误。

因为称呼习惯，对新妻不留心叫出亡妻的名字。他们一起去谢氏离世的高邮时，梅尧臣吟咏道：

恐伤新人心，强制揩双眸。

梅尧臣有一首题为“设脍示坐客”的诗。这首诗也是宋代的中国人吃生鱼片的佐证，活灵活现地表现出他的日常生活的景象。虽然有点长，还是全诗抄录如下：

汴河西引黄河枝，黄流未冻鲤鱼肥。
随钩出水卖都市，不惜百金持与归。
我家少妇磨宝刀，破鳞奋鬐如欲飞。
萧萧云叶落盘面，粟粟霜卜为缕衣。
楚橙作虀香出屋，宾朋竞至排入扉。
呼儿便索沃腥酒，倒肠饫腹无相讥。
逡巡缾竭上马去，意气不说西山薇。

萧萧落盘的云叶无疑就是生鱼片，粟粟切下白如霜的萝卜作为缕衣，这是生鱼片的配菜。切下来的鱼肉不是煮也不是烤，而是醮着橙汁，再饮用沃腥酒，大家一起品尝生鱼片。吃到酒足饭饱，骑马归去。这样的市井生活，自己已经心满意足。扬扬自得，何必去谈论西山采薇饿死的伯夷、叔齐呢？国家天下、仁义忠诚这样的话题姑且放置一边，还是过好每一天的生活吧。

梅尧臣深受民众的爱戴。据说他死去的时候，街坊四邻都大吃一惊，纷纷前来悼念，住家周围挤满了人。他的住宅在城东的偏僻之处，不是有钱人的豪宅区。

王安石年轻的时候听过梅尧臣讲解《诗经》。王安石三十七岁被任命为常州知事前往江南赴任时，梅尧臣写诗为他壮行。梅尧臣死去的时候，王安石写有挽诗。其实他们还是远房亲戚，梅尧臣第一个妻子谢氏的哥哥谢绛的女儿，是王安石弟弟王安礼的妻子，另外，谢绛的长子谢景初之妻是欧阳修的妻妹。

顺便提一句，谢景初的女儿是著名诗人黄庭坚的妻子。

中国人有个习惯，将自己及第时的考官终生仰为尊师。从这个意义上说，苏轼是欧阳修的弟子，也是梅尧臣的弟子，而与王安石则是师兄弟。

苏轼担任阁僚级的高官，但是他不止被贬职，还被流放过，经历过牢狱之灾。与梅尧臣平淡的一生相比，苏轼果真幸福吗？这令人怀疑。但是，苏轼与在政界失意的老师梅尧臣有共通之处，就是无论面对什么样的处境，都坦然接受，基本上保持一种乐观的态度。尽管官职差距很大，但他们都以人的真实感情对待自己的人生，活出人的本色。

这是宋这个时代成为人的时代的一个体现。现在想来，其实本来就应该如此，但还是令人感动。

在苏轼出生半个世纪之前，宋太宗时代，一部百科事典《太平御览》编纂成书。从太平兴国二年（977 年）颁布诏敕开始编辑，全部多达一千卷。宋太宗每天阅读三卷，花费一年时间，所以称为“御览”，同时冠以元号“太平”。

《太平御览》所引用的书籍多达一千六百九十种，其中不少引用本现在已经亡佚。例如“饮食”部的“酒”项，此前所有文献中出现的有关酒的记述全部引用。因为记述邪马台国而经常被论及的《魏志》是以《魏略》作为资料的蓝本，但《魏略》已经亡佚。不过，《太平御览》中有不少《魏略》的引用文。还有关于酒，《魏略》也有很多记述，太祖（曹操）颁布禁酒令，人们就使用隐语，称白酒为“贤人”、清酒为“圣人”，等等。虽然亡佚的书籍很多，但通过《太平御览》可以窥见其一斑。

从事编纂百科事典这个事业的动力应该是出于对前人所积累的知识的高度敬仰。尊重知识，乃至尊重人的力量说明这个时代具有浓厚的人道主义精神。宋代除《太平御览》外，还有王钦若敕撰的《册府元龟》一千卷。这部书以政治为中心，是研究唐代、五代历史尤其不可或缺的资料。此外，还有集小说之大全的《太平广记》、分类编辑的文集《文苑英华》。这四部书合称为“宋四大书”。

作为国家事业，如此巨著接二连三地编辑出版，即是宋朝文治主义的宣言，同时也说明重视人的意识得到加强。苏轼以自己的人生经历体现出这个时代的风气潮流。

与梅尧臣不同，苏轼的人生跌宕起伏。然而，正如身居市井之中的梅尧臣珍惜与朋友共同品尝生鱼片的每一个瞬间、积极肯定人生的态度一样，苏轼不论是在作为阁僚参与国家政治的时候，还是在被流放到僻远荒野之地的时候，都始终如一地对人生保持积极的肯定态度。看一看苏轼的年谱，再对照他在人生各个阶段所创作的诗歌，会不知不觉地感觉眼睛湿润。这样一个充满乐观精神、积极肯定人生，并且以艺术形式表现出来的人的存在本身，对我们就是莫大的激励。

就在苏轼即将当大官的时候，王安石开始掌权。苏轼不赞成新法，以法律的形式束缚人民的做法不符合他的性格。他的思想是与其被束缚而富裕，莫如甘受贫困而自由。

反对新法，自然政坛失意。王安石在朝廷执政期间，苏轼要求到地方任职，所以他曾经当过杭州通判、密州知事。不过，王安石也赏识小自己十五岁的苏轼的文学才华，《临川集》收有《读眉山集次韵雪诗》六首。中国习惯以出生地称呼某人。王安石生于父亲任职的临江，但原籍是抚州（江西）的临川县，所以他的文集称为《临川集》。苏轼生于四川的眉山县，所以他的文集称为《眉山集》。王安石对苏轼的吟雪诗大为赞叹，便步其韵创作六首。“次韵”的说法表示友情或尊敬之意。苏轼也有次韵王安石的诗。

虽然政见不一致，但他们之间有一种亲近感，至少是尊重对方的感情相通。反对新法的苏轼开始受难是在王安石离开朝廷隐居江宁之后。王安石离开朝廷以后，吕惠卿这样的二流政客实施新法。他们的态度左右不定，充满自信的时候，对反对派采取宽容的态度；一旦失去自信，就以实力压制反对派。他们不愿意听到任何反对的声音，就经常采取恐怖政策以扼杀言论。如果抓住别人的只言片语，歪曲夸大，大喊大叫，实行镇压，那么人们就会沉默下来。丧失自信的二流政客正希望这种沉默。

元丰二年（1079 年），王安石到江宁以后，苏轼以诽谤朝政罪被捕。其实在这一年的四月，他刚刚赴任湖州知事。湖州位于浙江太湖的南岸，即现在的吴兴县，是中国著名的毛笔产地。他四月到任，这一月王安石辞去宰相职务。苏轼被捕是在七月，八月十八日囚禁于开封的御史台监狱。

据说苏轼的诗文中含有诽谤朝政的意图。例如熙宁四年（1071 年）

他在杭州所写的《戏子由》就有问题。子由是他的弟弟苏辙。苏辙也反对新法，辞去新法执行机构制置三司条例司里的职务，担任陈州教授。从题目可以看出，是半开玩笑地写给弟弟。其中有这样的诗句：

读书万卷不读律，致君尧舜知无术。
劝农冠盖闹如云，送老齑盐甘似蜜。
门前万事不挂眼，头虽长低气不屈。

虽读万卷书，却不读法律，所以知道无法将君主奉为尧舜那样的圣王。这是戏弄弟弟这种状况的非常平常的诗句。新法派的政策自然重视法律，甚至在一贯重视诗文的科举考试中，废除诗赋，将重点放在经义和论策上。苏轼要求到地方任职，据说也是对从科举考试科目中废除诗赋的做法的抗议。他嘲笑弟弟说：你虽然读万卷书，却不懂得律，在今天这个时代没有用处。令人感觉其潜台词是“绝对不会！”的强烈否定态度。

下面的诗句似乎是对这种否定态度的进一步强调。新法介入到人民的生活中。“劝农冠盖”，指的是政府派来指导农民的官吏。“冠”是高官戴的帽子，“盖”是马车的车篷。大概当时能经常看到官员乘坐高级的马车前来向农民絮絮叨叨地解释青苗法的景象。苏轼揶揄为“如云”。官员们不厌其烦地讲解，而农民又是怎么样的呢？老农民只要每天有“齑盐”就心满意足了。我们仿佛听到农民对新法的反应：“好啦好啦，你们别来烦人了！”对新法派现在所做的一切就视而不见吧，活在这样的时代，虽然不得不低头，但心灵绝不屈服。尽管表面上采取不抵抗的态度，内心却坚持批判的精神。这首诗当然也可以这样解读，至少取代王安石掌权的二流政客是这样解读的。

皇帝诏书宣布，为官者必学法律，所以“不读律”就是违背皇帝的意志。这也成为陷害的罪名。

苏轼已经做好死的准备，当时他四十四岁。狱吏大概也是迎合二流新法派的意图，对他粗暴对待。他在狱中给弟弟写有两首诗，题记云：

予以事系御史台狱，狱吏稍见侵，自度不能堪，死狱中，不得一别子由，故作二诗授狱卒梁成，以遗子由。

其中一首是这样的：

圣主如天万物春，小臣愚暗自亡身。
百年未满先偿债，十口无归更累人。
是处青山可藏骨，他年夜雨独伤神。
与君今世为兄弟，更结来生未了因。

“偿债”，人们认为，偿还前世的债务之后人才能死去，所以其意为死。自己死去以后，这十口之家，就由你来照料。自己埋骨何处都无所谓，只是以后让你在雨夜神伤。今世的因缘尚未了结，来生再与你结缘吧。

苏轼在这首诗中也没有表现出伤感的情绪，他挂念的只是弟弟照顾家庭、让弟弟伤心这些事，而来生再与弟弟结为兄弟的思想，正是体现出苏轼的乐观主义精神。

这一年的十二月二十八日，苏轼出狱，在狱中恰好百日。虽然蒙受种种不实之冤，不过似乎得到宋神宗的庇护。宋神宗派两个御史到御史台了解苏轼的情况，狱吏的态度也随之发生变化。宋神宗铭记石刻遗训，不能以言论判处士大夫死刑。苏轼被流放到黄州，给他黄州团练副使的职务，但这不仅仅是贬职，实际上是发配。

出狱这一天，他以极大的乐观态度写下这首诗：

百日归期恰及春，余年乐事最关身。
出门便旋风吹面，走马联翩鹊啅人。
却对酒杯浑是梦，试拈诗笔已如神。
此灾何必深追咎，窃禄从来岂有因。

前往黄州途中，在陈州见到日夜思念的弟弟苏辙。苏轼在黄州开荒种地，把那个地方命名为“东坡”，自号“东坡居士”。他的诗中也频繁出现“东坡”的字样，也许苏东坡的知名度比苏轼更高。他似乎打算在这里定居。他在黄州创作《寒食雨》，亲笔书写成《黄州寒食诗卷》，是书法字帖中必定要收录的。但是，这幅诗卷于 1922 年从中国流落到日本的收藏家手里，现在不知下落。

元丰七年（1084 年），苏轼调任汝州团练副使。说是调任，其实可以说是减刑。同样是流放，河南的汝州比湖北的黄州离首都开封近。从黄州前往汝州途中，苏轼拜访隐居在金陵钟山的王安石。此时的王安石卧病在床，将题为“北山”的诗等四首给苏轼看。

北山输绿涨横陂，直堑回塘滟滟时。
细数落花因坐久，缓寻芳草得归迟。

苏轼次韵和之，即《次荆公韵四绝》。王安石当时被封为荆国公的爵位。苏轼次韵《北山》的诗是这样的：

骑驴渺渺入荒陂，想见先生未病时。
劝我试求三亩宅，从公已觉十年迟。

当时王安石劝苏轼在这里购买三亩宅地，过着悠闲自得的日子，而且两个人可以这样诗歌应酬。对此，苏轼叹息道与王安石相知晚了十年。

新法的创始人与反对新法的流放罪人如此亲切交谈。第二年三月，宋神宗死去，皇太后高氏摄政，局势发生逆转，旧法派掌权，年迈的司马光出任宰相。反对新法的苏轼自然重新得势，被任命为登州知事，可是一到任，就接到召回中央的命令。

第二年，宋哲宗元祐元年（1086 年），苏轼任翰林学士，弟弟苏辙也被任命为户部侍郎。

宰相司马光接连废除免役法、青苗法等新法规定。在废除免役法的时候，苏轼提出该法已是既成事实、不宜轻易废除的意见。苏轼不是对新法全盘否定的感情用事的反对者。这使得感情用事的旧法派对他另有看法。苏轼在旧法派政权中的处境发生微妙的变化。

与新法派内部发生分裂一样，旧法派也发生分裂，派系斗争异常激烈。苏轼为躲避中央的政治斗争，要求去地方任职，担任杭州知事。在任期间，他在西湖浚泥筑堤，保存至今，称为“苏堤”。苏轼在杭州期间，弟弟苏辙在朝廷步步上升，从翰林学士、礼部尚书升为御史中丞。苏轼曾被囚禁于御史台监狱，御史这个职务就是弹劾官员，中丞是次官。苏辙的职责自然是弹劾那些在宋神宗时代得势的新法派人物。苏辙本人也曾经受到哥哥苏轼的株连而失势。他的工作使他也可能受到报复。

旧法派缺少人才。司马光任宰相不久就死去，总不能把旧法派的精英，甚至被新法派投入监狱的苏轼一直放在地方。元祐六年（1091 年），苏轼被召回朝廷。虽然后来又到扬州担任知事，但很快又被召回中央，担任兵部尚书、礼部尚书。弟弟苏辙升为门下侍郎。隐居洛阳的司马光在神宗死后召回朝廷，也是先当门下侍郎，然后兼任尚书左仆射。苏辙即将担任宰相，而哥哥苏轼希望去地方任职，不久赴任定州（河北）知事。

元祐八年（1093 年），摄政的皇太后高氏死去，宋哲宗亲政。皇太后对新法极端厌恶，但哲宗心底对新法寄予希望。国家政治的改革对年轻的皇帝具有很大的魅力。

局势再次发生逆转，身在定州的苏轼接到命令，调任英州。英州在广东，从北方到南方的大贬职，不仅仅是贬官，在前往英州赴任途中，苏轼被褫夺所有官职，发配惠州。

惠州位于现在的广州市东面一百公里的海边。苏轼从五十九岁至六十二岁在这里居住两年。《食荔枝》这首诗是他在绍圣三年（1096 年）六十一岁时的作品。

罗浮山下四时春，卢橘杨梅次第新。
日啖荔支三百颗，不妨长作岭南人。

能尽情吃到如此美味的荔枝，不妨成为岭南人一直居住在这里。在流放地还能保持这样的乐观态度，这就是苏轼的品质。他是一个幽默家，也是一个美食家。据说“东坡肉”就是他发明的一道菜。

新法派似乎对苏轼仇恨颇深，也许觉得把他发配到惠州还嫌太轻，又将六十二岁的苏轼流放到儋州。儋州是海南岛。弟弟苏辙也从筠州（江西高安县）转移到雷州。雷州在广东，就是与海南岛相对的雷州半岛。这一对年迈的兄弟一起前往新的流放地。

苏轼在海南岛的生活相当辛苦，周围都是几乎尚未开化的黎族。他在这里创作很多次韵陶渊明的诗歌，后人称之为“东坡海外文章”。身处忧患之中，他的诗歌越发凝练老道。陶渊明有《劝农》四言诗，苏轼步韵和之。

咨尔汉黎，均是一民。
鄙夷不训，夫岂其真。
怨忿劫质，寻戈相因。
欺谩莫诉，曲自我人。

海南岛多为黎族，与少数汉人混居在一起，但汉族具有强烈的歧视意识，苏轼对此提出批评。他指出，不对的是“我人”（汉人）。在中华思想盛行的那个时代，可以说汉黎一民的思想具有极大的进步性。我认为这受到佛教思想的巨大影响。

最偏远的瘴疠之地的生活也许会损害一个年过六十岁的老人的身体健康，但不可能挫折他的诗魂。在海南岛居住大约四年以后，元符三年（1100 年），苏轼终于恢复了名誉。这一年正月，新法派的宋哲宗死去，其弟徽宗即位，皇太后尚氏摄政。尚氏试图和解新法派与旧法派，对苏轼这样又被流放又遭贬职的旧法派人物采取复权措施。

苏轼即将从海南岛回到内地，他在海南岛北岸的澄迈驿通潮阁写下这样一首诗：

余生欲老南海村，帝遣巫阳召我魂。
杳杳天低鹘没处，青山一发是中原。

远眺如发丝般的一缕青山才是自己梦寐以求的中原。但是，苏轼最终未能回到首都，他在北归途中病倒在江苏常州。

建中靖国元年（1101 年），苏轼恢复名誉恰好一年。七月，六十八岁的他在常州闭上人生的帷幕。

年轻的皇帝还是倾心于新法。苏轼死去的第二年，宋徽宗断然实行以新法为中心的政治路线。苏辙对政治深感绝望，隐居颍昌，专心著述，十年后去世。

苏轼也经常照顾晚辈，称为“苏门四学士”的黄庭坚、张耒、晁补之、秦观都是著名人物。秦观早于苏轼一年在流放地雷州死去。

由于宋徽宗实行新法政治，张耒被发配到黄州，黄庭坚被发配到宜州（广西宜山县）。晁补之虽然只是贬官，但是他的著述成为禁书，命令烧毁版木。

黄庭坚的号“山谷”也是十分著名的，他是世所罕见的书法高手。他在上面提到的苏轼亲笔书写的《黄州寒食诗卷》上题跋。苏轼的书法具有天衣无缝之功力，黄庭坚的书法则集前人之精华，融会贯通，常被誉为峭拔敧侧之奇伟。然而，他本人极力不留下学习之痕迹，认为自己“书无法”。上海博物馆收藏的《华严疏》是百看不厌的绝品。

苏轼与黄庭坚的共通之处是对佛教的信仰，王安石也有这种思想。这三个人的佛教信仰中似乎还包含老庄思想的成分。他们虽然是政治家，但不是彻底的现实主义者，其心灵深处还潜藏着某种理想。而感觉司马光是一个极少理想的人物。

前面说过，“宋四大书”是宋朝人文主义时代的佐证。但是，在宋代的巨著中，我认为司马光个人编撰的《资治通鉴》要比上述作为国家工程的著作放射出更加辉煌灿烂的光芒。这部编年史的特色可以说在于彻底地忠实于现实。“资治”，就是资于政治，从这个书名也可以看出他的目的。例如《史记》为留下光辉的文学名篇《离骚》的屈原立传，但也许因为传说的味道太浓的缘故，司马光在自己的著述中只字未提屈原。这种想法影响到近代的胡适对屈原的否定。摒弃一切传说性的因素也许也是一种人文主义，是宋代风潮的坦率表现。

黄庭坚是旧法派人物，被发配到宜州，崇宁四年（1105 年）死于流放地，享年六十一岁。在他死去的九月，朝廷颁布大赦令，像他这样发配到岭南的人可以转到离首都开封稍近一些的湖南或湖北，但他没有得到这样的恩惠。

说宋代是尊重人的时代，其实在很大程度上是一种偏袒。在卷入以王安石、司马光这两个新、旧派巨头为首的政治斗争中，高官的确没有一个被杀，但斗争本身十分激烈。

黄庭坚也写有次韵王安石的诗，从中可以感觉到超越新、旧法派的政治斗争，作为个人的心灵交流，但诗本身是对时代发出的叹息。

这首诗作于元祐元年（1086 年）秋天，王安石在这一年的四月已经死去。黄庭坚次韵的是这个与自己政见不同的老前辈的《题西太一宫壁》。西太一宫是开封城内的道观。

风急啼乌未了，雨来战蚁方酣。
真是真非安在？人间北看成南。

黄庭坚作这首诗的时候，正是皇太后高氏摄政，新法被逐渐推翻。他作为旧法派的人物，是否对此高声欢呼呢？没有。他居然不识时务地次韵新法创始人的诗。

“战蚁”，他藐视当时的政治斗争，视为蚂蚁之战；将喧闹嘈杂的争论比喻为乌鸦的叫声。在他听来，胜利的欢呼声是何等的空洞虚无。

从这首诗里听不到胜利的欢呼声，却发出究竟有没有真是真非这样的疑问。

最后一句典出佛经，《楞严经》里有“东看则西，南观成北”这样的话。

王安石在病床听到前一年神宗死去，旧法派重新掌权，新法逐步被废除的消息而死去，这首诗难道不是为他谱写的安魂曲吗？

自古以来，派系斗争数不胜数。在历代的政治斗争中，宋代的新法、旧法之争尽管也十分激烈，却有着很多温暖人心的故事。

民怨之结局

历代的史学家中多有诽谤新法者，将王安石定为反面人物。南宋的《京本通俗小说》中有一则有关拗相公的故事，把王安石讽刺贬损得一无是处。相反，把反对新法的司马光捧到天上去。然而，明朝的李卓吾指出，司马光的反新法论也是杜撰，不可能说服王安石，也不具有足够的力量以阻止宋神宗的大有作为的愿望，所以“应该两分其过”。双方都有责任，不能把罪责只归咎一方。

《庄子》中有这一句话：

爱民，害民之始也。

其解释为“形固造形，成固有伐，变固外战”。形式产生形式，于是一心认为自己好对方坏，产生骄傲自满的心理。一旦争论，坚信自己正确，所以与对方武斗。

我在论述新法的时候，脑子里总是浮现出这一句话。王安石的新法的确出于爱民的动机。既然是政策，就会产生各种各样的形式，这些形式组合在一起，成为一个体系。体系的本能就是排他性地守卫自己。

如果新法是恶法，那么历代皇帝实行新法就令人不可思议。采取自卫态势的新法大概也有逼迫皇帝采纳的一面，但的确出现国家财政富裕起来的现实。新法有扰民的一面，但通过习惯与改进应该可以得到解决。苏轼的题为《山村》的诗是他被囚禁御史台监狱的原因之一。

杖藜裹饭去匆匆，过眼青钱转手空。
赢得儿童语音好，一年强半在城中。

拄着藜杖，提着饭盒，急急忙忙从衙门出来，可是好不容易借来的青苗钱一转手就空空荡荡。像这样的制度没有一点好处。倒是儿子说的话少了地方口音，因为一年中的多半年要在城镇里，到衙门办理青苗的各种手续。苏轼对新法的讽刺非常辛辣，怪不得新法派也放不过他。

新法的目的是富国强兵，也具有爱民精神，这样的出发点固然不错，但在实施的过程有很大的问题。历代皇帝都通过新法增加财政收入，所以眼睛只盯在收入上，忘记了爱民精神，而宋徽宗必须负这个责任。

元符三年（1100 年），二十五岁的宋哲宗死去，无子嗣。父亲神宗的皇后尚氏尚健在，但尚皇后无子，哲宗是宫女朱氏所生。

据《宋史》记载，宋徽宗即位的过程是这样的：皇太后尚氏垂帘，哭与重臣商量继承者问题。这时，宰相章惇说道：

以年则申王长，以礼律则同母之弟简王当立。

哲宗既然无子，就从他的弟弟中挑选。从年龄来说，申王年长，但申王失明，无法即位，所以按照礼律，应由哲宗的同母之弟简王即位。

皇太后听后不高兴，自己是神宗的皇后，无子，所以必须拥立别的女人所生的孩子当皇帝。哲宗是朱氏所生，他死后，没有必要还要非立朱氏之子不可，好像朱氏是神宗的正室一样。神宗的正室只能是自己——尚氏出于这种心情说道：既然大家都是神宗之子，就不应该差别对待。除了失明的申王之外，按照年龄顺序，应该是端王。于是端王赵佶即位，即宋徽宗。

章惇推荐简王的原因，与其说因为他与哲宗是同母之弟，不如说认为端王轻佻，难以为天下之君。徽宗的即位可以说是尚皇太后的意志。

宋徽宗富有艺术才华，在书画方面，不是一般的才华，而是超群绝伦。他的绘画可以说在那个时代是首屈一指。书法领域，创造一种独特的书体“瘦金体”，挺瘦犀利，却毫无纤弱之感，洋溢着清新秀丽的气息。

江户时代，日本的大名以没有宋徽宗的鹰画为耻。不过，日本大名所收藏的所谓徽宗的鹰画全部是赝品。徽宗的绘画运用没骨法，极具写实性，而且色彩绚烂丰富。日本所收藏的宋徽宗的真迹极少，被指定为日本国宝的《桃鸠图》是其中之一。波士顿美术馆收藏的《五色鹦鹉图》十分有名，但描绘手法缺少笔力，基本可以肯定是对徽宗真迹的一丝不苟的临摹。

宋徽宗也擅长诗文，《宋史》记载有“御集百卷”。

宋徽宗是一个出类拔萃的艺术家，但不应该成为皇帝。大概他自己也没有想到会即位称帝。作为皇帝、作为政治家，他是一个不合格的人，北宋就亡在他的手里。

宫廷里的女性似乎都很讨厌新法，但徽宗即位后摄政的尚皇太后不愧是热心于新法的神宗的遗孀，努力促使新法与旧法两党的和解。由于她的决定，苏轼才能从海南岛回到内地。然而，她在第二年就死去。

徽宗开始亲政，完全按部就班地推行新法政治，他的目的似乎也只是增加国库收入。也许他有爱民之心，但是他所信任的人都是等而下之，只要会鉴定书画，就会得到徽宗的信任，实在是本末倒置。

宋徽宗时代的宰相是蔡京，福建仙游县人，是王安石的女婿蔡卞的哥哥。

蔡京年轻时就进士及第，不断升迁，神宗时代担任开封知府。神宗死后高氏摄政，旧法派的司马光任宰相，蔡京竭尽全力在极短的时间里废止免役法，受到司马光的赞扬。哲宗亲政后，成为新法派的时代，他当时担任户部尚书，又竭尽全力恢复免役法。

可见此人极有才能。旧法时代，他最早废止免役法，恢复原先的体制，这需要相当强有力的行政手腕。到新法时代，他又最快实施免役法。如果没有行之有效的组织调动部下的能力，即出色的统率力，是办不到的。

不论是废止还是重新实施，蔡京都淋漓尽致地发挥其卓越的手腕，但针对的都是免役法，这个事实意味着他缺少政治信念和抱负。

徽宗实行新法政治，但总指挥是蔡京。蔡京对新法没有精神上的共鸣。因为皇帝选择新法，他只是迎合执行，而且看来皇帝选择新法的目的是得到奢侈豪华生活所需要的金钱。既然如此，蔡京认为自己的任务就是想方设法更多地榨取人民。他越是有才能，人民就越遭殃。

徽宗即位的时候，其实蔡京被贬官在杭州。徽宗一当上皇帝，就开始为所欲为。他是一个艺术爱好者，喜欢收集书画等奇珍异宝，于是派精通书画的宦官童贯到南方去。五代十国时代的南唐、吴越是富饶之地，据说宋朝的开封朝廷里的书籍、绘画等几乎都是从南唐收罗来的。徽宗认为南方还有很多好东西，所以派童贯去搜刮。蔡京在杭州与童贯见面，蔡京本人也是书画的行家，两人一拍即合，意气相投。童贯为蔡京重返中央对徽宗做工作。蔡京当上宰相以后，与童贯自然更是结为同党。

徽宗感觉与蔡京、童贯在一起心情愉快，因为其他大臣没有这两个人更懂得书画诗文，政治手腕也是行家里手，于是把国家政治全权交给他们，自己过着情趣优雅的艺术生活。

童贯在杭州开设一个专门为宫廷制作各种器具的局，另外还设置一个制造皇族婚礼器具的衙门，称为“后苑作”，由宦官杨戬负责。这个杨戬发明一种叫作“公田法”的新方法，以获得后苑作的经费。

王安石的新法中有一种“方田均税法”。目的是查实大地主隐瞒的田产，按章纳税。这条法律虽然没有在全国范围内实行，但通过丈量土地，已经查出很多隐田，只要让他们纳税，就能增加国家的税收，其对象几乎都是大地主。

宋徽宗时期的“公田法”没有这么温情，而是改换单位尺子的长度。宫廷里有一种测量演奏雅乐的乐器长度的尺子，比一般的尺子稍短一些，叫作“乐尺”。公田法就使用这种乐尺丈量土地。一般尺子丈量的一亩田，用这种乐尺丈量，就是 1.0849 亩。这些多出来的田叫作“公田”，由政府没收。如此一来，不论是大地主还是小地主，大约 8% 的田地都要上交。对于小地主来说，自然是难以忍受的痛苦。

另外，对土地买卖契约重新审核，只要契约中没有明确证实所有权的土地，作为公田一律没收。小农户多是通过口头约定转让所有权。大地主以占有土地作为自己的产业，都是各种文件齐全，不会有疏漏之处。这样，失去土地的都是那些弱者。

公田法完全是无法无天，蛮不讲理，根本不能说是对新法精神的继承，可是在宋徽宗时代，把公田法混同于新法，加以实施。杨戬死后，同样是宦官的李彦接替这项工作，进一步扩大公田，有过之而无不及。

由蔡京推荐，苏州商人朱勔负责将江南的奇珍异宝运往开封的工作，称为“花石纲”。“纲”是大量货物的总称。例如“茶纲”，就是运送大批茶叶的运输团队。宋徽宗的愿望是在位于淮河流域的开封营造江南景观，这个想法充满艺术家趣味，所以他需要的是北方所没有的名树、名花、奇岩、怪石等东西，尤其喜欢从太湖水底捞取上来的“太湖石”。

从太湖水底捞取这些奇岩怪石，必须动员许许多多的劳力。所谓的“动员”，其实就是朱勔的强迫劳动。名树名花不会是野生的，大部分都是看到哪户人家的院子里有这样精心栽培的名贵花木，就强行拿走。

从江南运送花石纲到开封，得需要不少的民力，必然引起民怨沸腾。

北宋末期，徽宗治世——这正是《水浒传》所描写的时代。

《水浒传》是根据评书而创作的小说，从其时代背景和社会氛围来看，无疑是北宋末期。《水浒传》描写一群造反者聚集在梁山泊的故事。那个时代，到处都发生叛乱，不发生叛乱，才是怪事。

除了穷凶极恶的公田法之外，还有各种各样五花八门的酷法，把人民的血汗榨取得干干净净。

梁山的山脚下是湖泊和沼泽地带，居住着不少捕鱼为生的渔民。政府对这些渔民也规定每一条渔船都要征税。这样，自然就会出现隐瞒申报的黑渔船，但如果被差役发现，就会抓捕入狱。与私盐贩卖者一样，黑渔船也武装起来对抗政府官吏。政府不仅对渔船，对摆渡船也要征税。《水浒传》的一百零八条好汉中，绰号“船火儿”的张横就是黑摆渡船的船主。他的弟弟张顺做批发鱼的生意，自然应该与那些走私鱼贩子也有来往。阮氏兄弟都是水上生活着。青面兽杨志本是护送花石纲的胥吏，却因为不走运，遇到风浪，翻船沉没，只好逃亡。

《水浒传》虽是小说，其主人公宋江实有其人。《宋史·张叔夜传》记载张叔夜包围宋江，逼其投降之事。《宋史·侯蒙传》这样记述道：

蒙上书言：江以三十六人横行齐、魏，官军数万无敢抗者，其才必过人。今清溪盗起，不若赦江，使讨方腊以自赎。

这三十六人在小说里就变成了整整三倍的一百零八人，不过，三十六人是领导人，大概还有成千上万的部下。否则，无法想象可以和数万的官军对抗。

侯蒙上书，建议招安在山东、河南一带横行无忌的宋江，让他去讨伐在浙江叛乱的方腊。小说《水浒传》也描写宋江受招安以后率领梁山泊好汉出发征讨方腊的情景。史书也记载讨伐方腊的总司令童贯的部将中有宋江的名字。

但是，陕西府谷县出土的一个名叫折可存的墓志铭中记述捕捉草寇宋江，不过这是在讨伐方腊之后。如果这样的话，宋江投降后没有参加讨伐方腊。有人认为，宋江这个名字很普通，有可能是同名同姓。关于此事，宫崎市定[①]的考证文章《有两个宋江吗?》可资参考。

那个时代，叛乱似乎成为家常便饭，而且叛乱者投降以后，摇身一变，立刻就可以成为官军的部将。

强行实施公田法、花石纲这样残酷无情的事情，要想天下太平，未免过于天真。史书记载叛乱者的首领有张荣、张仙、张迪、高托山等，其中高托山的部众多达三十万。

宣和二年（1120年）十月发生于浙江青溪的方腊之乱规模最大，

① 宫崎市定（1901—1995年）：东方史学者，京都大学教授，研究以宋代为主的中国史、亚洲史。代表作有《九品官人法的研究》、《中国史》等。——译注

虽然被童贯的大军镇压下去，但成为北宋灭亡的主要原因。

据说方腊是当地的漆园园主。为满足宋徽宗奢侈的享受，杭州等地设立专为宫廷制作各种器物的造作局。大概造作局向方腊的漆园强行征收漆税，此外还有各种各样的苛敛诛求。

据说方腊“吃菜事魔”，素食主义者，又是事魔者。虽然没有确凿的证据证实，但可以认为是被唐武宗的会昌年间废佛令镇压的摩尼教潜入地下保存下来的集团。由于不仅仅是走私商人的群体，更是以宗教的纽带结合在一起，所以叛乱集团才能如此团结一致。

宋徽宗也终于意识到地方叛乱的原因在于造作局和花石纲，在派兵镇压的同时，宣布废除造作局和花石纲，试图以此缓和民怨。方腊攻陷杭州，一时声势浩大，自称圣公，使用元号永乐。

宦官监军童贯率领大军收复杭州，生擒方腊，但这次叛乱给宋朝造成巨大的损失。江南是宋朝的重要财源，如今惨遭兵燹之灾，不仅丧失了纳税能力，而且还要采取免税措施以弥补。

如此意外地迅速平定方腊之乱是数量优势作战的胜利，原本是为其他用途而调动的军队转到讨伐方腊的作战中来。就是说，宋朝本是为其他目的调动大批军队，恰好发生方腊之乱，只好让他们南下。

这支军队原本不是南下，而是北上。由于没能完成本来的任务，不久成为宋朝灭亡的直接原因。

方腊的叛乱被镇压下去，方腊也被斩首，但是由宗教思想结合在一起的志同道合者依然顽强地坚持抵抗，这些“吃菜事魔”者继续开展反政府运动。

摩尼教是源于伊朗的崇拜自然的宗教，与崇拜火的琐罗亚斯德教很相似。但同样是善恶二元论，琐罗亚斯德教最终还是善战胜恶，摩尼教则是善恶不分胜负，永远不相交。另外，琐罗亚斯德教是伊朗萨珊王朝的国教，受到优待。而摩尼教从一创始就遭受严厉的镇压，教祖摩尼被残酷处死。

唐武宗镇压宗教以后，看不到琐罗亚斯德教的踪影，而摩尼教潜入地下，保存下来。遭受过镇压的宗教可以说具有强大的生命力。

据文献记载，方腊这些“吃菜事魔”者不信神佛，崇拜日月，强调平等思想，主张相互扶助。

方腊之乱的特点是对官吏、富豪毫不留情，格杀勿论，尤其是诛杀花石纲的头目朱勔是头目举兵的名义。

十五万政府军转而南下，在六州五十二县作战四百五十天，才把方腊之乱平定下去。当时的宋朝可谓南北叛乱，东西外患。

宋徽宗依然故我，过着艺术家的生活。此时他迷恋上道教，一个名叫林灵素的浙江温州人道士深得他的信任，赐予“通真达灵先生”的称号。这个林灵素原先是佛教僧人，因为受不了严厉的修行，转而成为道士。宋徽宗之所以迷上道教，是因为他无子嗣，道士刘混康建议稍微加高开封城内西北角的土地，结果很灵验，后宫女子果然生下男孩。

徽宗自称“教主道君皇帝”，颁布诏书寻求天下之道教仙经。他让林灵素等演讲道教，开设“千道会”大斋，每次都要花费数万缗钱。

宋徽宗还喜欢微行，据说出入于开封的花柳街。当时开封有名妓李师师，徽宗是她的资助者。

徽宗对政治依然毫不关心，一切交给宰相处理。

万水千山

国际形势其实对宋朝十分有利，然而这个有利的局势反而导致北宋的灭亡。

宋的宿敌自然是契丹族的辽，收复被辽国夺走的燕云十六州是宋建国以来一个半世纪的宏愿。失去燕云十六州是在五代后晋的时候，从那个时候算起，中原士人收复失地的宏愿长达将近二百年。

实现宏愿的机会终于来临。如果这时候宋朝的皇帝不是徽宗，而是更加英明的君主，或许能够准确把握这个大好机会。

长期受辽国欺负榨取的东北通古斯族的女真族迅速兴起。生女真的完颜部族接连产生英明睿智的首领，此时的杰出首领是阿骨打。

宋徽宗即位的这一年（1101 年），辽国的道宗死去，他在位四十七年间，派系斗争异常激烈。同样这个时期，正如宋朝发生新法、旧法之争一样，辽国的契丹国粹派与汉化派的党争从未间断，而且也与宋朝一样，不仅政见相异，还发展到感情上的对立。一派掌权，另一派就完全失势，这样的政情与宋朝简直就如双胞胎一样。

辽国从宋朝得到的岁币导致自身的堕落，原本游牧于草原的、尚武的契丹族逐渐失去其野性。燕云十六州是汉族居住区，本国领土内就有汉文化圈，防止汉文化的影响是万难之事。

道宗耶律洪基死后，皇太孙耶律延禧即位，即天祚帝。之所以不能以宗庙号称呼，无疑是因为辽国在他的时代灭亡。

天祚帝即位之初，对政治充满热情，但后来耽于游玩，尤其喜欢狩猎。喜欢游玩本不是什么坏事，问题是接近佞臣，相信佞臣，放手将政治交给他们，这一点与宋徽宗一模一样。在宗教信仰方面，天祚帝似乎没有祖父道宗那么热心。辽是多民族的国家，需要一种可以联结各个民族的共同的精神纽带，所以鼓励信仰佛教，尤其是信仰真言宗和陀罗尼。《辽史》这样记述道宗：

一岁而饭僧三十六万，一日而祝发三千。徒勤小惠，蔑计大本。

从前一代就开始不问政治，辽的国力实际上已经衰弱。而不太贤明的天祚帝加剧了衰弱的趋势。

与皇族中绘画名家辈出的辽国相比，新兴的女真族，尤其是没有获得辽国国籍的生女真没有失去强悍的野性。他们的勇猛早已闻名，有一句谚语说“女真满万不可敌”。辽国也知道，如果他们分散各地以部落为单位生活，问题倒不大，但如果团结起来，那就非常可怕。所以一方面高筑城塞，另一方面也采取任命女真族的首领为节度使的怀柔政策。

阿骨打把整个部族团结在一起，女真族迅速强盛起来。

辽天庆四年（公元1114年，宋政和四年），阿骨打集结所有女真族举兵攻辽。在现在的吉林省拉林河一带击败辽军。

第二年正月，阿骨打即帝位，国号“金”。据说因为产生女真族完颜部的按出虎水可以采集金砂，成为部族强大的产业的缘故。《金史》这样记述国号命名的缘由：

辽以宾铁为号，取其坚也，宾铁虽坚，终亦变坏，惟金不变不坏。金之色白，完颜部尚白，于是国号大金。

元号定为收国。

辽的天祚帝调集号称七十万的大军亲征，在混同江被金太祖阿骨打击败。从辽阳府至黄龙府的辽东之地全部收入金的版图，被契丹族消灭的渤海国的余党也都纷纷投靠金太祖。连辽国的东京辽阳府都被金国夺走，天祚帝集合残兵败将，慌慌张张逃回上京。于是辽国的国力受到怀疑。

宋朝看到自己的宿敌辽国遭此惨败，一下子兴奋起来，宋徽宗派自己最信任的宦官童贯出使辽国，也对国际形势进行分析。辽国的国力今非昔比，还发生内讧，各地也发生叛乱，于是宋朝计划收回燕云十六州。这个收复失地的计划命名为“图燕”，意为力图收复燕云。

童贯出使辽国回国途中，结识在辽国的燕京人马植，并陪他一起回到开封，推荐给徽宗。要实行图燕计划，需要对周边情况熟悉的人。马植献策说与新兴的女真结盟，夹击辽国。

宋徽宗对他甚为信任，还赐予国姓赵，于是，马植就改名为赵良嗣。这个赵良嗣登上政治舞台是在政和元年（1111 年），在金建国之前，应该说具有先见之明。

重和元年（1118 年），武义大夫马政秘密出使金国，自然是为了实行图燕计划。马政从海路前往金国，所以宋金的盟约称为“海上之盟”。然而，这个时候，辽国也派使臣前往金国，进行外交谈判。金太祖在宋与辽之间权衡利弊，慢慢推敲政策，没有立即给予宋朝满意的回答。两年后的宣和二年（1120 年），赵良嗣亲自到金国，不久带着金国使臣回到开封。

这个时候，金太祖终于下决心与宋结盟。因为辽国的天祚帝给金太祖送去一份国书，册封他为东怀国皇帝，激怒了太祖。太祖已经自称皇帝，所谓册封，表明金还是辽的属国。太祖把辽国的使臣驱逐回去。辽国似乎没有深刻理解金的女真族也具有辽的契丹族曾经也有过的民族骄傲。金太祖命令完颜希尹创造女真文字，女真的民族意识迅速高涨起来。辽国的国书的确不够慎重。

于是，宋、金结为同盟，条件是宋朝把先前给予辽国的岁币原封不动地转赠给金国；两国夹击辽国时，金国军队不越过长城。后来，宋提出由宋攻打辽国的南京（现在的北京）、金攻打西京（现在的大同）。宋朝对自己的军事力量缺少信心。西京在长城以南，按照先前的双方约定，这是金国军队不能进攻的地区。现在宋朝主动要求金军越过长城，但同时要求金军占领西京以后，按照先前的约定，将西京归还宋。这是一厢情愿的要求。金国没有回复宋朝的要求，就开始作战行动。

图燕计划的成功指日可待。为了与金国一起夹击辽国，宋开始调动军队。

赵良嗣出使金国的那一年十月，浙江发生方腊之乱。童贯作为浙江宣抚使率领南下的十五万大军原本是为了与金国一起共同攻打辽国而动员、编制的军队。政府已经事先准备好一支即刻就能投入战斗的军队，这对于方腊来说是一种不幸，但不得不改变这支部队的用途对宋朝来说则是更加严重的不幸。

宣和三年（1121 年），金国已经出兵攻打辽国的中京大定府，而宋还在艰难地平定方腊之乱，而且还不得不分兵讨伐《水浒传》中的宋江。在打击共同敌人辽国方面，宋比同盟国金大大落后，这显然对宋极为不利。

至宣和四年（1122 年），宋才能对辽国开始真正意义上的打击，还是宦官童贯作为河北河东路宣抚使担任宋远征军的总司令。在此之前，金军已经攻陷辽国的中京，天祚帝败逃云中，金军穷追猛打，天祚帝再逃到夹山。

最先的约定是金军不南下越过长城，但是后来宋主动要求金军攻打西京，所以金军越过长城攻打西京大同府。占领西京后，进一步扩大占领的范围，宋打算收复的燕云十六州大部分被金军攻占。

燕京是燕云十六州中最重要的地区，宋朝的攻击目标自然是燕京。

现在来看看燕云十六州的民心动向。宋朝把燕云十六州视为失地，但居住在燕云地区的汉族在辽的统治下生活将近二百年，已经习惯了辽的管理。前面说过，辽国实行二元化的政治体制，对游牧民实行北面官制，对农耕民实行南面官制。辽的统治阶层在文化上已经汉族化，其政策对汉族未必苛刻，反而对游牧民不利。因为辽致力于发展农业，扩大耕地，这样游牧民的草地就相对减少，生活也变得困苦。有人认为，这个国家的基本民族契丹族游牧民生活的贫困化是导致辽国衰亡的原因之一。

燕京居民知道天祚帝已经逃跑后，拥立居住在当地的辽国皇族耶律淳为皇帝，即天锡皇帝。策动这次拥立的是汉人李处温。

到这个时候，宋朝廷依然还有反对与金国结盟的声音。郑居中等从道义论的角度表示反对，认为不能违背与辽国的长期盟约，不应该幸灾乐祸，总之，应“待其自毙”。这样的想法也是一厢情愿。当金军获胜的消息传到朝廷，才意识到如果等待辽自毙，燕云之地早就收入金国之手，所以必须立即出兵，这样终于决定由童贯率兵远征。

这应该说宋徽宗缺少果断的领导才能，自己在犹豫不决。在这个时候，开封依然在铺设镶嵌江南的奇岩珍石，人工堆砌一座万岁山，命名为“艮狱”。如果没有这样的铺张浪费，也就不会有花石纲，不会有公田法的剥削，不会发生民众的造反吧。那么，在与金国的结盟问题上，会处在十分有利的地位。历史不允许有“如果……”，但有一点十分明确：这个时期由徽宗当皇帝，是宋朝的不幸。

燕京所成立的政权不过是辽国的流亡政府，而且天锡皇帝很快就死去，他的妻子萧氏称太后。拥立天锡皇帝的李处温也被杀。

燕京发生内讧，渤海人和汉人等成立“常胜军”，渤海人郭药师成为首领。所谓常胜军，其母体其实就是称为“怨军”的辽国杂牌军。郭药师首领八千常胜军投降宋朝。

燕京的流亡政府也向宋朝强调两国之间长达一百五十多年的结盟关系，提出联合抗金的建议，但遭到童贯的拒绝。可是，别看是摇摇欲坠的流亡政府，童贯连连交手失利，可见当时的宋军是何等虚弱。这样，童贯很有可能被问罪处死。宋朝原则上没有因言论而被处死，但犯有大不敬罪、谋反罪以及战败问责，则以死论处。童贯害怕被问责，悄悄向金太祖阿骨打请求救援。

金国恪守与宋国的约定，攻打大同也是应宋的要求。至于轻而易举就能拿下的燕京，也按照约定，让宋军去攻打。但如果是另外的请求，则另当别论。

金国大军已经进入长城以南，接到童贯的请求后，如惊涛骇浪般南下，风扫落叶陷落燕京。

宋要求金国归还被占的燕京。双方的约定是由宋攻取燕京，现在由金军攻取后交还宋朝，这是对约定的扩大性解释，所以不能接受。金军将领认为，燕京是依靠自己的力量攻打下来的，而且是应宋军的请求，所以是合法的，没有必要归还。不仅如此，燕京的居民也希望以后归属金国，反对把城池交给宋朝。

虽然燕京的居民是汉人，但是二百年间没有在中原的统治之下，如果以后归属宋朝，担心受到“新附之民”的歧视。燕京人对宋朝的公田法、花石纲等苛政也有所耳闻，不愿意受到宋朝残酷剥削的强烈心情已经超越了民族意识。另外，金国刚刚建立不久，必须制定、完善各种制度，汉族很可能受到重用。

虽然金军将领和燕京居民都反对把燕京交给宋朝，但金太祖考虑应该恪守与宋朝的盟约，不过交给宋朝的只是一座空城。城内的所有财物以及居民都转移到北方，而且要求宋朝支付攻打燕京的军费钱百万缗、军粮二十万万石。

宋朝虽然只得到一座空城，但是中原人近二百年梦寐以求的收复燕云十六州中最重要的燕京以及周边六州的夙愿终于得以实现。开封欢腾庆祝，童贯进封为徐豫国公，赵良嗣晋升为延康学士。不久童贯被封为广阳郡王。宦官封王，史无前例。

金太祖说海上之盟不可忘，将燕京归还宋朝。他不久死去，弟弟吴乞买继位，即金太宗。

与金太祖忠实恪守盟约相比，宋朝就显得缺少道义。因为在对政治漠不关心的艺术家皇帝下面掌握实权的蔡京、童贯是没有政治信念的人物。答应支付给金国的岁币、军粮等也长久拖欠。对于宋朝来说，虽然收回了燕京，但是西京大同府尚未归还，要收复燕云十六州的全部领土，必须要打倒占据其大半的金国。

辽国的天祚帝逃到阴山，投靠西夏，但宋朝仍然与他秘密联系，计谋与契丹军联合从金国手里夺回西京。然而，宋的宣和七年（1125年），天祚帝被金军抓俘，发现宋送给天祚帝的秘密书函。金国对宋的这种背信弃义的行为极为愤怒。

金太宗与恪守海上之盟的哥哥不同，立即发兵讨宋。守卫燕京的郭药师的常胜军降金。这个渤海人郭药师从辽降宋，再从宋降金，而且降金以后，作为金军的向导，引兵攻打开封。

宋徽宗狼狈周章，颁布《罪己诏》，自我反省，宣布退位，立长子赵桓，即宋钦宗。

靖康元年（1126 年）正月，金军渡过黄河。太上皇徽宗仓皇出逃亳州，再逃到江南的镇江。蔡京、童贯等最高领导层的诸多百官遁逃。这是一个毫无责任感的时代。

在被金兵团团包围的开封城内，主战派和主和派还在争吵得不可开交，迟迟未能做出决策。金兵的攻城越来越激烈，眼看就要陷落。在这种情况下，只好求和，别无他策。然而，就在与金军谈判的过程中，主战派进攻金军，使得宋朝谈判的地位越发不利。

金军提出的条件是：罢免主战派李纲，赔偿金五百万两、银五千万两、牛马一万头、表缎一百万匹，尊金国皇帝为伯父，归还移居到中原的云燕居民，割让中山、太原、河间三镇的二十州，宰相和亲王作为人质等。据说金国开列的这些条件是那个郭药师出的主意。

宋钦宗搜刮开封全城的财物，也只有金二十万两、银四十万两，根本无法满足金的要求。

作为人质的宰相是尚书左仆射张邦昌，亲王是徽宗的第九子康王赵构。张邦昌是媾和派的干将，据说他作为人质离开开封的时候，请求钦宗履行向金割让三镇的约定。

金军没有等宋朝全部赔偿，提前解围北撤。金国本来就明白提出的赔偿金额是天文数字，与其在水土不惯的地方长期包围，不如先把宋朝割让的三镇土地拿到手更为实惠。

开封解围之后，主战派重新抬头。这一次是学生运动，以太学生陈东为首的数万都民上书，要求恢复被罢免的主战派李纲，处罚蔡京、童贯等。

童贯被发配到英州（广东），途中被杀。蔡京已经八十岁，在流放途中病死。

徐处仁担任宰相，命令约定割让给金国的三镇守军禁止放弃抵抗，坚守抗战。这成为金国问罪的口实。

此时金国已经决心灭宋，大军如云，疾驰南下，再次包围开封。

宋钦宗大开杀戒，把父亲重用的童贯等重臣一个个杀掉。不仅如此，还把躲到江南的父亲叫回开封，因为听说他要在江南另立王朝，复位称帝。

金军包围开封的时候，徽宗也在城内。宋朝提出将黄河以北的土地全部割让给金国，但是金国决心消灭宋。

十一月，金军曾经渡过黄河，同年，第二次大军过河，对开封展开排山倒海的攻击，开封终于陷落。

开封遭受金兵铁蹄的残酷蹂躏，烧杀抢掠，财物被抢夺，妇女被掠走，开封变成一个废墟。金军中的燕京汉人充当暴行的向导的角色。历代皇帝，尤其是宋徽宗精心收藏的书画奇玩悉数掠走。燕京的汉人着眼于寻找苏轼、黄庭坚的书法作品，据说对王安石的书法不太感兴趣。

钦宗和太上皇徽宗主动来到金军的军营，甘当俘虏。皇族、高级官员、金国认为有用的技术人员、艺术家等数千人被掠到金国（史称“靖康之变”）。

历经九帝一百六十七年的宋王朝就此灭亡。在金国当人质的康王赵构后来返回开封，又逃脱成功，跑到南方建立王朝，称为南宋。

宋徽宗这个一世风流的天子被送到东北（满洲）的僻远之地，双目失明。八年后在从五国城前往均州途中病死，结束其五十四年的生涯。宋钦宗再也没有能够回到中原。

晚年失明的宋徽宗在脑子里会想起什么样的画面呢？他一定有太多的悔恨，然而，一切都后悔莫及。下面这一首《燕山亭》是他被掠去北方时的作品。

裁剪冰绡，
打叠数重，
淡着燕脂匀注。
新样靓妆，
艳溢香融，
羞杀蕊珠宫女。
易得凋零，
更多少，
无情风雨。
愁苦。
闲院落凄凉，

几番春暮。

凭寄离恨重重，
这双燕，
何曾会人言语。
天遥地远，
万水千山，
知他故宫何处。
怎不思量，
除梦里，
有时曾去。
无据。
和梦也有时不做。

年表

公历	王朝年号	事项
557	陈永定元年	陈霸先为相国陈公，接受敬帝禅让，建立陈国，称武帝
568	陈光大二年	陈国安成王（后来的宣帝）废帝，为临海王
581	周大定一年 隋开皇元年	北周杨坚废静帝，即位（文帝）创立隋朝
587	隋开皇七年 后梁广运二年	隋文帝命令各州推荐人才（科举之始）。隋灭后梁
598	隋开皇十八年	隋文帝远征高句丽未成功。高句丽王派谢罪使，和解
600	隋开皇二十年	废皇太子杨勇，杨广代之。日本派遣小野妹子遣隋使
602	隋仁寿二年	独孤皇后殁。杨素讨伐突厥的思力俟斤
607	隋大业三年	启民可汗入朝。炀帝访问启民可汗的庐帐。日本派小野妹子入隋
610	隋大业六年	炀帝竣工大运河。炀帝撤职张衡为庶民
612	隋大业八年	远征高句丽，失败，撤兵
613	隋大业九年	炀帝第二次远征高句丽，因杨玄感叛乱而撤兵
616	隋大业十二年	炀帝行幸江都。各地叛乱。李渊

		任太原留守
617	隋大业十三年 义宁元年	李密、翟让集团占领洛口仓。薛举父子反，薛举自称西秦霸王，后称帝。李渊于太原举兵，陷长安，拥代王杨侑即位（恭帝），炀帝为太上皇
618	隋义宁二年	宇文化及杀炀帝。萧铣称帝，复兴后梁国。李渊即位，称唐（高祖）。王世充在洛阳拥越王杨侗即位，称皇泰帝。李密败于王世充，降唐。宇文化及称帝，国号许。窦建德建夏国。李轨称凉皇帝
619	隋皇泰二年 郑开明元年	王世充废皇泰帝，自称皇帝，国号郑。李轨在长安被斩
620	唐武德三年 郑开明二年	秦王李世民凯旋长安。洛阳的王世充降李世民
624	唐武德七年	颁布新律令，制定均田法、租庸调。平定割据全国的群雄
626	唐武德九年	秦王李世民杀太子李建成、齐王李元吉。高祖让位李世民（太宗）。突厥的突利可汗、颉利可汗等进攻，逼近长安（渭水之役）
627	唐贞观元年	贞观之治开始。玄奘前往印度
629	唐贞观三年	突厥突利可汗降，太宗雪渭水之役之耻
637	唐贞观十一年	颁布贞观律令。武曌（武则天）为才人
644	唐贞观十八年	太宗亲征高句丽
645	唐贞观十九年	玄奘从印度回国。从高句丽撤兵。颜师古殁
649	唐贞观二十三年	太宗殁，太子李治即位（高宗）

655	唐永徽六年	废王皇后，册立武则天
660	唐显庆五年	唐破百济。百济王义慈降。高宗病，武则天开始执政
668	唐总章元年	第三次远征高句丽，灭之，置安东都护府
674	唐上元元年	武则天称皇帝为天皇、皇后为天后，改服丧制为母死三年（与父死同）
683	唐弘道元年	高宗殁，李显即位（中宗）
684	唐光宅元年	武则天废中宗，立弟豫王李旦（睿宗）。武太后掌实权
690	唐载初元年 周天授元年	武则天灭唐宗室，称帝（圣神皇帝）
701	周大足元年	武则天杀李重润、永泰郡主夫妇
705	唐神龙元年	中宗复位，国号恢复唐。武则天殁
710	唐景龙四年・唐隆元年・景云元年	韦皇后杀中宗，立温王李重茂（少帝）。临淄王李隆基杀韦后及其一党，少帝退位，立中宗之弟睿宗
712	唐先天元年	睿宗让位太子李隆基（玄宗）
717	唐开元五年	阿倍仲麻吕抵唐
742	唐天宝元年	安禄山任平卢节度使
745	唐天宝四载	玄宗立杨太真为贵妃
747	唐天宝六载	高仙芝远征西域，控制帕米尔
750	唐天宝九载	高仙芝远征石国，虏国王至长安，斩
751	唐天宝十载	高仙芝在塔拉斯与阿拨斯王朝军战，败。造纸法传入西方
755	唐天宝十四载	爆发安史之乱
756	唐天宝十五载・至德元年	安禄山陷潼关。玄宗逃出长安，于马嵬坡杀杨贵妃。皇太子李亨

		即位（肃宗）
763	唐宝应二年 广德元年	史朝义杀李怀仙，安史之乱结束。吐蕃军占领长安。郭子仪得回纥援军，击退吐蕃军
780	唐建中元年	采纳杨炎建言，实行两税法，废除租庸调杂徭等
804	唐贞元二十年	空海、最澄随遣唐使入唐
805	唐永贞元年	德宗殁，皇太子李诵即位（顺帝），翌年殁
808	唐元和三年	牛僧孺等攻击失政，为宰相李吉甫所憎恨，开始“牛李党争”
820	唐元和十五年	宦官陈弘志杀宪宗，立皇太子李恒（穆帝）。宪宗信任的宦官吐突承璀、沣王李恽被杀
822	唐长庆二年	牛僧孺、李宗闵开始对立
824	唐长庆四年	穆宗因服金丹，殁，太子李湛即位（敬宗）
826	唐宝历二年	宦官李克明杀敬宗。宦官王守澄等杀绛王李悟、李克明，拥敬宗之弟江王李涵即位（改名昂，文帝）
835	唐太和九年	欲铲除宦官的“甘露之变”失败，宦官势力越发强大
839	唐开成四年	最后的遣唐使（大使藤原常嗣）入朝，圆仁随行
840	唐开成五年	文宗殁，宦官拥皇太弟颍王李炎即位（武宗）
842	唐会昌二年	武宗取消对不良僧尼的度牒，让其还俗
845	唐会昌五年	筑望仙台，废佛寺四千六百座，僧尼二十六万零五百人还俗，没

		收寺院的良田数千顷，没收寺院所属的奴婢十五万（会昌废佛）
846	唐会昌六年	武帝殁，宦官拥光王李忱即位（宣宗）。撤职李德裕，取消废佛令，杖杀赵归真，发配罗浮山人、轩袁集等。白居易殁
858	唐大中十二年	康全泰等在宣歙藩镇叛乱，为淮南节度使崔铉平定。李商隐殁
859	唐大中十三年	宣宗殁，长子李漼即位（懿宗）。裘甫乱，观察使郑祇德、刘勍、范居植讨伐，大败
860	唐咸通元年	王式的政府军攻陷裘甫等占据的剡县，斩之
862	唐咸通三年	徐州兵乱，驱逐新任节度使温璋，为后任之王式平定
864	唐咸通五年	为防卫邕州，在徐州招募三千兵士
868	唐咸通九年	庞勋叛乱
869	唐咸通十年	庞勋为政府军所破，殁
873	唐咸通十四年	懿宗殁，宦官拥太子李儇即位（僖宗）
875	唐乾符二年	黄巢响应王仙芝的举兵，黄巢之乱开始
877	唐乾符四年	王仙芝陷鄂州，黄巢陷郓州，杀节度使薛崇。王仙芝、黄巢攻陷宋州。王仙芝陷随州，入湖北。黄巢陷匡城、濮州。王郢攻苏州、常州，进入南面的福建
878	唐乾符五年	王仙芝陷江陵。曾元裕在黄梅大破王仙芝军，斩王仙芝。尚让率王仙芝残部与黄巢会合。黄巢成

		为盟主，称“冲天大将军”
880	唐广明元年	黄巢北伐军陷洛阳。僖宗离长安西逃。黄巢入主长安称帝，国号齐
881	唐中和元年	僖宗逃亡四川，成都为临时首都
883	唐中和三年	黄巢军撤出长安
884	唐中和四年	黄巢在泰山东南的狼虎山中自尽
888	唐文德元年	僖宗回长安，殁。弟寿王李晔即位（改名敏，昭宗）
890	唐大顺元年	李克用反，击退政府军
901	唐天复元年	宦官转移昭宗于凤翔。朱全忠入长安，转移官员于华州
902	唐天复二年	朱全忠攻凤翔。凤翔的李茂贞以交还昭宗和诛灭宦官为条件，降
904	唐天祐元年	朱全忠杀崔胤及其一党。朱全忠杀昭宗，辉王立祚即位（改名柷，哀帝）
907	唐天祐四年 梁开平元年	昭宣帝禅让朱全忠，唐王朝灭。朱全忠即帝位（太祖），建国梁（后梁）
908	梁开平二年	李克用（晋王）殁，长子李存勖继位，任河东节度使、晋王
912	梁乾化二年	后梁太祖之子朱友珪杀父即位
913	梁凤历元年	朱友珪被杀，朱友贞在开封即位（末帝）
916	契丹神册元年	契丹耶律阿保机（太祖）称帝
923	梁龙德三年 唐同光元年	晋王李存勖即帝位（庄宗），国号唐(后唐)。后梁末帝败于唐，自杀，后梁灭。后唐迁都洛阳
925	唐同光三年	后唐庄宗灭前蜀

	蜀咸康元年	
926	唐天成元年 契丹天显元年	后唐庄宗被杀，李嗣源即位（明宗）。契丹耶律阿保机殁，子耶律德光即位（太宗）
933	唐长兴四年	后唐明宗殁，第三子李从厚即位（闵帝）
934	唐清泰元年 后蜀明德元年	蜀王孟知祥称帝(后蜀的高祖)。后唐闵帝被李从珂驱赶下台，殁。李从珂称帝（末帝）
936	唐清泰三年 晋天福元年 契丹天显十一年	耶律德光援助河东节度使石敬瑭破后唐军于晋阳。石敬瑭即帝位（高祖），国号晋（后晋）。将燕云十六州割让给契丹。后唐末帝自杀，后唐灭
937	晋天福二年 辽天显十二年	后晋迁都开封。契丹改国号为辽。徐知诰接受吴王睿帝杨溥禅让，成为唐（南唐）皇帝（改名李昇）
942	晋天福七年	后晋高祖殁。其兄石敬儒之子齐王石重贵即位（出帝）
946	晋开运三年 辽会同九年	辽军大举进攻后晋，出帝被俘，后晋灭
947	汉天福元年 辽天禄元年	河东节度使刘知远在晋阳即位，称高祖，定都开封，国号汉（后汉）。辽太宗殁
948	汉乾祐元年	后汉刘知远殁，第二子刘承祐即位（隐帝）
950	汉乾祐三年	后汉隐帝为家臣所杀，后汉灭
951	周广顺元年	郭威在开封称帝（太祖），国号周（后周）
954	周显德元年	后周太祖殁，养子柴荣即位（世

		宗）
955	周显德二年	后周世宗镇压佛教，捣毁三万零三百三十六座寺院
956	周显德三年 南唐保大十四年	后周世宗伐南唐，赵匡胤以战功任定国军节度使兼前都指挥使
958	周显德五年 南唐交泰元年	南唐献江北十四州六十县，皇帝李璟去帝号，称国主。后周实行均田法
959	周显德六年	赵匡胤任殿前都点检。后周世宗殁，第四子柴宗训即位（恭帝）
960	宋建隆元年	赵匡胤废后周恭帝，即位（太祖祖），国号宋，封恭帝为郑王
963	宋乾德元年	宋灭荆南高氏
965	宋乾德三年 后蜀广政二十八年	宋入成都，灭后蜀
971	宋开宝四年 南汉大宝十四年	宋军入广州，灭南汉刘鋹，在广州置市舶司
975	宋开宝八年	吴越国与宋联合陷南唐国都金陵，南唐灭
976	宋太平兴国元年	宋太祖殁，弟赵匡义即位（太宗）。始置三司副使
977	宋太平兴国二年	太祖之子赵德昭（永兴军节度使）自杀。开始编撰《太平御览》
978	宋太平兴国三年	太祖之子赵德芳（西山南路节度使）殁。吴越钱俶献国土，吴越灭
979	宋太平兴国四年 辽乾亨元年	宋灭北汉刘继元。宋征辽，在高梁河大败。此后宋辽互有攻守
982	宋太平兴国七年 契丹乾亨四年	李继捧献党项版图于宋。辽圣宗即位，国号恢复契丹
992	宋淳化三年	宋初置常平仓

996	宋至道二年	《太平御览》完成
997	宋至道三年	宋太宗殁，太子赵恒即位（真宗）
999	宋咸平二年 契丹统和十七年	契丹圣宗发布讨宋诏书
1003	宋咸和六年	李继迁与吐蕃战，阵亡，子李德明继位
1004	宋景德元年 契丹统和二十二年	契丹圣宗大举南伐。宋真宗在澶州与契丹军战
1006	宋景德三年	李德明任宋定难节度使、西平王
1008	宋大中祥符元年	宋真宗举行泰山封禅仪式
1012	宋大中祥符五年	宋购进福建占城稻，在江南、淮南、两浙三路播种
1014	契丹开泰三年	契丹因保州（高丽领土）所属问题出兵占领
1022	宋乾兴元年	宋真宗殁，太子赵祯即位（仁宗）。实行限田法
1031	宋天圣九年	李德明（党项）殁，李元昊继位（景宗）
1038	夏天授礼法延祚元年	李（赵）元昊称夏（西夏）皇帝，收河西四郡
1043	宋庆历三年	参知政事范仲淹建议改革庶政
1044	宋庆历四年 夏天授礼法延祚七年	宋西夏签订庆历和约。宋毕昇发明活字印刷术
1047	宋庆历七年	贝州兵卒王则叛乱
1049	宋皇祐元年	广源州侬智高叛乱（四年后逃大理，殁）
1060	宋嘉祐五年	王安石任度支判官
1066	辽咸雍二年	契丹再改国号为辽
1067	宋治平四年	宋英宗殁，太子赵顼即位（神宗）。王安石任翰林学士
1069	宋熙宁二年	王安石任参知政事，实施新法

1070	宋熙宁三年	实行保甲法。王安石任宰相。实行免役法
1071	宋熙宁四年	停止差役法，实行募役法
1072	宋熙宁五年	实行市易法、保马法、方田均税法
1074	宋熙宁七年	王安石被罢免宰相，左迁江宁知府
1075	宋熙宁八年	王安石再任宰相（翌年再次辞职）。在河北实行户马法
1079	宋元丰二年	苏轼以诽谤朝政罪被捕，左迁黄州团练副使
1080	宋元丰三年	宋废三司，恢复唐制
1082	宋元丰五年	进行官制大改革
1084	宋元丰七年	司马光《资治通鉴》完成。苏轼转任汝州团练副使
1085	宋元丰八年	宋神宗殁，子赵煦即位（哲宗）。太皇太后高氏摄政，废除王安石新法。司马光任宰相
1086	宋元祐元年	王安石、司马光殁。苏轼任翰林学士
1087	宋元祐二年	洛（程颐等）、蜀（苏轼等）、朔（刘挚等）三党党争开始
1093	宋元祐八年	太皇太后高氏殁，哲宗亲政
1094	宋绍圣元年	恢复新法，禁止铜钱出境
1100	宋元符三年	哲宗殁，端王赵佶即位（徽宗）。皇太后尚氏摄政，试图促使新旧两党的和解
1101	宋建中靖国元年 辽乾统元年	皇太后尚氏殁，徽宗亲政。辽道宗殁，太孙耶律延禧即位（天祚帝）。苏轼殁于回中央途中
1105	宋崇宁四年	西夏入寇。黄庭坚殁。苏州置应

	夏贞观五年	奉局，朱勔负责花石纲
1106	宋崇宁五年 夏贞观六年	宋西夏媾和
1112	宋政和二年	实行限田免役法
1115	金收国元年	完颜阿骨打称帝（改名旻，太祖），国号金
1120	宋宣和二年 辽天庆十年 金天辅四年	宋遣使金，相约夹击辽。浙江青溪方腊叛乱
1121	宋宣和三年	梁山泊的宋江降宋。方腊之乱被镇压
1122	宋宣和四年 辽保大二年 金天辅六年	金攻辽，天祚帝逃往阴山。耶律大石等立耶律淳，即天锡帝，向金求和，遭拒。宋攻辽，入燕京败
1126	宋靖康元年	北宋灭

图书在版编目（CIP）数据

中国的历史．第4卷/（日）陈舜臣著；郑民钦译．—福州：福建人民出版社，2013.12（2019.3重印）

（陈舜臣作品系列）

ISBN 978-7-211-06359-8

Ⅰ．①中… Ⅱ．①陈… ②郑… Ⅲ．①中国历史—普及读物 Ⅳ．①K209

中国版本图书馆CIP数据核字（2011）第195815号

著作权合同登记图字：13-2010-021号

中国的历史（第4卷）

作　　者：（日）陈舜臣

译　　者：郑民钦

责任编辑：潘静超

出版发行：福建人民出版社

地　　址：福州市东水路76号　　邮政编码：350001

网　　址：http://www.fjpph.com

电子邮箱：fjpph7211@126.com

经　　销：福建新华发行（集团）有限责任公司

印　　刷：河北华商印刷有限公司

开　　本：787×1092　　1/16

印　　张：21

字　　数：247千字

版　　次：2013年12月第1版

印　　次：2019年3月第2次印刷

书　　号：ISBN 978-7-211-06359-8

定　　价：49.00元